어른들을 위한 가장 쉬운
워드 & 엑셀

어른들을 위한 가장 쉬운
워드 & 엑셀

어른들을 위한 가장 쉬운

워드 & 엑셀

어른들을 위한 가장 쉬운
워드 & 엑셀

초판 인쇄일 2024년 11월 22일
초판 발행일 2024년 11월 29일

지은이 혜지원 기획팀
발행인 박정모
등록번호 제9-295호
발행처 도서출판 혜지원
주소 (413-120) 경기도 파주시 회동길 445-4(문발동 638) 302호
전화 031) 955-9221~5 **팩스** 031) 955-9220
홈페이지 www.hyejiwon.co.kr

기획·진행 김태호
표지 디자인 김보리
본문 디자인 유니나
영업마케팅 김준범, 서지영
ISBN 979-11-6764-076-5
정가 15,000원

워드&엑셀
365 버전 사용

책 한 권으로
워드&엑셀을!?

최신
개정판

어른들을 위한 가장 쉬운

워드 & 엑셀

혜지원

머리말

자식들의 도움 없이 워드와 엑셀을 배우고 싶은 분께 추천합니다.

마이크로소프트에서 만든 워드와 엑셀은 전 세계적으로 가장 많이 사용하는 프로그램 중 하나입니다. 워드로는 다양한 문서 작성이 가능하며, 엑셀로는 복잡한 계산을 자동으로 처리하는 문서를 만들 수 있습니다.

이 책은 어르신들을 위해 워드와 엑셀의 기초 기능부터 차근차근 설명하는 책입니다. 워드와 엑셀로 하나의 문서를 만들어보면서 다양한 기본 기능을 익힐 수 있습니다. 필요한 기능을 반복적으로 익힐 수 있도록 구성하였고, 각 장마다 다른 문서를 작업하도록 하여 재미있게 배울 수 있습니다.

워드로는 시를 입력해보고 주소록, 안내문, 연하장, 이력서 등을 작성해봅니다. 엑셀로는 거래처 목록, 게시문, 월별 수입지출 보고서를 작성해봅니다. 작성한 문서는 자유롭게 변형하여 활용할 수 있고, 이 외에 자신이 필요한 문서를 직접 작성할 수도 있게 됩니다.

새로운 것을 배우는 데는 많은 어려움이 따를지도 모릅니다. 하지만 하나씩 천천히 연습하다 보면 어느새 워드와 엑셀의 기능을 마스터할 수 있을 것입니다. 책을 통해 디지털 기기를 두려워하지 않고 스마트하게 사용하게 되길 바랍니다.

- 혜지원 기획팀

파일 다운로드

책의 완성파일과 첨부사진은 혜지원 홈페이지에서 다운로드받을 수 있습니다.

01 혜지원 홈페이지(www.hyejiwon.co.kr)의 [자료실]에서 [어른들을 위한 가장 쉬운 워드&엑셀]의 부록 파일(new wordexcell)을 다운로드받습니다.

02 다운로드받은 압축 파일을 마우스 오른쪽 버튼으로 클릭하여 [여기에 압축풀기]를 클릭합니다.

마우스 오른쪽 버튼 클릭

마우스 왼쪽 버튼 클릭

여기에 압축풀기(E)

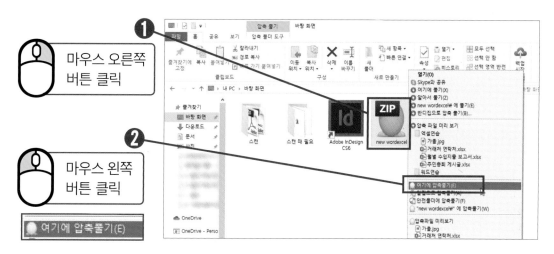

03 압축 해제가 완료되면 해당 폴더에 워드와 엑셀 연습 폴더가 있습니다.

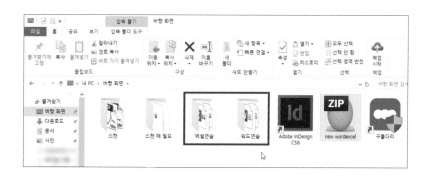

목 차

제 07장 엑셀로 거래처 목록 만들기　161

제 08장 게시문 만들기   211

제 09장 월별 수입지출 보고서 만들기

253

PART 01

워드

제 01장

워드로 문서 새로 만들기

워드라는 프로그램에 대해서 알아보고, 워드의 기본적인 기능인

문서 작성과 스타일 지정을 연습해보겠습니다.

Section 01

워드로 할 수 있는 것은?

워드란 어떤 프로그램인지, 워드로 어떤 작업을 할 수 있는지 알아봅니다.

1) 워드란?

워드란 마이크로소프트에서 제작하여 판매하는 워드프로세서 프로그램으로, 전 세계에서 가장 많이 쓰고 있는 문서 작성 프로그램입니다. 우리나라에서는 한컴오피스 한글과 함께 문서 작업에 사용하는 대표적인 프로그램입니다.

현재 워드는 마이크로소프트 홈페이지에서 구매하여 사용할 수 있습니다. 365 버전을 구매하면 워드 외에 엑셀, 파워포인트 등의 다른 제품을 같이 사용할 수 있습니다.

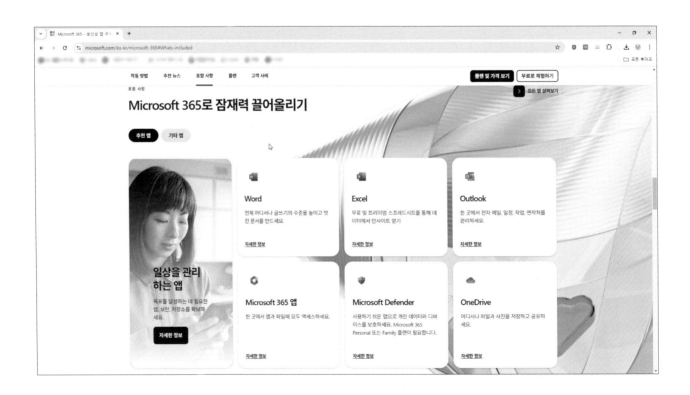

2) 워드로 할 수 있는 것

워드로는 다양한 문서 작업을 할 수 있습니다. 최신 버전에는 다양한 문서 포맷을 제공하여 사용자가 복잡한 작업을 하지 않고도 이용할 수 있습니다.

① 카드

② 청구서

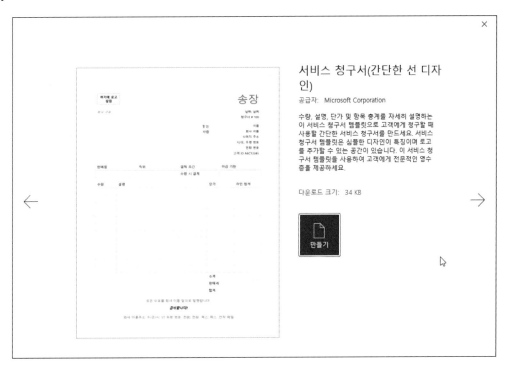

③ 이력서

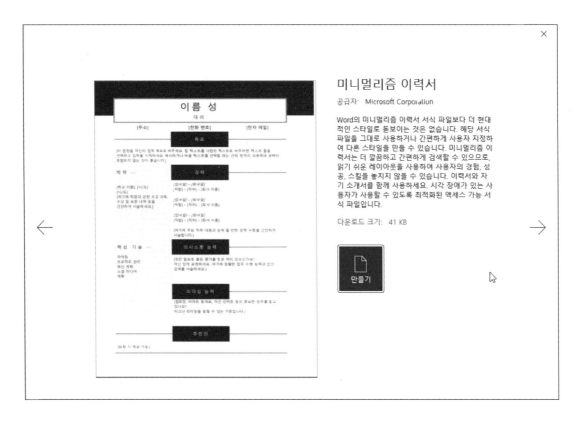

④ 달력

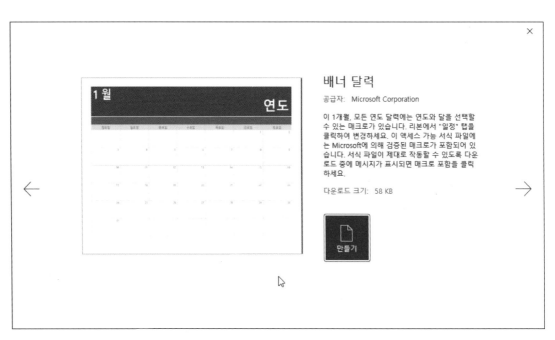

워드에서 제공하는 다양한 서식 파일은 [새로 만들기]-[추가 서식 파일]에서 검색하여 이용할 수 있습니다.

01 [새로 만들기]에서 [추가 서식 파일]을 클릭합니다.

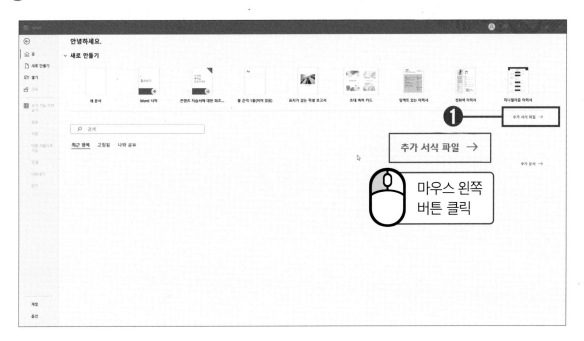

02 검색란에 검색할 주제를 입력한 후 `Enter` 키를 누르거나 검색 아이콘을 클릭합니다.

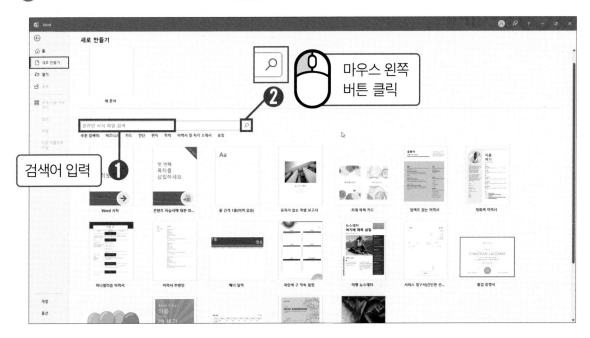

03 검색한 주제에 맞는 포맷들이 나타납니다.

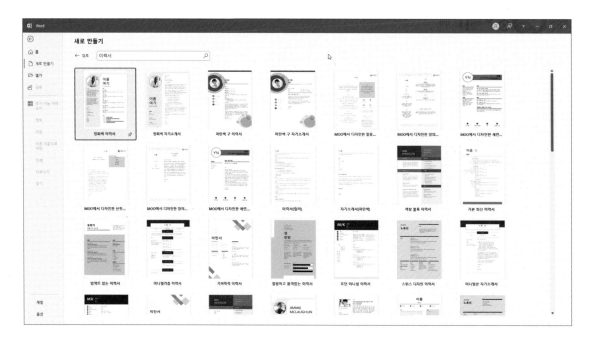

Section

02

워드 실행하여
글 입력하기

워드를 실행하여 글을 입력하겠습니다.

01 윈도우에서 [시작]을 클릭한 뒤 [Word]를 찾습니다. 혹은 '찾기'에 'Word'라고 입력합니다.

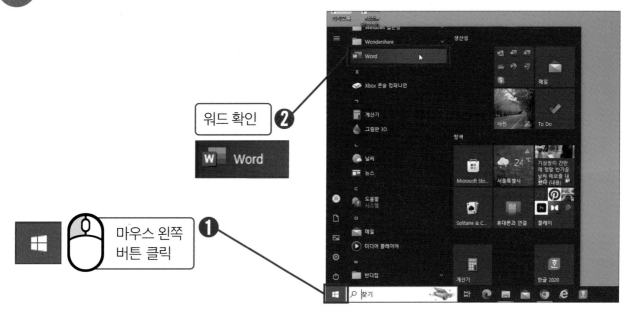

워드 확인 ❷

W Word

⊞ ┃ 마우스 왼쪽
버튼 클릭 ❶

02 [Word]를 클릭합니다.

마우스 왼쪽
버튼 클릭 ❶

W Word
앱

참고!

이 책은 마이크로소프트(MS) 워드 365 버전을
기준으로 설명합니다. 다만 다른 버전을 사용하
고 있어도 책을 따라하는 데는 문제가 없습니다.

03 워드 실행 초기 화면에서 [새 문서]를 클릭합니다.

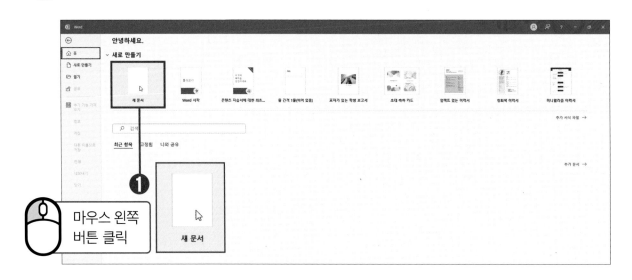

버전에 따라 시작 화면 등이 약간씩 다를 수 있습니다.

04 초기 화면이 나타납니다.

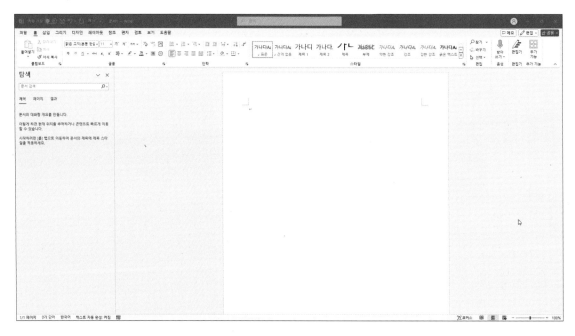

오늘의 할 일을 입력합니다.

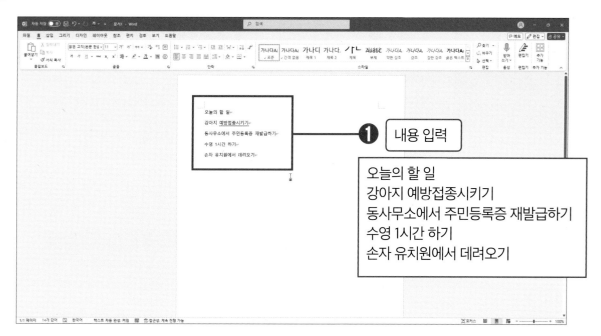

❶ 내용 입력

오늘의 할 일
강아지 예방접종시키기
동사무소에서 주민등록증 재발급하기
수영 1시간 하기
손자 유치원에서 데려오기

Section 03

글자 모양(글꼴), 크기, 색상, 정렬 변경하기

입력한 문장을 블록으로 설정한 후 글자의 스타일을 변경하겠습니다.

01 제목의 왼쪽 앞부분을 마우스로 클릭한 뒤에 오른쪽으로 드래그하여 블록으로 설정합니다.

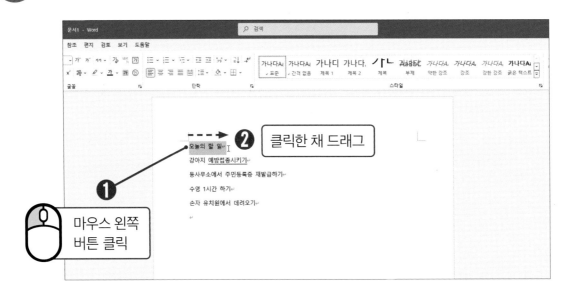

참고!

왼쪽 여백 부분에서 클릭해도 해당되는 줄이 선택됩니다.

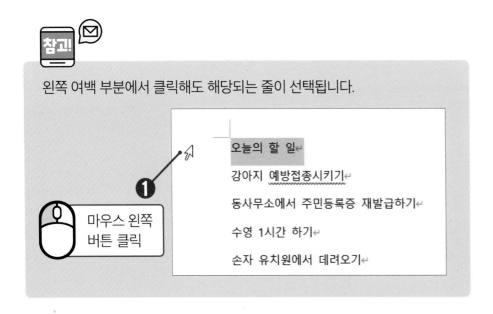

02 [글꼴]의 ⌄를 선택하여 원하는 글꼴을 선택합니다. 책에서는 [HY견고딕]을 선택했습니다.

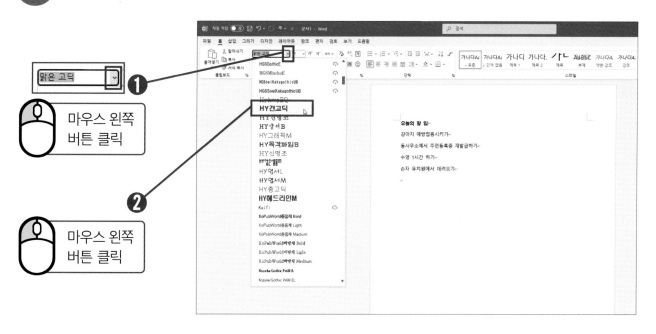

03 글꼴이 바뀌었습니다. [글꼴 크기]의 ⌄를 선택합니다. 글자 크기에서 '28'을 선택합니다.

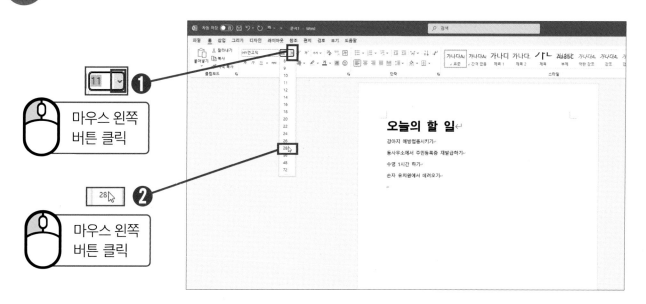

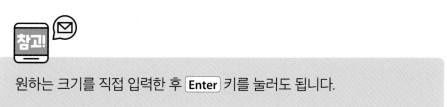

원하는 크기를 직접 입력한 후 Enter 키를 눌러도 됩니다.

04 글자 크기가 바뀌었습니다. 제목을 정렬하기 위해 [단락]에서 [가운데 맞춤]을 선택합니다.

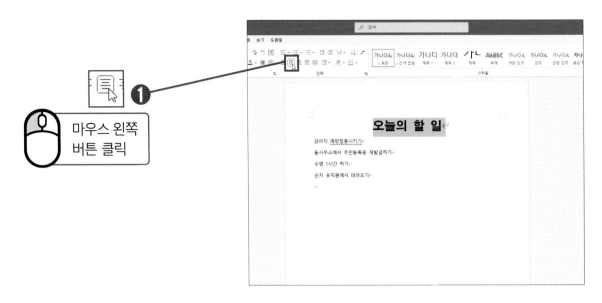

마우스 왼쪽
버튼 클릭

05 제목이 문서의 가운데로 정렬되었습니다. [글꼴 색]의 ∨를 클릭합니다. 원하는 제목 색을 클릭합니다.

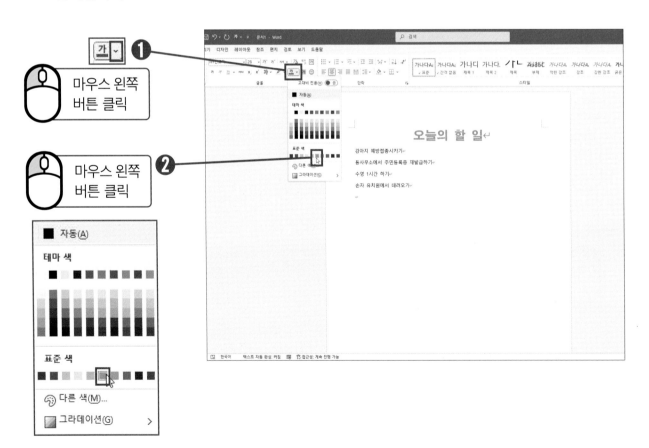

마우스 왼쪽
버튼 클릭

마우스 왼쪽
버튼 클릭

■ 자동(A)

테마 색

표준 색

🎨 다른 색(M)...

🔲 그라데이션(G)   >

06 색이 바뀌었습니다. 마우스 왼쪽 버튼을 아무 곳에서나 클릭하면 블록 설정이 해제됩니다.

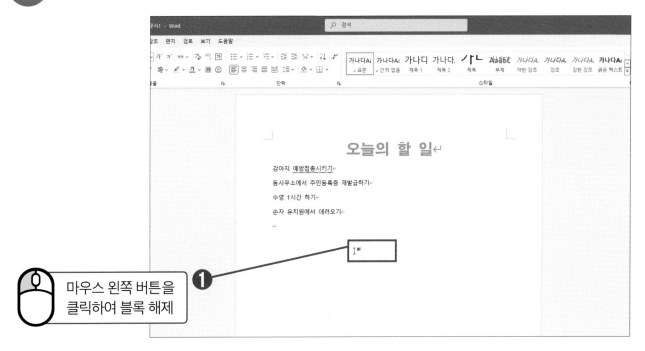

마우스 왼쪽 버튼을
클릭하여 블록 해제

07 내용의 첫 번째 줄 왼쪽을 클릭한 상태에서 마우스를 아래로 드래그하여 내용 전체를 블록으로 설정합니다.

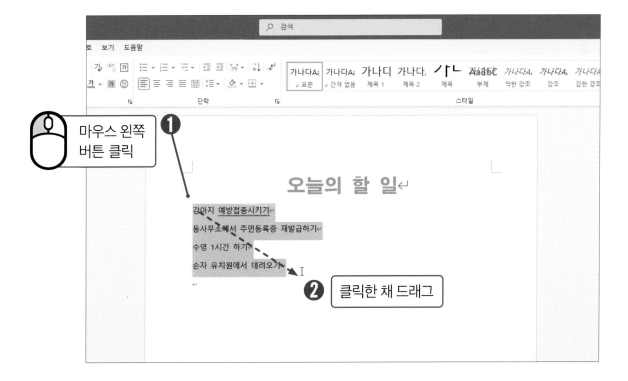

마우스 왼쪽
버튼 클릭

클릭한 채 드래그

08 [글꼴 크기 크게]의 가ˆ를 원하는 글자 크기가 될 때까지 마우스로 클릭합니다.

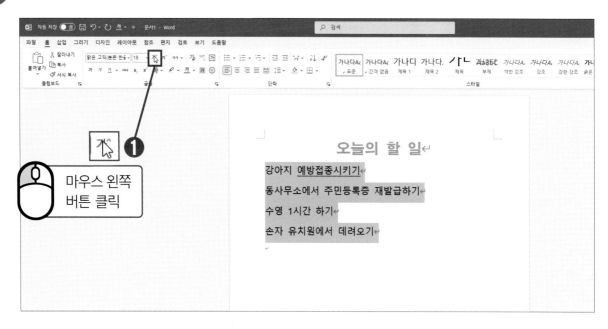

마우스 왼쪽
버튼 클릭

09 [글꼴]의 ⌄를 선택하여 [HY중고딕]을 선택합니다.

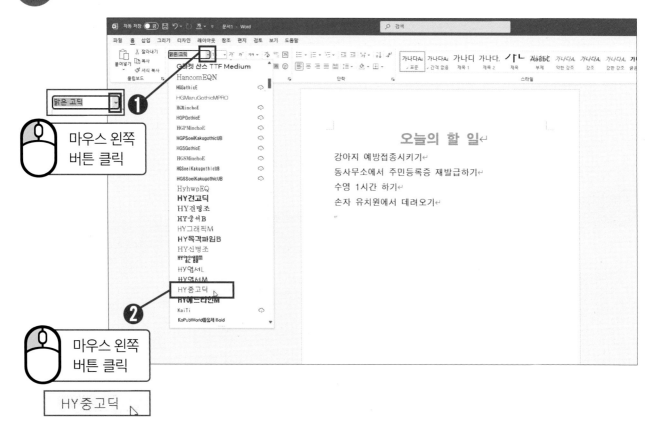

마우스 왼쪽
버튼 클릭

마우스 왼쪽
버튼 클릭

HY중고딕

⑩ 화면 빈 곳에서 마우스 왼쪽 버튼을 클릭해서 블록을 해제합니다.

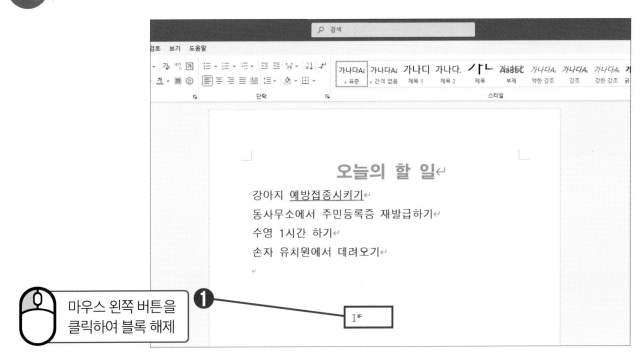

마우스 왼쪽 버튼을
클릭하여 블록 해제

ESC 키를 눌러도 됩니다.

팁! 서식 스타일

워드에는 기본 스타일 외에 별도로 제공하는 서식 스타일이 있습니다. [스타일]에서 다양한 스타일을 적용할 수 있고 새 스타일을 만들 수도 있습니다.

Section 04

파일 저장하고
워드 종료하기

작업한 문서를 저장해보겠습니다. 문서를 저장하기
위해서는 저장할 특정 위치를 지정해야 합니다.

01 [저장] 🔲을 클릭합니다.

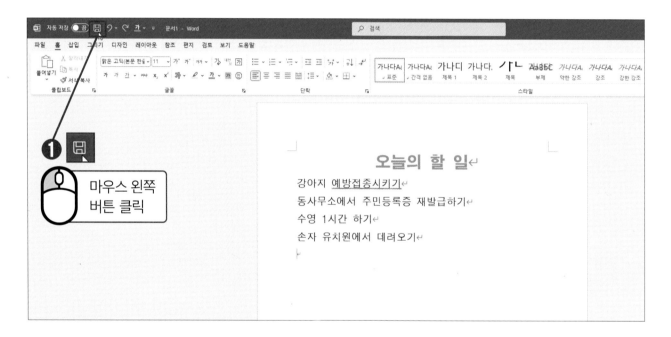

참고!

저장을 하지 않은 문서는 문서 이름이 지정되지 않아 '문서 1, 문서 2'와 같은 식으로 워드 창의 위쪽 파란
부분에 나타납니다.

02 [옵션 더 보기]를 클릭합니다.

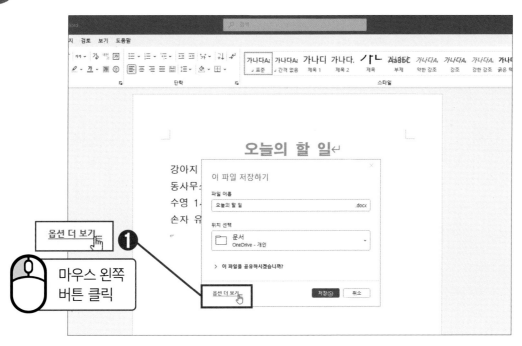

버전에 따라 바로 **03**번 화면이 나오는 경우도 있습니다.

03 [다른 이름으로 저장] 대화상자가 나오면 [찾아보기]를 클릭합니다.

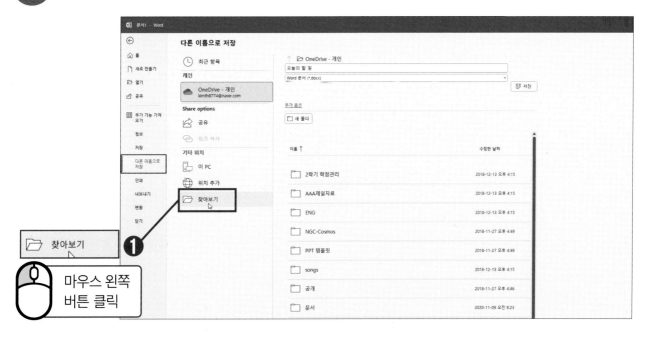

04 [문서]를 클릭합니다. 마우스 오른쪽 버튼을 클릭하고 [새 폴더]를 클릭합니다.

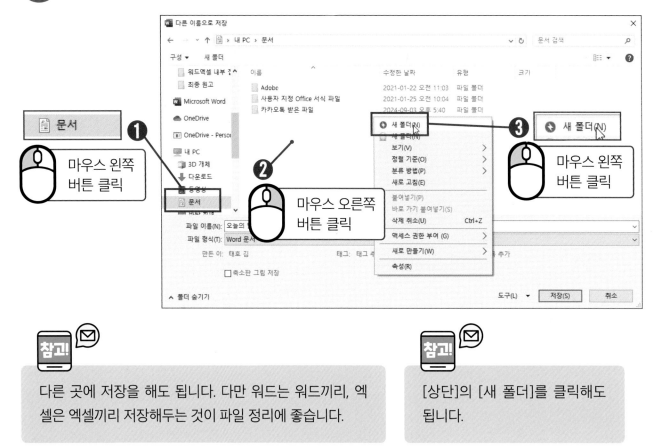

참고!
다른 곳에 저장을 해도 됩니다. 다만 워드는 워드끼리, 엑셀은 엑셀끼리 저장해두는 것이 파일 정리에 좋습니다.

참고!
[상단]의 [새 폴더]를 클릭해도 됩니다.

05 새 폴더 이름을 '워드 문서'라고 입력하고 Enter 키를 누릅니다. [열기]를 클릭합니다.

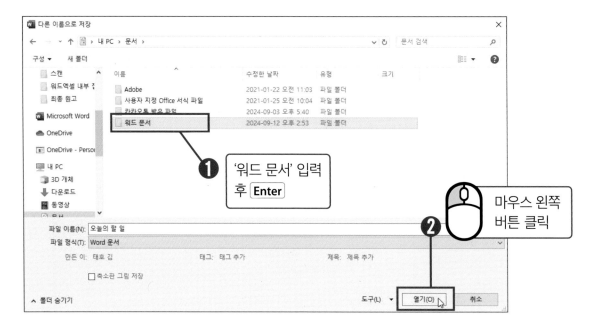

06 파일 이름에 '오늘의 할 일'이 입력된 것을 확인하고 [저장]을 클릭합니다.

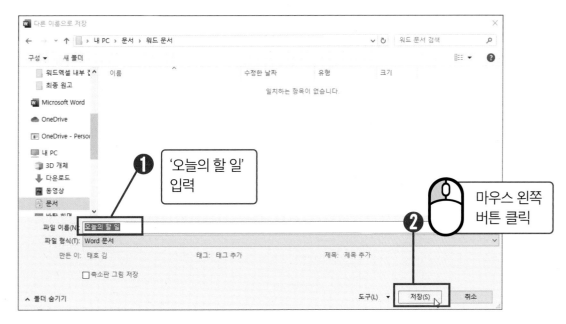

'오늘의 할 일'
입력

마우스 왼쪽
버튼 클릭

문서의 가장 첫 문단이 파일 이름으로 지정되기 때문에, 파일 이름이 다르다면 적합한 파일 이름을 입력
합니다.

07 문서가 저장되면 파일의 이름이 화면 위에 나타납니다. 오른쪽 구석의 [닫기] ☒ 를 클릭합
니다. 워드가 종료됩니다.

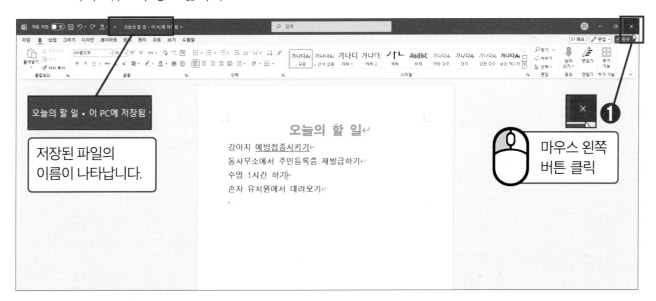

저장된 파일의
이름이 나타납니다.

마우스 왼쪽
버튼 클릭

파일을 저장하지 않고 [닫기]를 누르면 아래와 같이 작성하거나 변경한 문서를 저장할지 물어보는 창이 나옵니다. [저장]을 누르면 파일이 저장되며, [저장 안 함]을 누르면 새롭게 작성한 내용은 저장되지 않습니다.

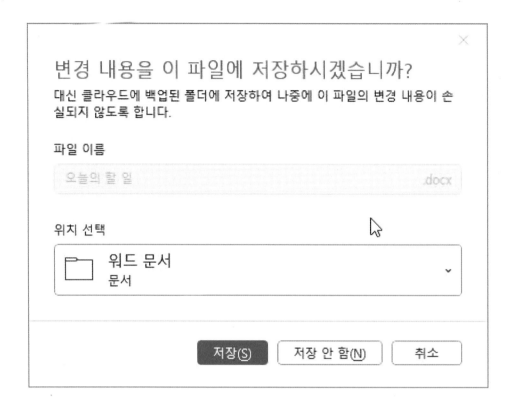

제 02장

시「유리창」입력하여 출력하기

시를 입력하여 글자를 다양하게 꾸미고 특수문자를 삽입하겠습니다.

글꼴, 크기, 글자 색, 간격 등을 지정하여 다양하게

글자와 문단을 꾸밀 수 있습니다.

01

워드 실행하여
시 입력하기

조금 더 긴 내용을 입력해보겠습니다. 시와 같은 글은 특히 빈 줄에도 신경
써서 입력해야 합니다. Enter 키를 두 번 눌러 빈 줄을 삽입합니다.

01 윈도우에서 [시작]을 클릭한 뒤 [Word]를 찾습니다. 혹은 '찾기'에 'Word'라고 입력합니다.

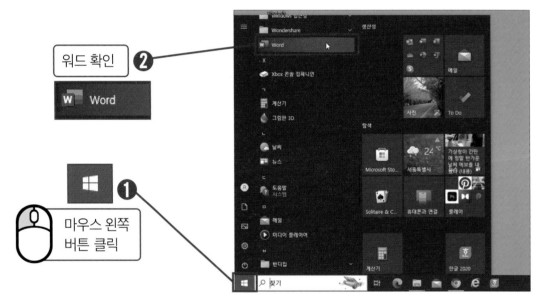

워드 확인 ❷

❶ 마우스 왼쪽
버튼 클릭

02 [Word]를 클릭합니다.

❶ 마우스 왼쪽
버튼 클릭

03 워드 실행 초기 화면에서 [새 문서]를 클릭합니다.

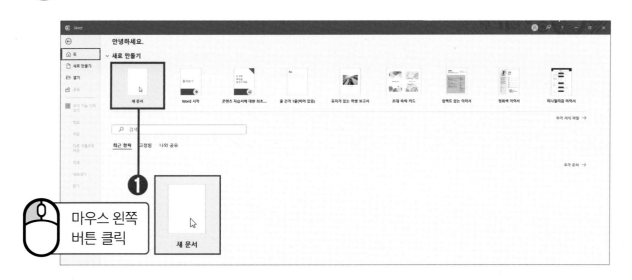

버전에 따라 시작 화면 등이 약간씩 다를 수 있습니다.

04 초기 화면이 나타납니다.

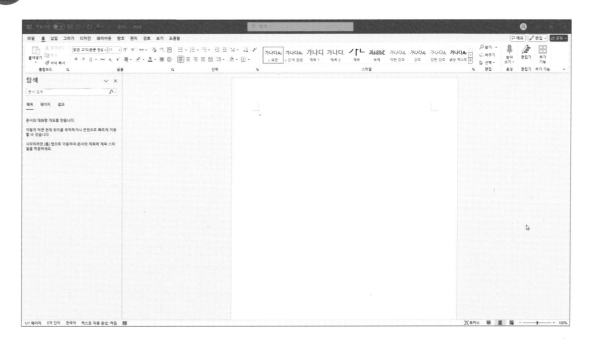

05 화면을 좀 더 확대하겠습니다. Ctrl 키를 누른 상태에서 휠을 올려 화면을 확대합니다. 혹은 화면 오른쪽 맨 밑에 있는 화면 확대/축소 슬라이드 바를 마우스로 클릭한 채로 오른쪽으로 움직입니다.

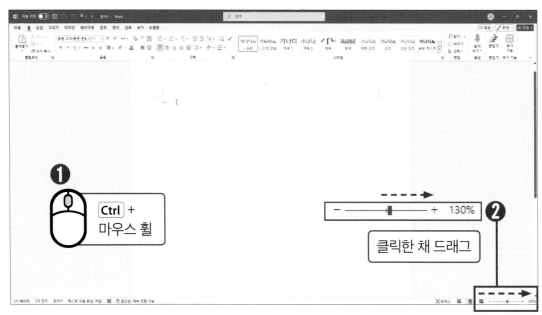

확대/축소 슬라이드 바를 왼쪽으로 움직이거나 휠을 내리면 화면이 축소됩니다.

06 다음의 시를 입력합니다.

내용 입력

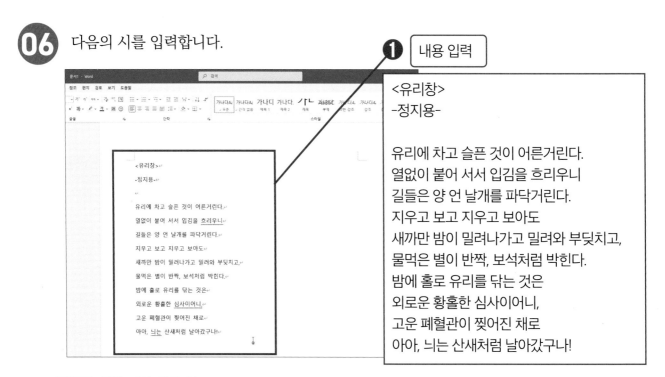

<유리창>
-정지용-

유리에 차고 슬픈 것이 어른거린다.
열없이 붙어 서서 입김을 흐리우니
길들은 양 언 날개를 파닥거린다.
지우고 보고 지우고 보아도
새까만 밤이 밀려나가고 밀려와 부딪치고,
물먹은 별이 반짝, 보석처럼 박힌다.
밤에 홀로 유리를 닦는 것은
외로운 황홀한 심사이어니,
고운 폐혈관이 찢어진 채로
아아, 늬는 산새처럼 날아갔구나!

Section 02

글꼴 대화상자로 스타일 변경하기

이번에는 글꼴 대화상자로 한 창에서 글자 크기, 글꼴 등의 스타일을 변경해 보겠습니다. 하고 싶은 스타일을 자유롭게 선택하여 해보길 바랍니다.

01 〈유리창〉 앞에서 마우스 왼쪽 버튼을 클릭해서 블록으로 지정합니다.

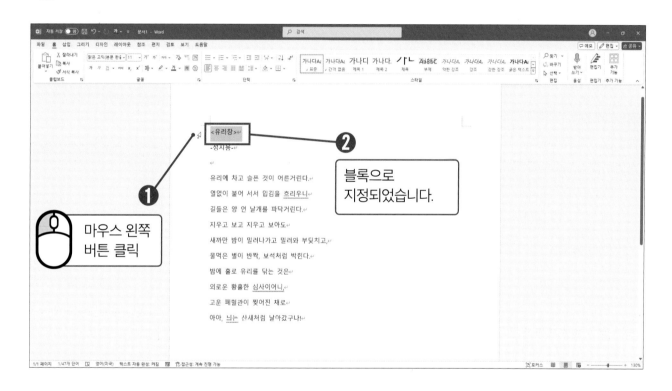

02 마우스 오른쪽 버튼을 클릭합니다. [글꼴]을 클릭합니다.

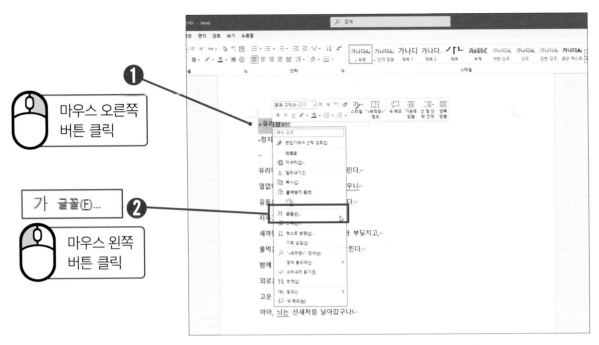

03 [글꼴] 창이 나타납니다. 한글 글꼴 옆의 ⌄ 을 클릭합니다. [HY궁서B]를 선택합니다.

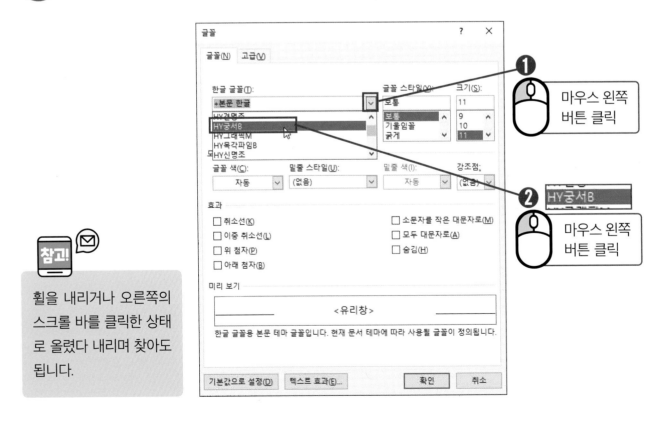

참고!

휠을 내리거나 오른쪽의
스크롤 바를 클릭한 상태
로 올렸다 내리며 찾아도
됩니다.

글꼴 스타일에서 [기울임꼴]을 선택합니다. 크기를 '24'로 선택합니다.

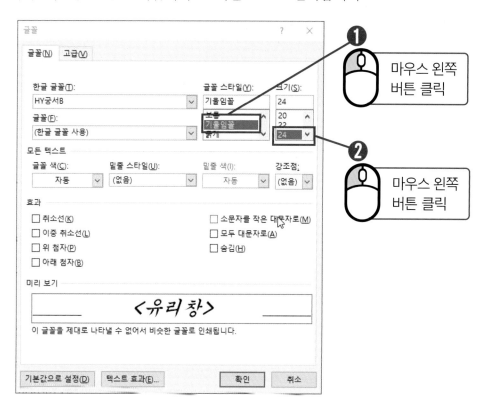

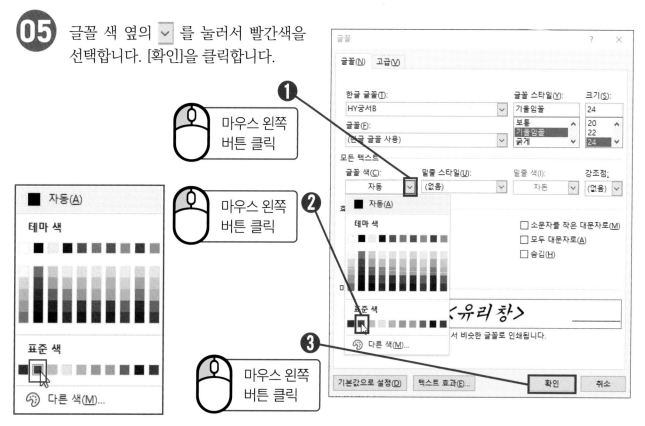 글꼴 색 옆의 ∨ 를 눌러서 빨간색을 선택합니다. [확인]을 클릭합니다.

06 제목 스타일이 변경되었습니다. [가운데 맞춤]을 클릭합니다.

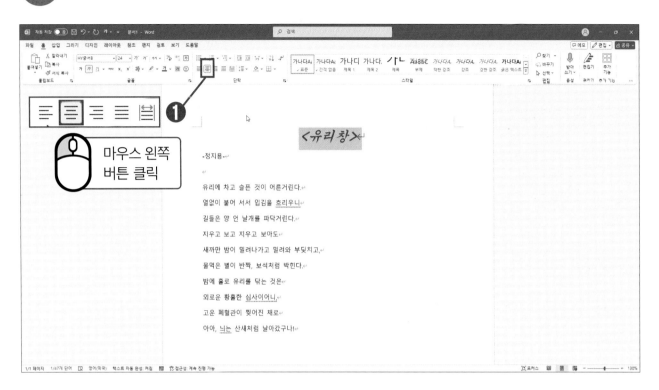

마우스 왼쪽
버튼 클릭

07 빈 곳을 클릭하여 블록 설정을 해제합니다.

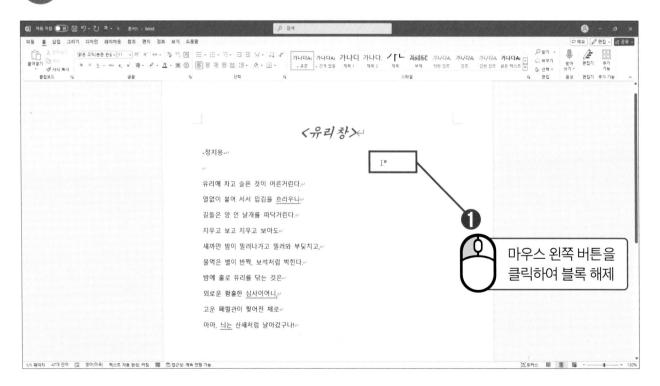

마우스 왼쪽 버튼을
클릭하여 블록 해제

08 '정지용'의 왼쪽을 마우스로 클릭해서 블록으로 설정합니다.

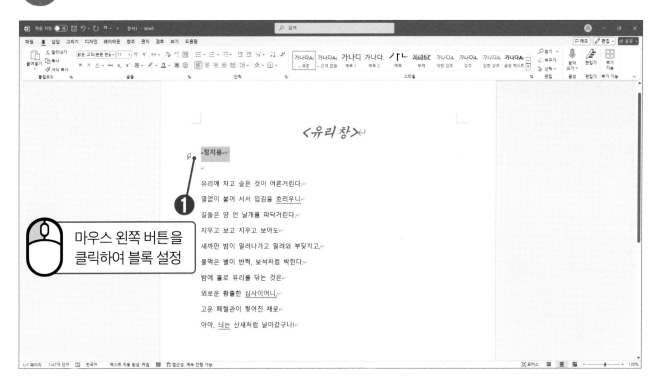

마우스 왼쪽 버튼을
클릭하여 블록 설정

09 [글꼴]에서 [HY신명조]를 선택합니다.

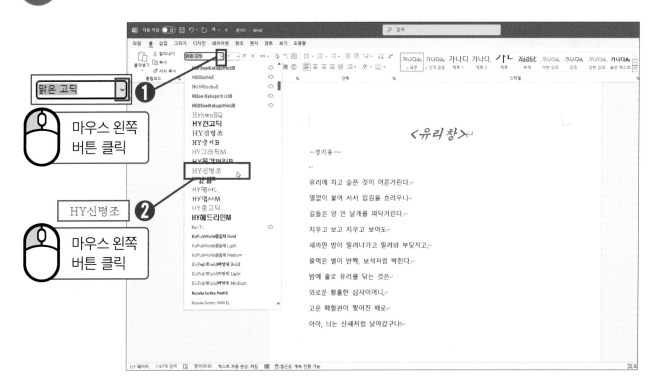

마우스 왼쪽
버튼 클릭

HY신명조

마우스 왼쪽
버튼 클릭

⑩ [글꼴 크기] 옆의 ⌄를 클릭해 '12'로 지정하고 [오른쪽 맞춤]을 클릭합니다.

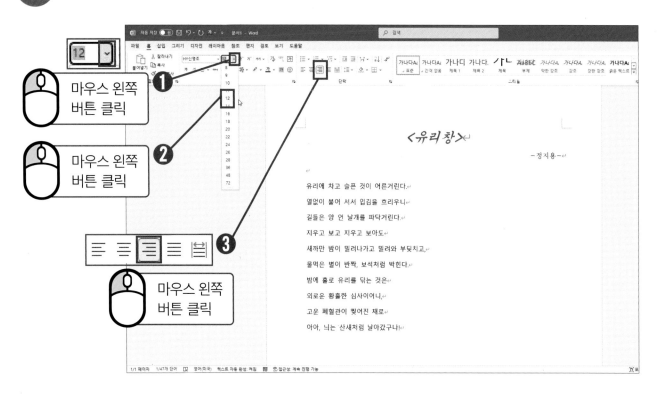

마우스 왼쪽
버튼 클릭

마우스 왼쪽
버튼 클릭

마우스 왼쪽
버튼 클릭

⑪ 화면 빈 곳에서 마우스를 클릭해서 블록 설정을 해제합니다.

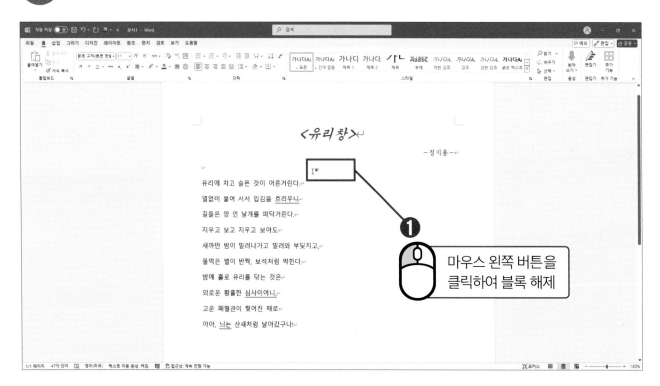

마우스 왼쪽 버튼을
클릭하여 블록 해제

Section

03

단락 스타일 바꾸기

이번에는 단락의 설정을 바꿔보겠습니다. 시는 행마다 간격을
띄워야 하니 간격을 띄우고 정렬을 수정하겠습니다.

01 본문 앞부분을 클릭한 다음 클릭한 채로 내용을 드래그해 블록으로 지정합니다.

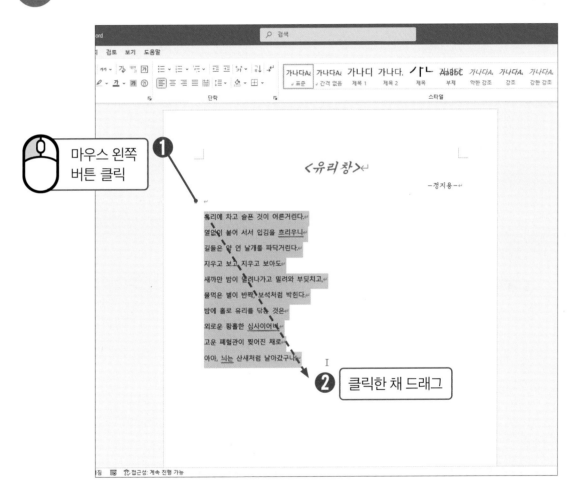

[단락]의 ↕≡˅ 을 클릭합니다. '1.5'를 클릭합니다.

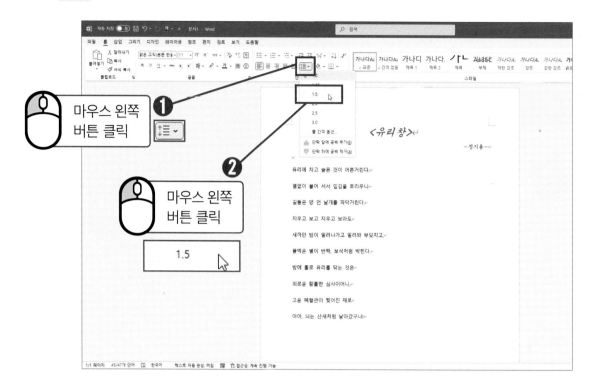

03 줄 간격이 벌어졌습니다. [가운데 정렬]을 클릭합니다.

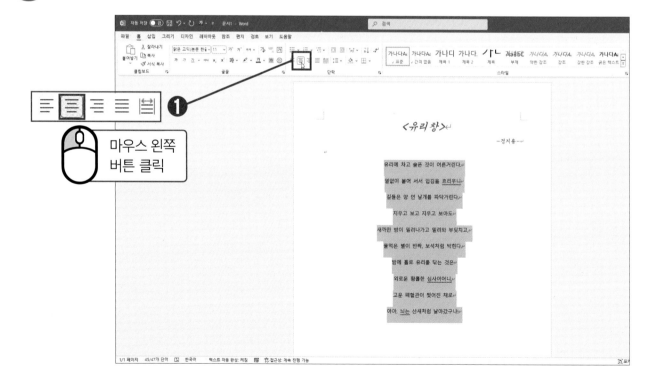

[마우스 오른쪽 버튼 클릭]-[단락]으로 들어가도 단락 설정을 할 수 있습니다.

01 블록 설정이 된 상태에서 마우스 오른쪽 버튼을 클릭합니다. [단락]을 클릭합니다.

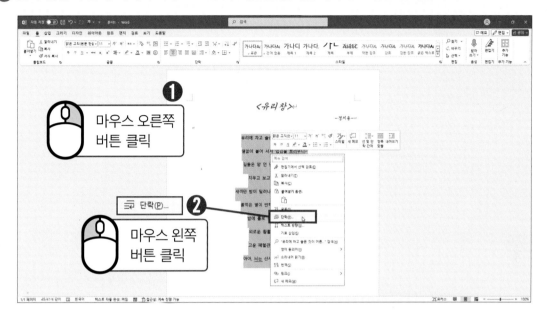

02 [단락] 대화상자가 나타납니다. 들여쓰기, 줄 간격, 단락 맞춤(왼쪽/가운데/오른쪽/양쪽/균등 분할) 등을 설정할 수 있습니다.

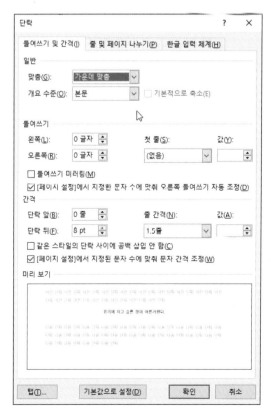

Section

04

특수문자 삽입하고
한자 변환하기

특수문자를 활용하여 다양한 아이콘을 넣을 수 있습니다. 또한 한글을 한자로 변환할 수 있습니다. 이름을 한자로 써야 할 때 등에 유용합니다.

01 시가 시작하기 전의 빈 곳에 커서를 놓고 [삽입]-[기호]-[다른 기호]를 클릭합니다.

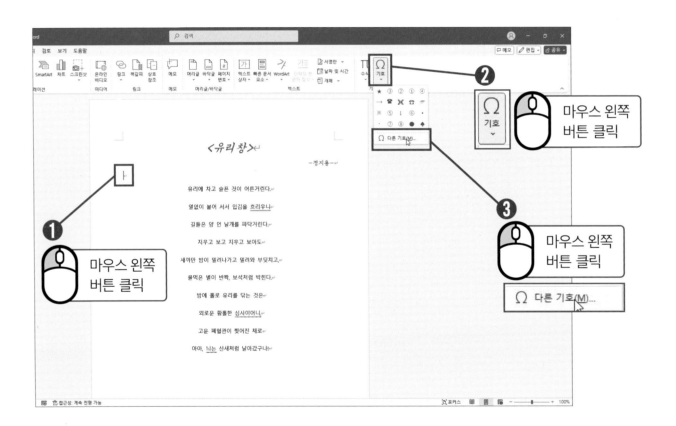

02 다양한 특수문자 목록이 나옵니다. ✓ 를 클릭하여 [기타 기호]를 선택합니다.

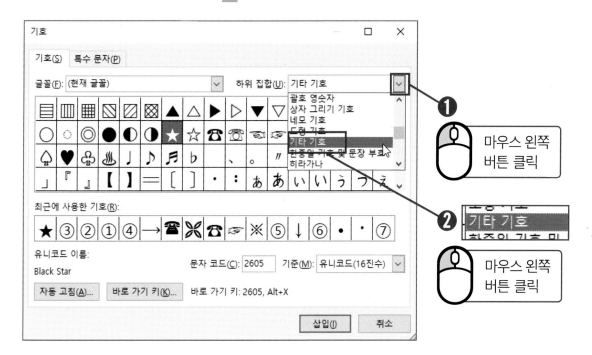

03 삽입하고 싶은 특수문자를 선택한 후 [삽입]을 클릭합니다.

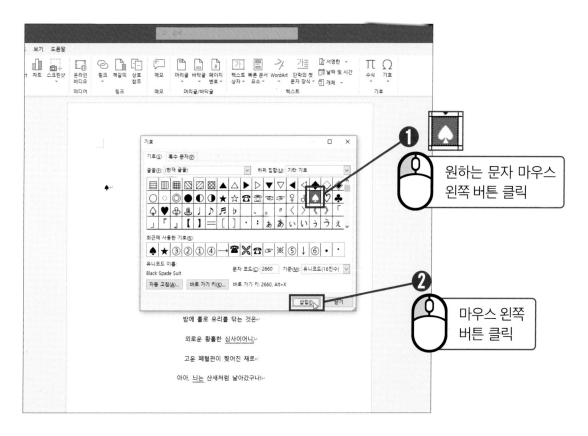

04 [닫기]를 클릭합니다. 특수문자가 삽입되었습니다.

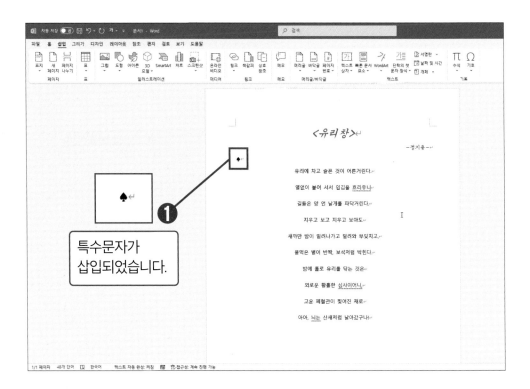

특수문자가
삽입되었습니다.

05 그 옆에 '전문'이라고 입력합니다.

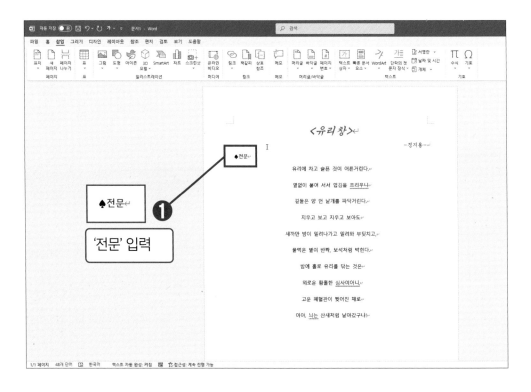

'전문' 입력

06 '전' 앞에서 클릭한 후 드래그하여 블록으로 지정합니다. 그리고 키보드의 한자 를 누릅니다.

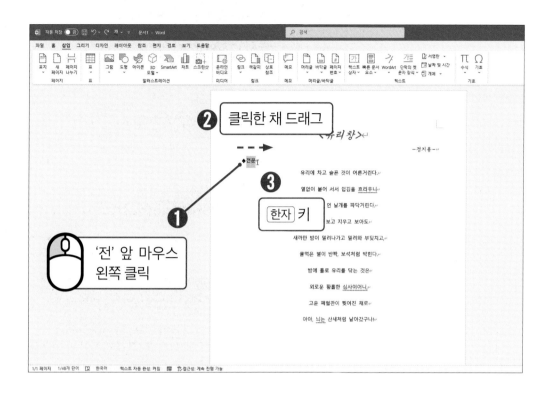

07 한자 중 全文을 선택합니다. [변환]을 클릭합니다.

08 한자가 입력되었습니다.

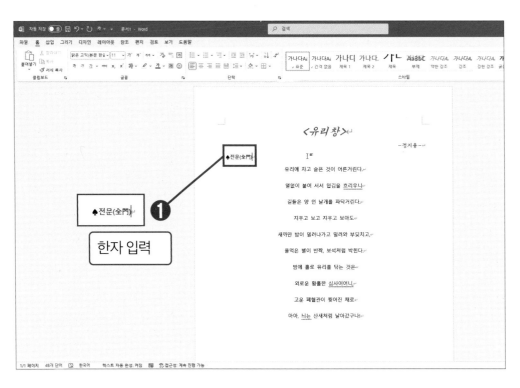

한자 입력

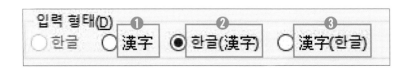 **입력 형태**

한자의 입력 형태는 다음과 같습니다. 원하는 형태를 선택하여 변환을 클릭하면 됩니다.

입력 형태(D)
○ 한글   ○① 漢字   ●② 한글(漢字)   ○③ 漢字(한글)

❶ 한글이 한자로 변환되며 한글은 입력되지 않습니다.
❷ 한글 옆에 괄호와 선택한 한자가 추가로 삽입되며 한글은 유지됩니다.
❸ 한자(한글) 형태로 한글과 한자가 삽입됩니다.

Section 05

파일 출력하고 저장하기

파일을 저장하고 출력해보겠습니다. 출력하기 위해서는 컴퓨터가
프린터와 연결되어 있어야 합니다. 프린터와 연결되어 있지 않으
면 출력 기능을 실행해도 출력되지 않습니다.

01 [저장] 🔲 을 클릭합니다.

마우스 왼쪽
버튼 클릭 ❶

02 [옵션 더 보기]를 선택합니다.

이 파일 저장하기 ✕

파일 이름

유리창   .docx

위치 선택

📁 문서
OneDrive - 개인 ⌄

❯ 이 파일을 공유하시겠습니까?

마우스 왼쪽
버튼 클릭 ❶

옵션 더 보기... | 저장(S) | 취소

03 [찾아보기]를 클릭합니다.

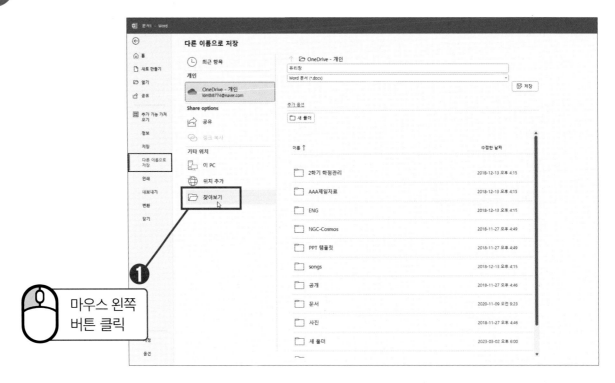

04 [문서]-[워드 문서]를 더블클릭합니다. 파일 이름이 '유리창'인 것을 확인하고 [저장]을 클릭합니다.

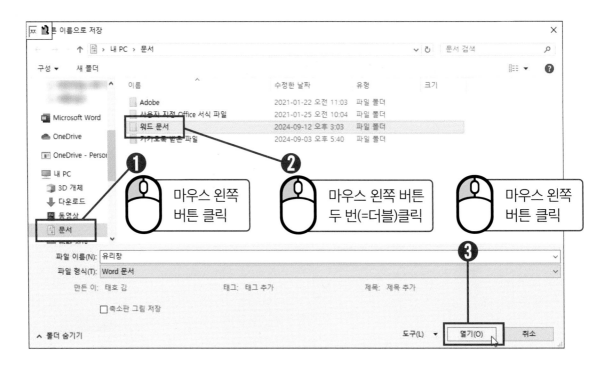

05 저장이 완료되었습니다. [파일]을 클릭합니다.

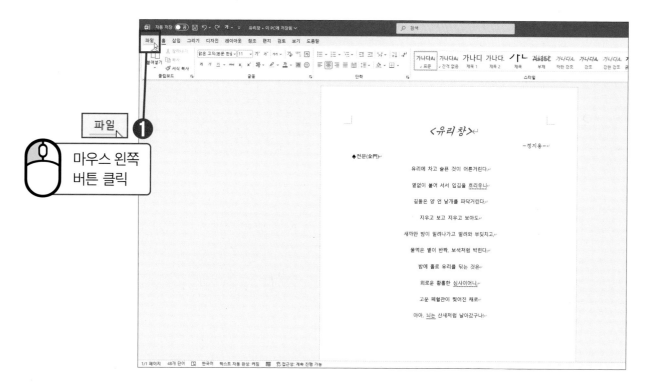

파일

①

마우스 왼쪽
버튼 클릭

06 [인쇄]를 클릭합니다.

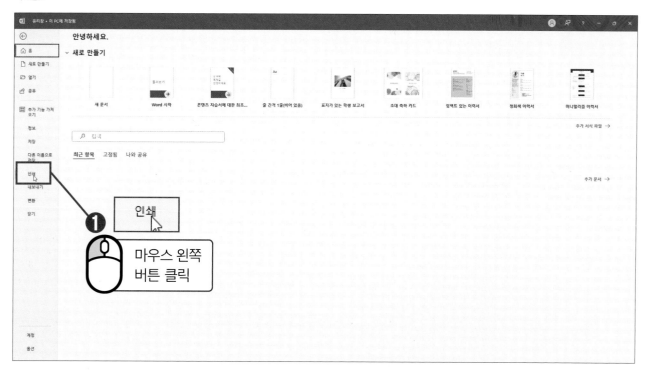

인쇄

①

마우스 왼쪽
버튼 클릭

07 연결된 프린터를 확인하고 인쇄를 선택하면 인쇄가 완료됩니다. ☒ 를 클릭합니다.

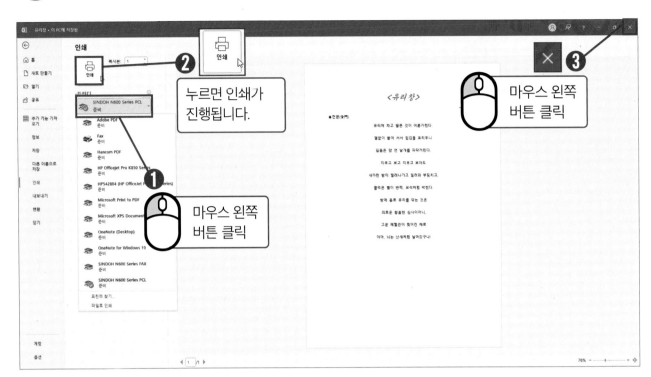

누르면 인쇄가
진행됩니다.

마우스 왼쪽
버튼 클릭

마우스 왼쪽
버튼 클릭

복사본 수를 수정하여 복사할 개수를 정할 수 있습니다. 페이지 수를 설정하여 인쇄할 페이지의 범위를 정할
수 있습니다.

제 03장

다양한 기본 기능 이용하여
주소록 만들기

주소록 항목을 작성한 다음 복사와 붙여넣기로
쉽게 여러 개의 주소록을 만들어보겠습니다.
머리글, 바닥글, 페이지 번호를 삽입해 문서를 체계적으로 만들어봅니다.

항목 입력하고
복사 및 붙여넣기

반복되는 내용을 복사하고 붙여넣기하여 쉽고 빠르게 문서를
만들어보겠습니다.

01 워드를 실행한 후 다음의 내용을 입력합니다. 입력한 후 Enter 키를 두 번 눌러 간격을 벌립니다.

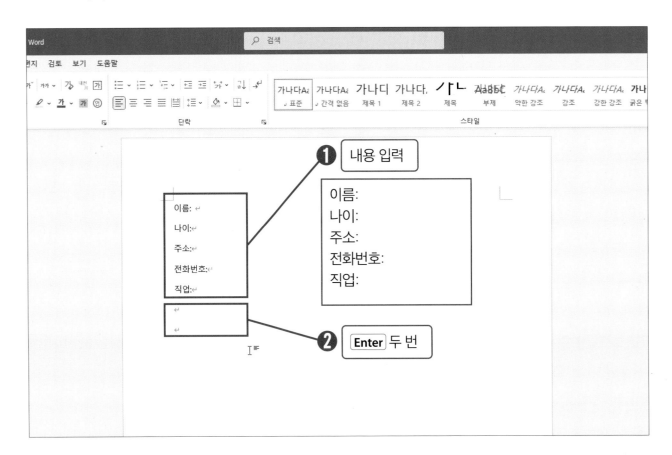

02 이름 맨 앞을 마우스로 클릭한 상태에서 아래로 드래그하여 모든 내용을 블록으로 설정합니다.

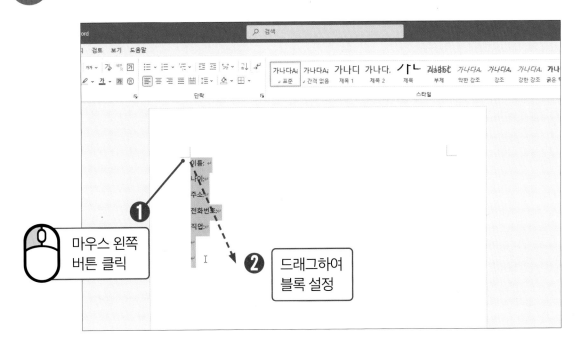

03 블록으로 설정된 부분 위에서 마우스 오른쪽 버튼을 클릭한 후 [복사]를 클릭합니다.

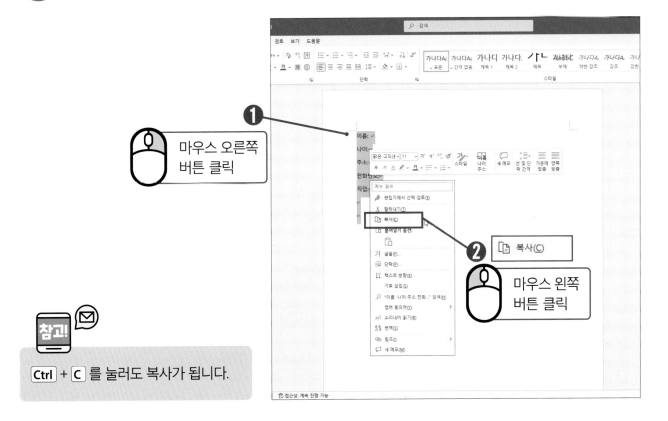

참고!

Ctrl + C 를 눌러도 복사가 됩니다.

맨 아래에서 마우스 오른쪽 버튼을 클릭합니다.

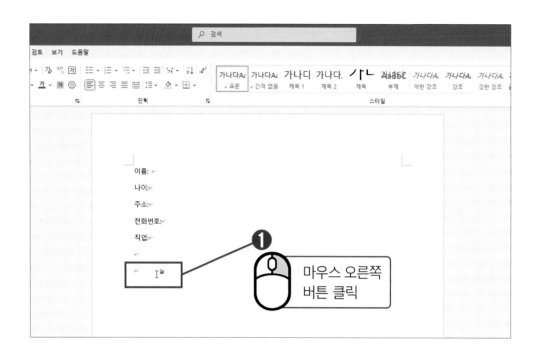

05 [붙여넣기 옵션]에서 [텍스트만 유지] 를 클릭합니다.

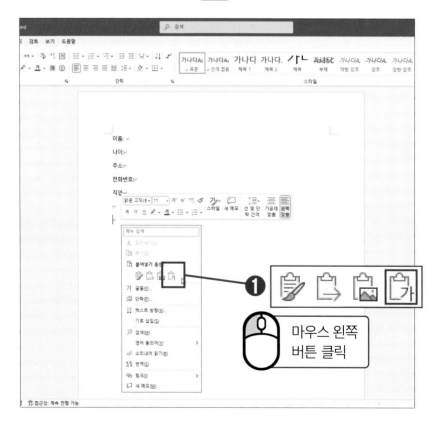

06 복사한 텍스트가 자동으로 붙여집니다. 한 번 더 붙여넣기 위해 맨 아래에서 마우스 오른쪽 버튼을 클릭하고 [텍스트만 유지] 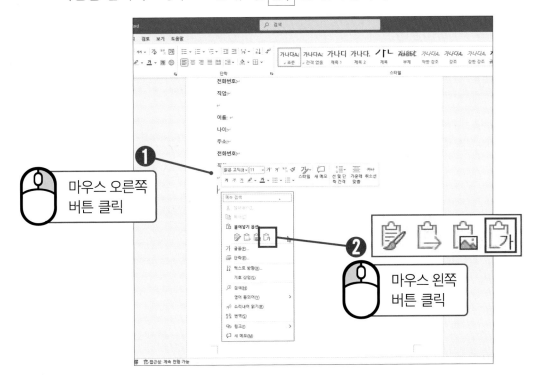 를 클릭합니다.

마우스 오른쪽 버튼 클릭

마우스 왼쪽 버튼 클릭

07 네 번 정도 반복하여 2페이지까지 동일한 내용으로 채웁니다.

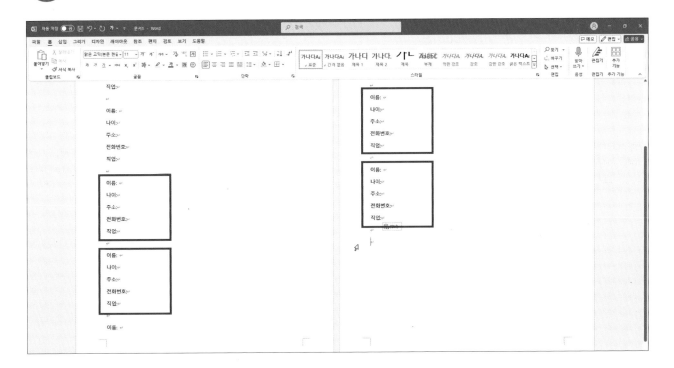

Section

02

글자 크기와 글꼴 바꾸기

첫 번째 목록의 글자 크기와 글꼴을 바꾸겠습니다. 바꾼 서식은
뒤에서 서식 복사로 일괄적으로 적용할 수 있습니다.

01 이름 앞을 마우스로 클릭하여
'이름:' 부분만 블록 설정합니다.

마우스 왼쪽 버튼을
클릭하여 블록 설정

02 [글꼴]을 클릭하여 글자 모양에서 [HY궁서B]를 클릭합니다.

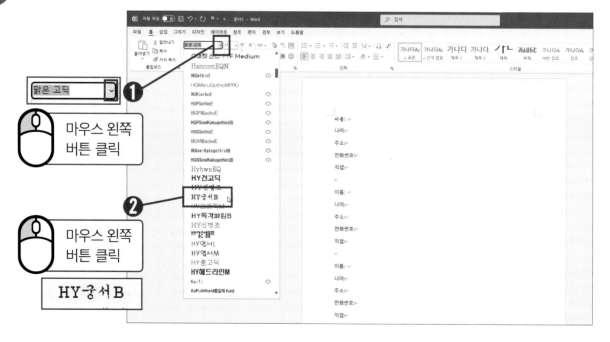

맑은 고딕

마우스 왼쪽
버튼 클릭

마우스 왼쪽
버튼 클릭

HY궁서B

03 [글꼴 크기]를 클릭해서 크기를 '16'으로 바꿉니다.

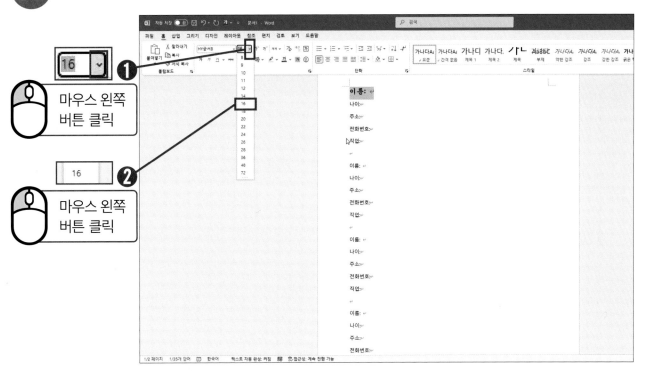

04 '나이'의 앞부분에서 마우스 왼쪽 버튼을 클릭한 채로 '직업'까지 드래그하여 블록 설정합니다.

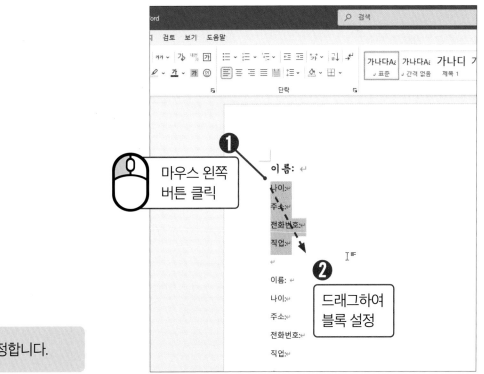

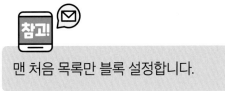

맨 처음 목록만 블록 설정합니다.

05 [글꼴]에서 [HY그래픽M]을 선택합니다.

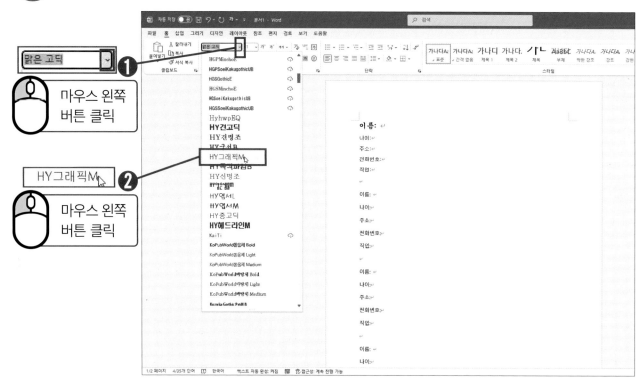

마우스 왼쪽
버튼 클릭

마우스 왼쪽
버튼 클릭

06 색을 바꾸기 위해 <kbd>가</kbd> 옆의 <kbd>∨</kbd> 를 클릭합니다. 색을 '파란색'으로 바꿉니다.

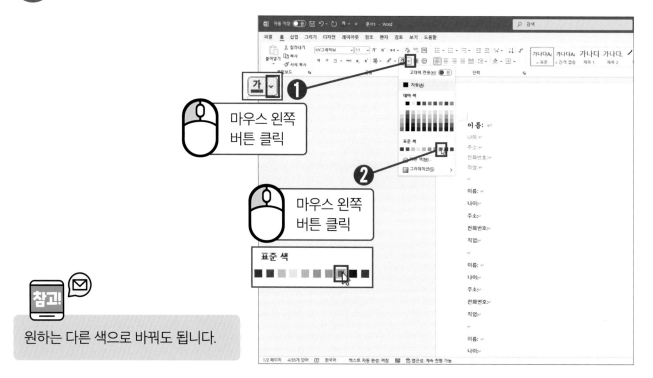

마우스 왼쪽
버튼 클릭

마우스 왼쪽
버튼 클릭

참고!

원하는 다른 색으로 바꿔도 됩니다.

07 가 와 *가* 을 클릭하여 진하게와 기울임꼴을 적용합니다.

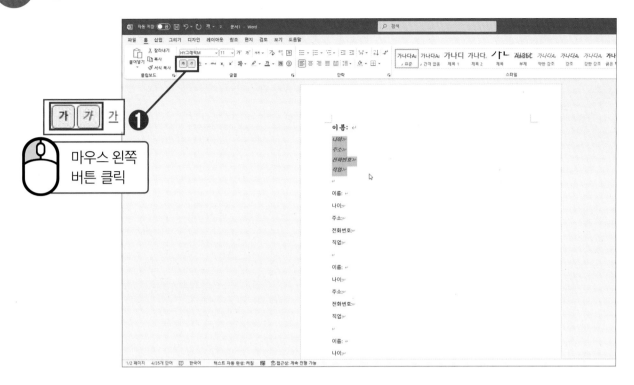

가 *가* 간 **①**

마우스 왼쪽
버튼 클릭

08 [밑줄]을 클릭한 후 [점선 밑줄]을 클릭합니다, 화면 빈 곳에서 마우스 왼쪽 버튼을 클릭해서
블록 설정을 해제합니다.

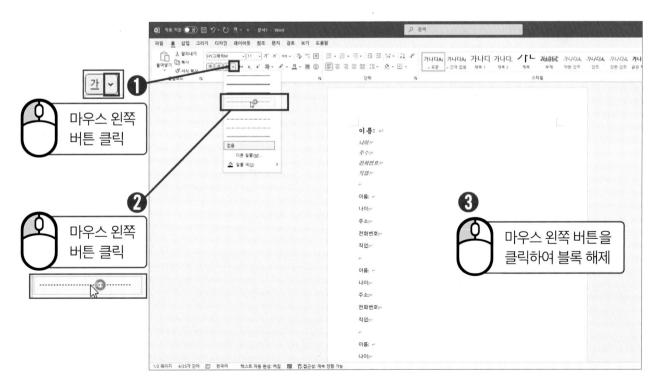

간 ▾ **①**

마우스 왼쪽
버튼 클릭

마우스 왼쪽
버튼 클릭

②

③

마우스 왼쪽 버튼을
클릭하여 블록 해제

들여쓰기하고
서식 붙여넣기

내용을 들여쓰기하고 서식을 복사하여 나머지 부분에 붙여넣겠습니다.

01 첫 번째 이름 앞부분을 마우스로 클릭하여 블록으로 설정한 후 [들여쓰기]를 세 번 정도 클릭합니다.

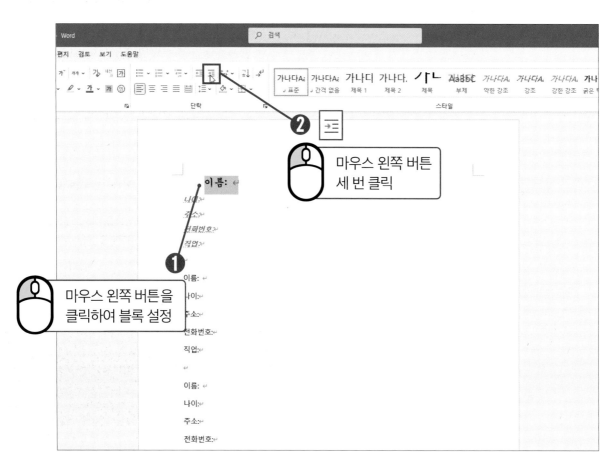

📱✉️ **참고!**

⫫ 은 내어쓰기입니다.

02 '나이'의 앞부분에서 마우스 왼쪽 버튼을 클릭한 채로 '직업'까지 드래그하여 블록 설정합니다.

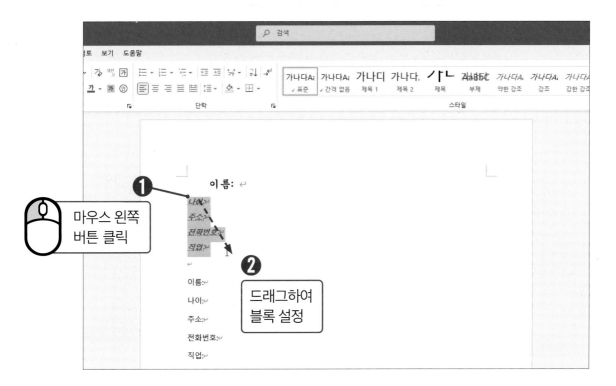

03 [들여쓰기]를 두 번 정도 클릭합니다.

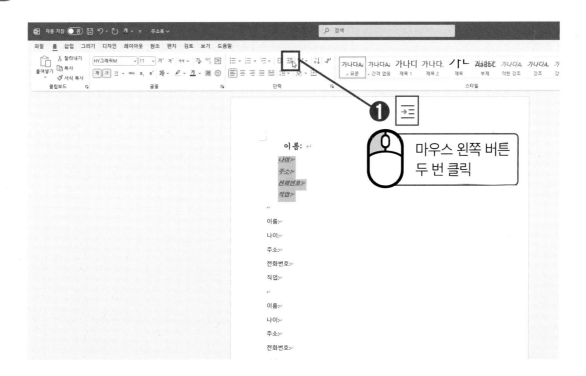

빈 곳을 클릭하여 블록 설정을 해제합니다.

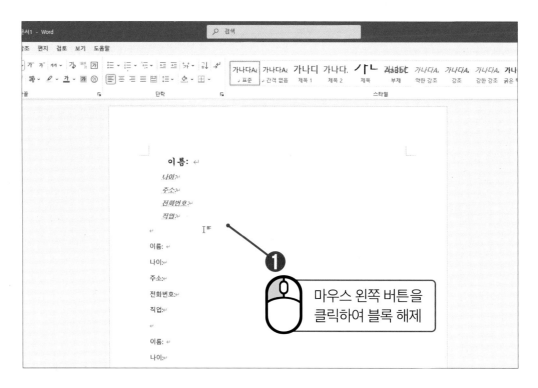

마우스 왼쪽 버튼을 클릭하여 블록 해제

05 서식을 복사하겠습니다. 이름 부분을 다시 블록 설정합니다.

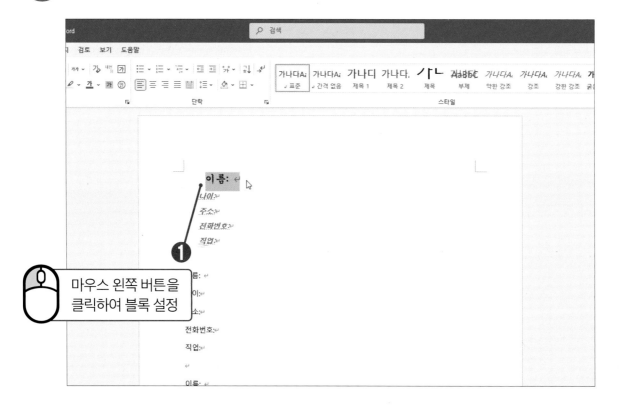

마우스 왼쪽 버튼을 클릭하여 블록 설정

06 블록으로 설정된 상태에서 [서식 복사]를 클릭합니다.

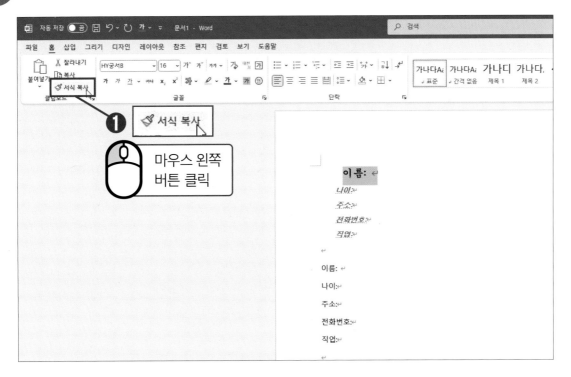

07 [서식 복사]를 클릭하면 마우스 모양이 로 바뀝니다. 두 번째 목록의 '이름' 앞에서 마우스를 클릭한 채로 오른쪽으로 드래그합니다.

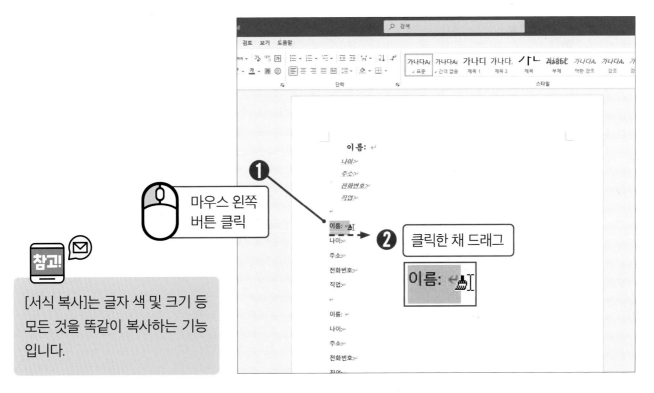

참고!

[서식 복사]는 글자 색 및 크기 등 모든 것을 똑같이 복사하는 기능입니다.

08 마우스 버튼에서 손을 떼면 서식이 그대로 복사됩니다.

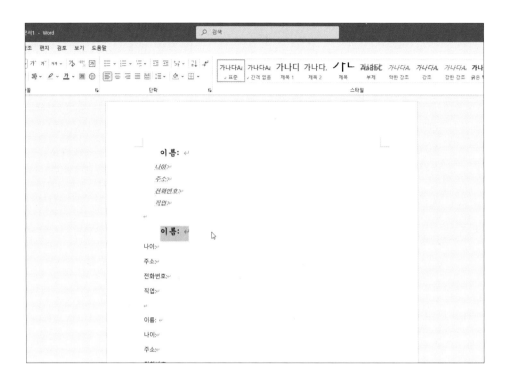

09 블록으로 설정된 상태에서 [서식 복사]를 클릭하고 세 번째 목록의 '이름' 앞에서 마우스를 클릭한 채로 오른쪽으로 드래그합니다.

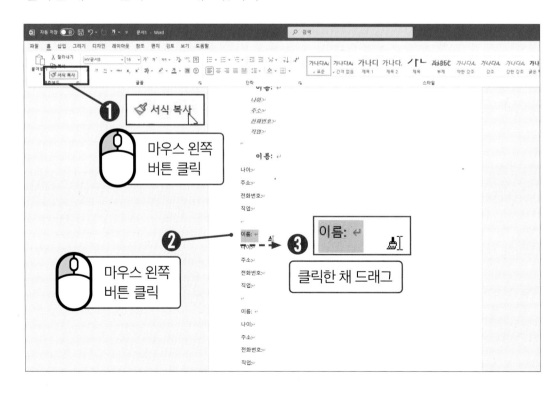

10 서식이 복사되었습니다. 이 과정을 반복하여 모든 이름 부분에 서식을 적용합니다.

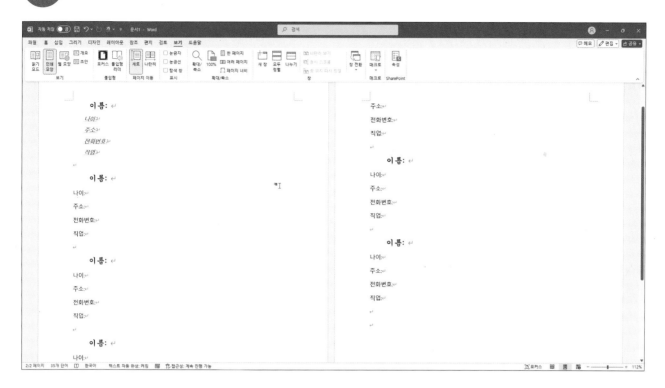

11 맨 첫 번째 '나이'의 앞부분에서 마우스 왼쪽 버튼을 클릭한 채로 '직업'까지 드래그하여 블록 설정합니다. [서식 복사]를 클릭합니다.

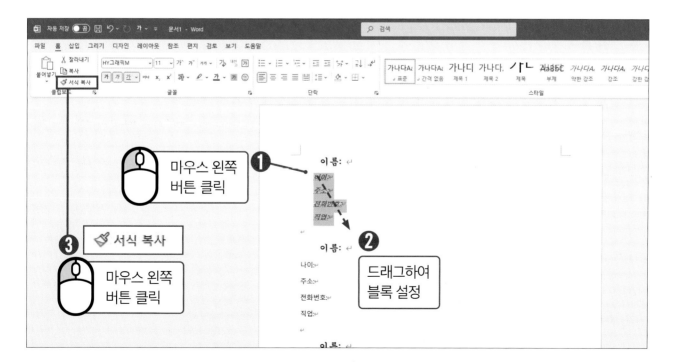

12 두 번째 목록의 '나이' 앞에서 마우스를 클릭한 채로 직업까지 드래그합니다.

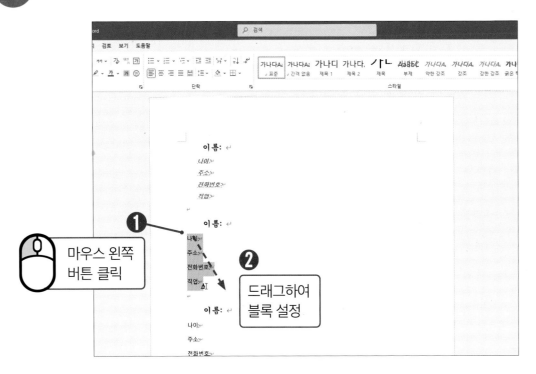

마우스 왼쪽 버튼 클릭

드래그하여 블록 설정

13 마우스 버튼에서 손을 떼면 서식이 그대로 복사됩니다.

서식이 복사되었습니다.

이 과정을 반복하여 나머지 부분에도 서식을 적용합니다.

Section 04

머리글, 페이지 번호 삽입하기

머리글로 특정 내용을 입력하고 페이지 번호가 자동으로 매겨지게끔 삽입
하겠습니다.

01 메뉴에서 [삽입] 탭을 클릭합니다.

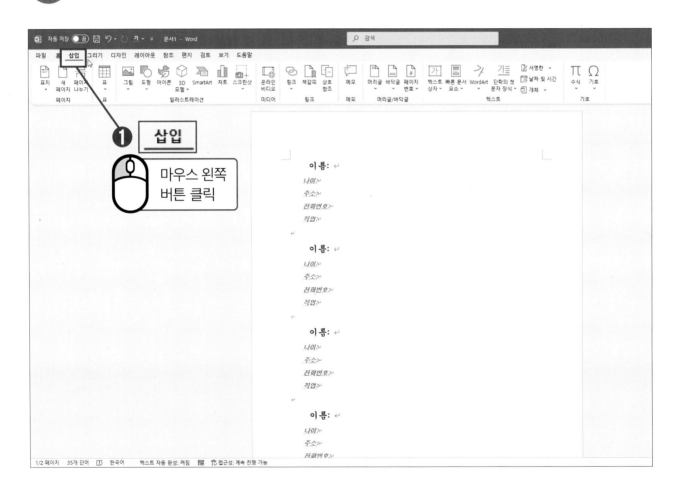

02 [머리글]에서 제일 위의 기본 머리글을 선택합니다.

마우스 왼쪽
버튼 클릭

마우스 왼쪽
버튼 클릭

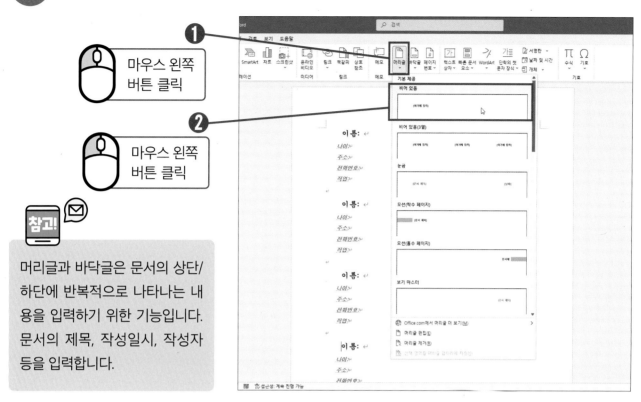

참고!

머리글과 바닥글은 문서의 상단/
하단에 반복적으로 나타나는 내
용을 입력하기 위한 기능입니다.
문서의 제목, 작성일시, 작성자
등을 입력합니다.

03 머리글 영역이 나타납니다. [여기에 입력]을 지웁니다.

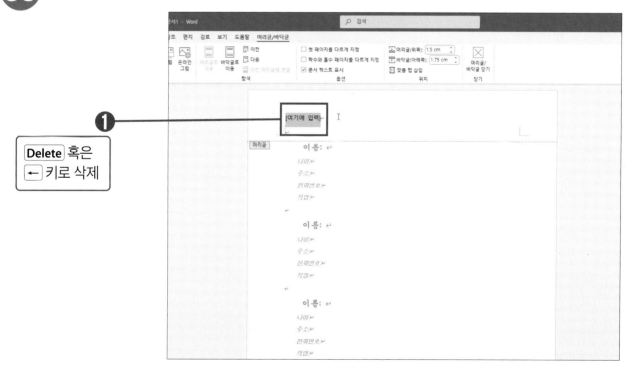

Delete 혹은
← 키로 삭제

04 '지인 주소록'이라고 입력합니다. 블록으로 설정합니다.

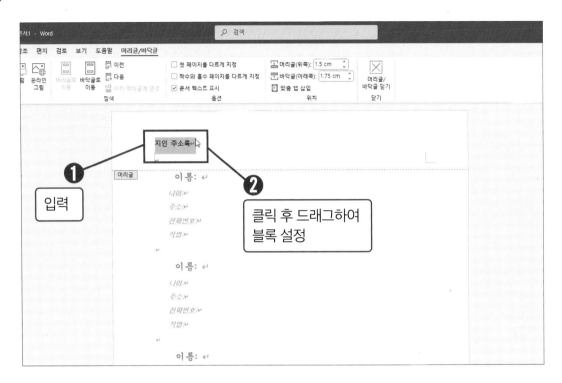

05 [홈] 탭으로 이동합니다. [글꼴]에서 [HY헤드라인M], [글자 크기]에서 '8'을 선택합니다.

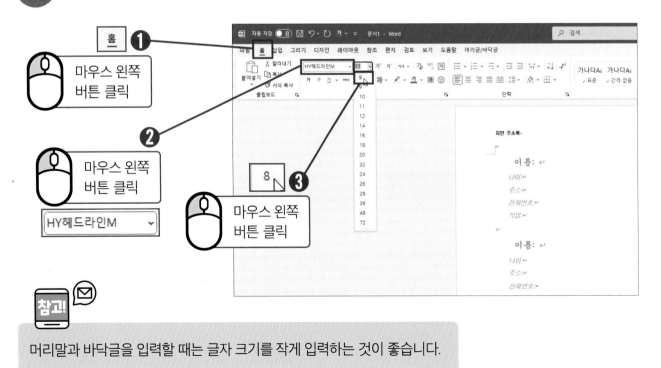

참고!

머리말과 바닥글을 입력할 때는 글자 크기를 작게 입력하는 것이 좋습니다.

06 [머리글/바닥글] 탭으로 이동합니다. [머리글/바닥글 닫기]를 클릭합니다.

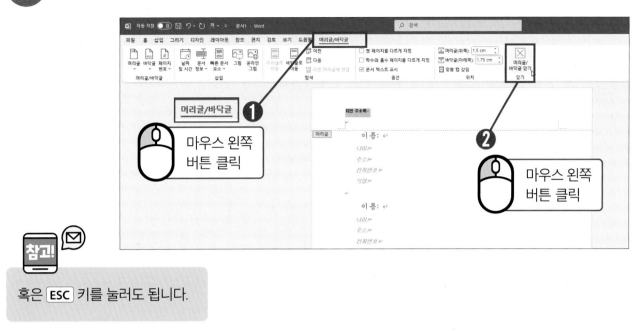

참고!

혹은 `ESC` 키를 눌러도 됩니다.

07 [삽입] 탭을 클릭합니다. [페이지 번호]-[아래쪽]-[일반 번호2]를 클릭합니다.

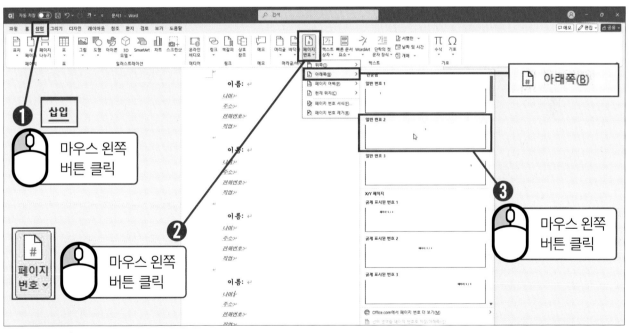

참고!

페이지 번호는 다양한 부분에 입력할 수 있습니다.

08 페이지 번호가 삽입되었습니다. [ESC] 키를 눌러 빠져나옵니다. 혹은 [머리글/바닥글 닫기]를 클릭하여 빠져나옵니다.

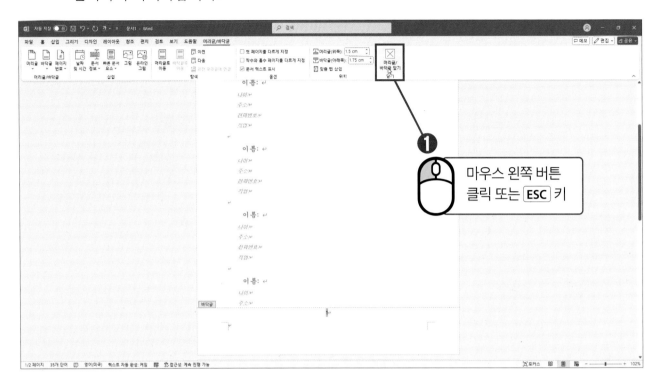

마우스 왼쪽 버튼 클릭 또는 [ESC] 키

팁! 페이지 번호

페이지 번호를 삽입하면 페이지가 바뀔 때마다 자동으로 번호도 바뀝니다. 다양한 스타일의 페이지 번호를 삽입할 수 있으니 원하는 스타일을 골라 삽입해보길 바랍니다.

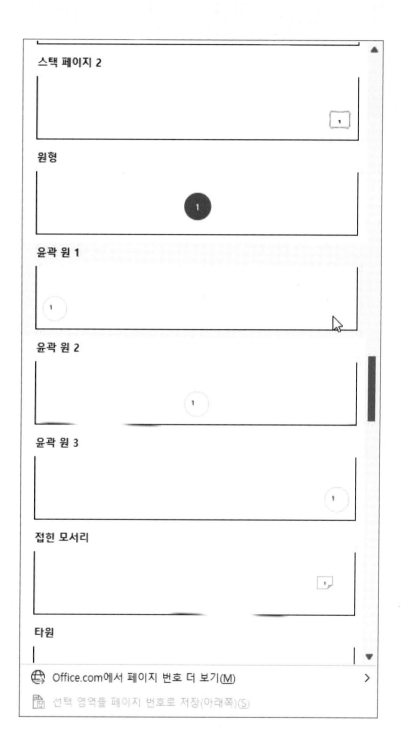

스택 페이지 2

원형

윤곽 원 1

윤곽 원 2

윤곽 원 3

접힌 모서리

타원

🌐 Office.com에서 페이지 번호 더 보기(M)   >

🗎 선택 영역을 페이지 번호로 저장(아래쪽)(S)

Section

05

파일 저장하기

지금까지 작업한 문서를 '주소록'이라는 파일 이름으로
저장해보겠습니다.

01 [저장] 🖫 을 클릭합니다.

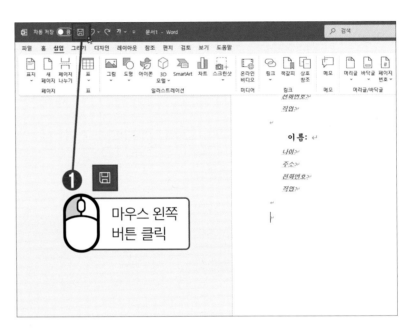

02 [옵션 더 보기]를 클릭합니다.

이 파일 저장하기

파일 이름

| 이름 | .docx |

위치 선택

📁 문서
　　OneDrive - 개인 　　　　　　　　　　　˅

> **이 파일을 공유하시겠습니까?**

마우스 왼쪽
버튼 클릭 ❶ ──→ 옵션 더 보기...

저장(S)　　취소

03 다른 이름으로 저장 창이 나타나면 [찾아보기]를 클릭합니다.

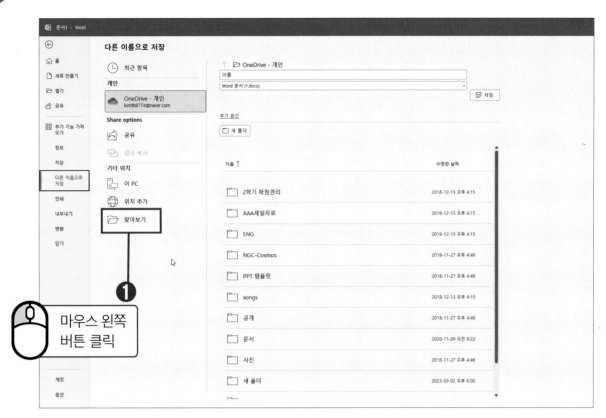

04 [문서]-[워드 문서]를 더블클릭합니다.

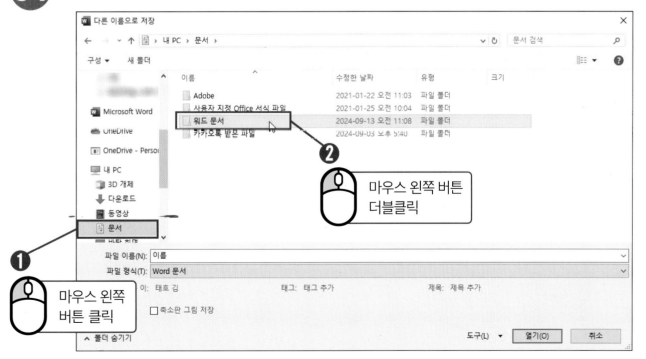

05 파일 이름에 '주소록'을 입력하고 [저장]을 클릭합니다.

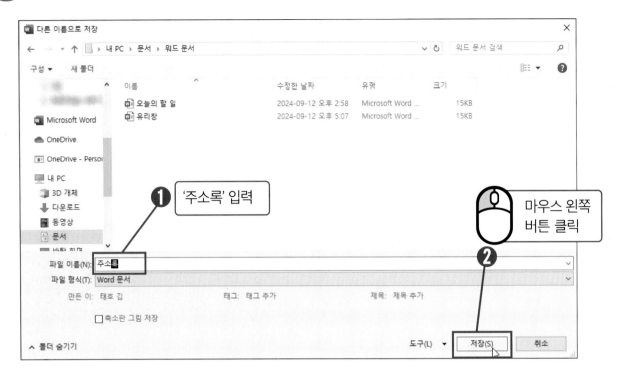

❶ '주소록' 입력

❷ 마우스 왼쪽 버튼 클릭

팁! 워드에서 지원하는 문서 형식

워드에서는 다양한 형식의 문서를 불러올 수 있거나 다른 형태로 저장할 수 있습니다. 저장할 수 있는 파일 형식은 다음과 같습니다.

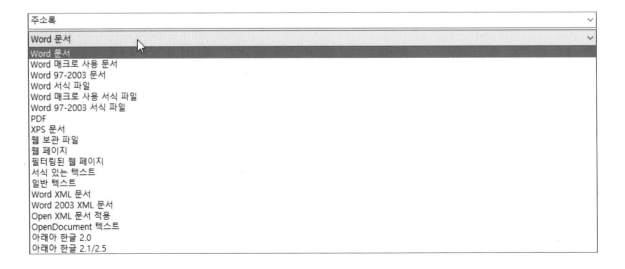

제 04장

안내문 만들기

안내문을 만들고 문서를 조금 더 보기 좋게 꾸미도록 글머리 기호와 특수문자를
삽입합니다. 제공하는 스타일로 제목 스타일을 빠르게 바꿔보겠습니다.

내용 입력하고 글머리 기호 삽입하기

안내장의 내용을 입력하고 글머리 기호를 삽입하겠습니다.

01 글자 크기를 먼저 지정합니다. [글자 크기]의 ⌄를 클릭하여 '14'를 클릭합니다.

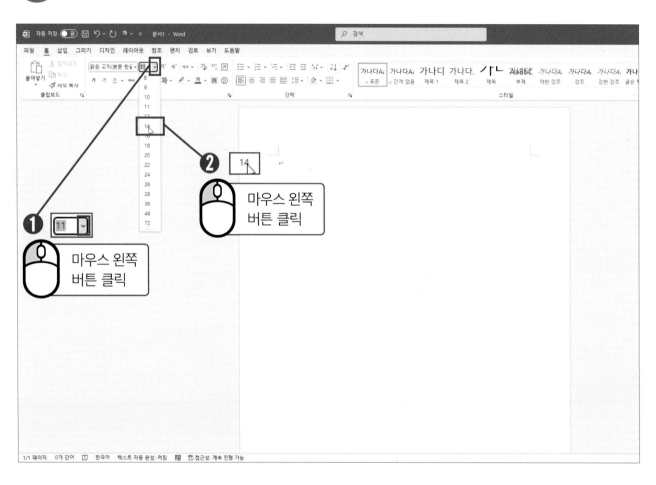

02 내용을 입력하고 [Enter] 키를 두 번 눌러서 간격을 벌립니다.

내용 입력 **❶**

아파트 계단 청소 안내문

401동 주민 여러분께 알립니다.
아파트 계단 청소를 다음과 같이
진행합니다. 계단에 비치된 물품을
치워주시기 바랍니다.

❷

[Enter] 키 두 번

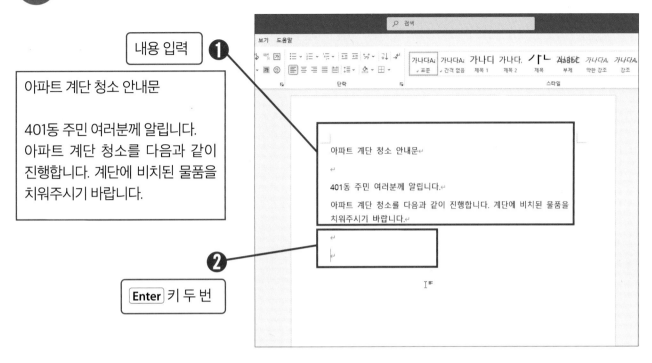

03 [삽입] 탭을 클릭하고 [기호]-[다른 기호]를 클릭합니다.

삽입

❶ 마우스 왼쪽
버튼 클릭

❷ 마우스 왼쪽
버튼 클릭

❸ 마우스 왼쪽
버튼 클릭

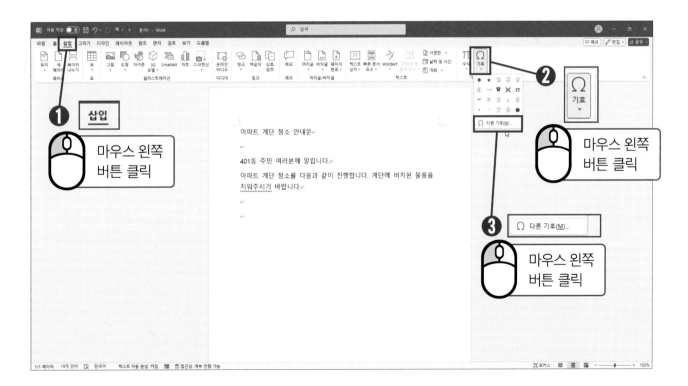

오른쪽에서 [기타 기호]를 찾아 클릭합니다.

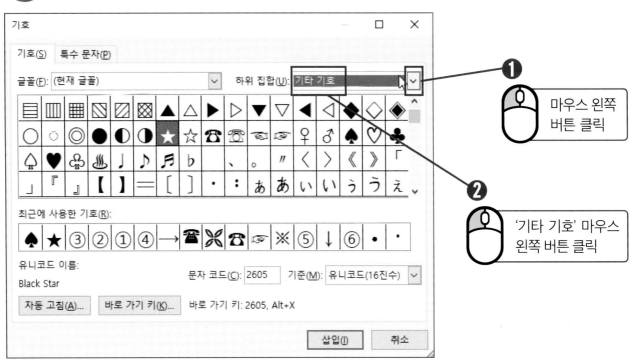

마우스 왼쪽 버튼 클릭

'기타 기호' 마우스 왼쪽 버튼 클릭

05 입력할 기호를 클릭하고 [삽입]을 두 번 클릭합니다. 삽입이 되었으면 [닫기]를 클릭하여 [기호] 창을 닫습니다.

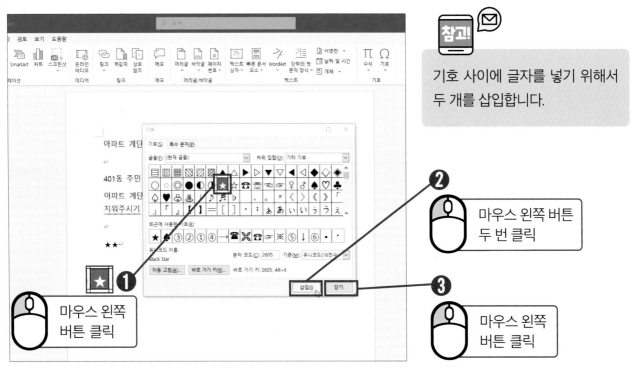

기호 사이에 글자를 넣기 위해서 두 개를 삽입합니다.

마우스 왼쪽 버튼 두 번 클릭

마우스 왼쪽 버튼 클릭

마우스 왼쪽 버튼 클릭

06 별 기호가 삽입되었습니다. 사이에 '상세 내용'이라고 입력합니다.

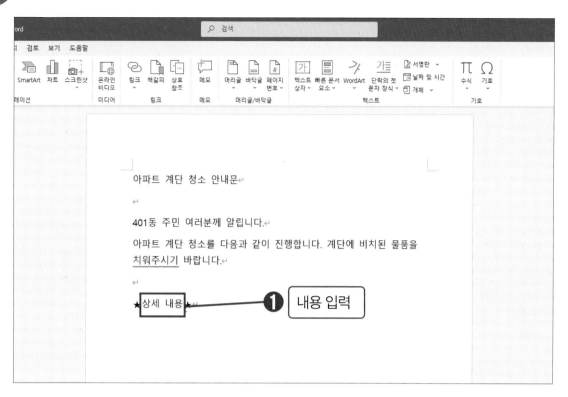

07 별 뒤에서 Enter 키를 눌러서 다음 줄로 이동합니다. 내용을 다음과 같이 입력합니다.

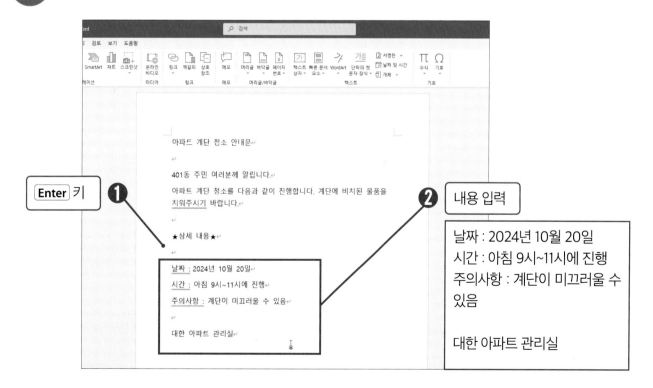

08 날짜부터 주의사항까지를 블록으로 설정합니다.

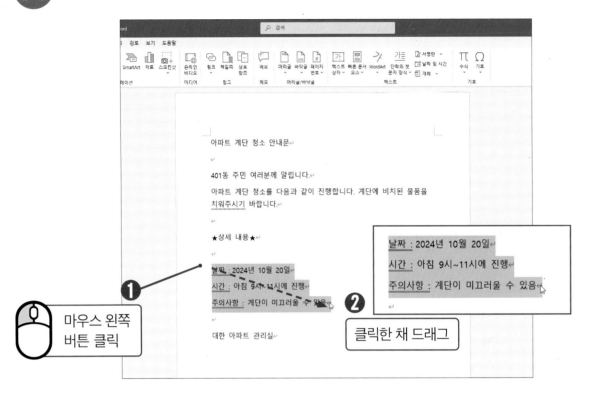

마우스 왼쪽
버튼 클릭

클릭한 채 드래그

09 [홈] 탭을 클릭합니다. 글머리 기호 옆의 ∨ 를 클릭합니다.

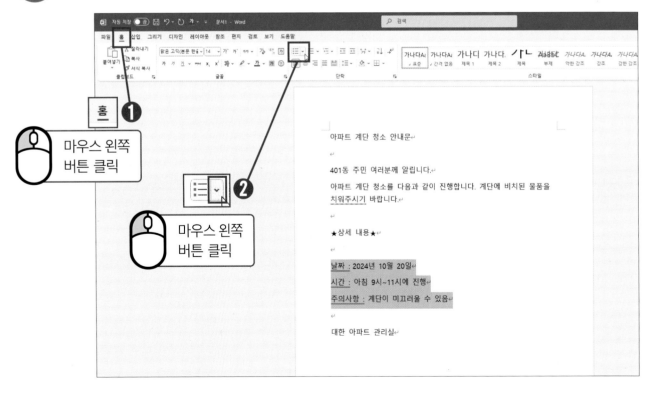

홈

마우스 왼쪽
버튼 클릭

마우스 왼쪽
버튼 클릭

10 다양한 글머리 기호를 넣을 수 있습니다. 첫 번째 기호를 클릭합니다.

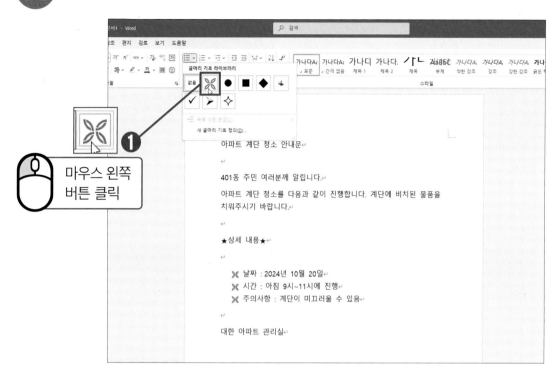

마우스 왼쪽
버튼 클릭

11 글머리 기호가 삽입되었습니다. 빈 곳에서 마우스 왼쪽 버튼을 클릭하여 블록 설정을 해제 합니다.

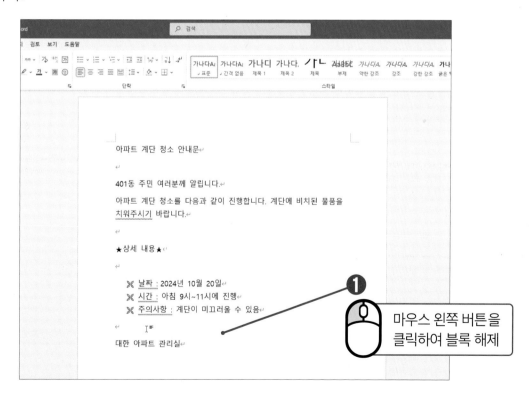

마우스 왼쪽 버튼을
클릭하여 블록 해제

스타일 기능으로 제목 스타일 변경하기

스타일 기능을 이용하여 쉽게 스타일을 변경해보겠습니다.

01 제목 글자의 가장 앞쪽을 마우스로 클릭해서 블록으로 설정합니다.

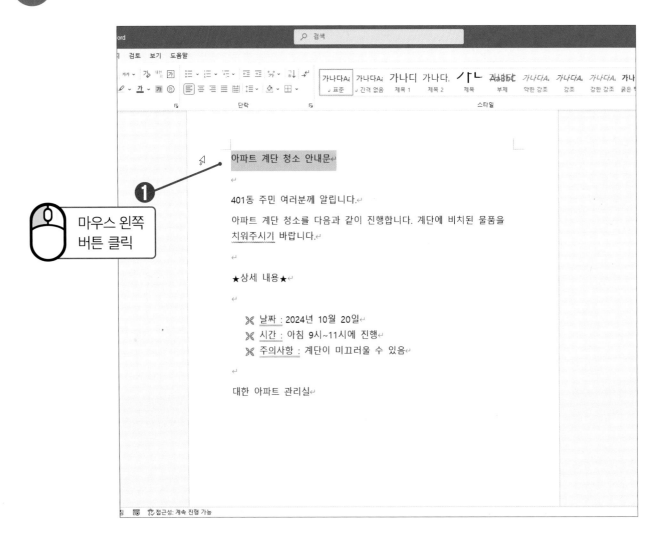

마우스 왼쪽 버튼 클릭

[스타일]의 ▽ 를 클릭합니다.

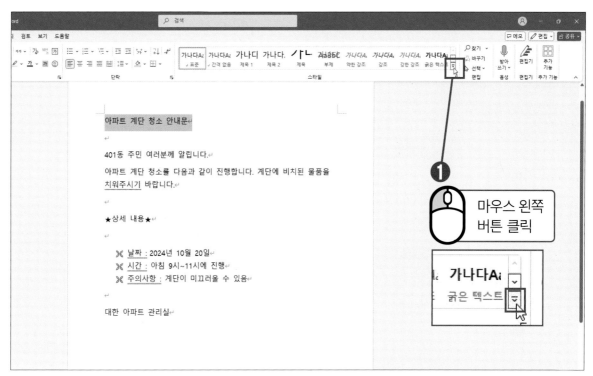

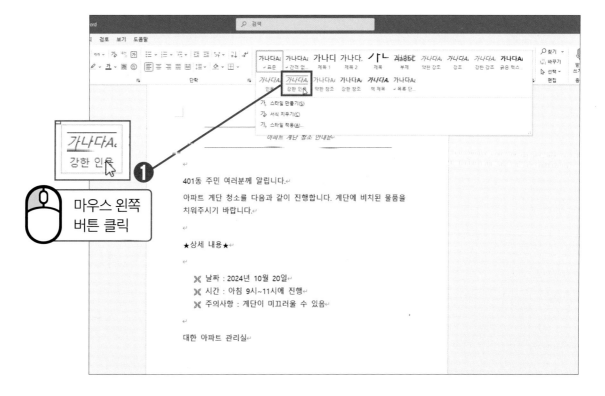 다양한 스타일 목록이 나옵니다. [강한 인용]을 클릭합니다.

04 [글자 크기]를 '28'로 설정합니다. [진하게] 가 를 클릭합니다.

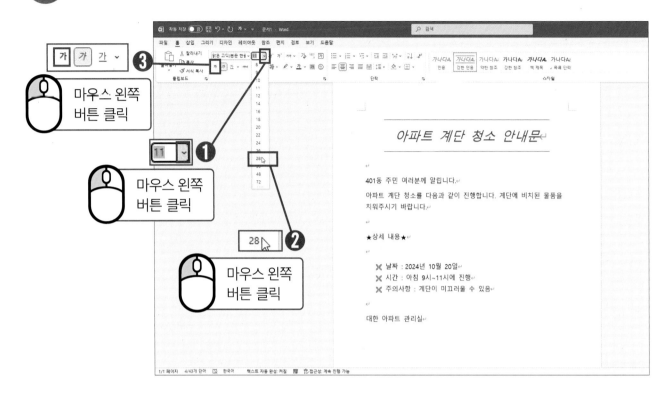

마우스 왼쪽
버튼 클릭

마우스 왼쪽
버튼 클릭

마우스 왼쪽
버튼 클릭

05 제목 스타일이 완료되었습니다. 빈 곳에서 마우스 왼쪽 버튼을 클릭하여 블록을 해제합니다.

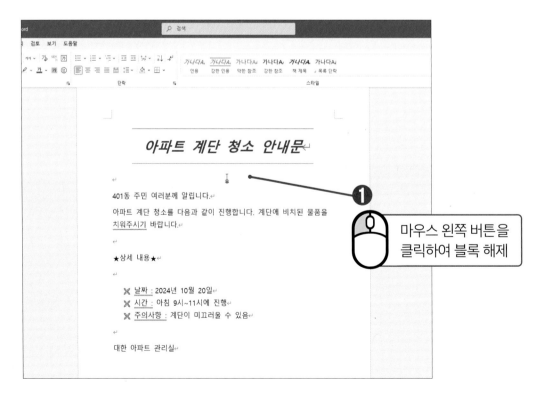

마우스 왼쪽 버튼을
클릭하여 블록 해제

팁! 스타일

스타일은 미리 만들어놓은 글자 스타일을 바로바로 지정할 수 있는 기능입니다. 내가 직접 스타일을 만들 수도 있습니다.

01 [스타일]-[스타일 만들기]를 클릭합니다.

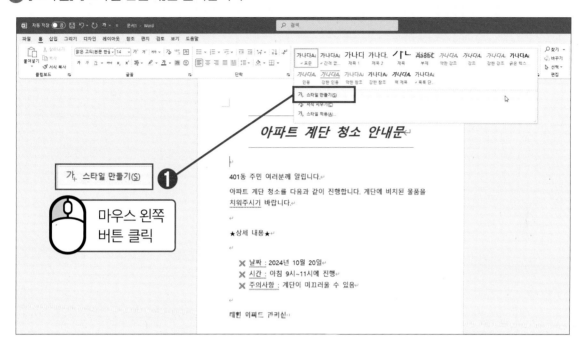

02 이름에 스타일의 이름을 지정합니다. [수정]을 클릭합니다.

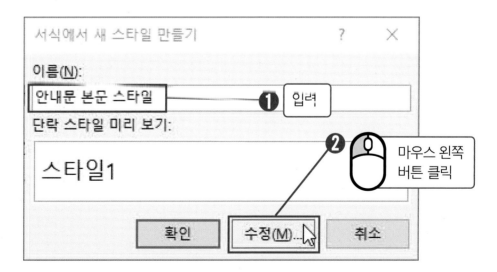

03 여러 서식을 지정할 수 있습니다. 원하는 서식을 지정하고 [확인]을 누릅니다.

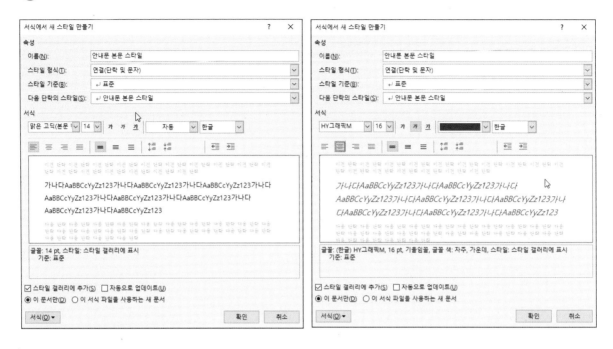

04 새 스타일이 만들어져 목록에 나타납니다.

Section 03

본문 스타일 바꾸기

본문의 글자 모양을 바꾸고 정렬을 바꾸겠습니다.

01 본문의 가장 앞쪽을 클릭합니다.

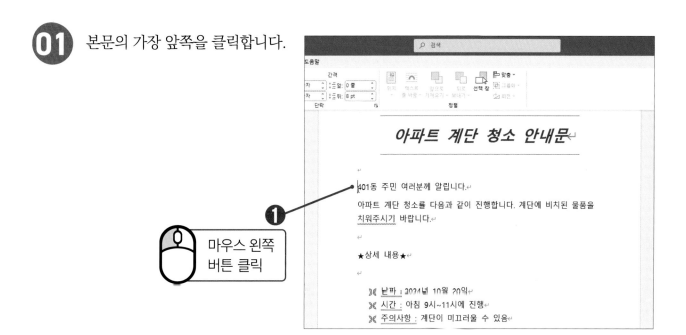

마우스 왼쪽 버튼 클릭

02 마우스 버튼을 클릭한 채 아래로 드래그하여 문장 전체를 블록으로 설정한 후 마우스 버튼에서 손을 뗍니다.

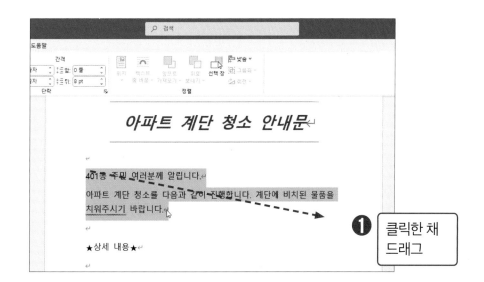

클릭한 채 드래그

03 [글꼴]에서 [HY신명조]를 클릭합니다.

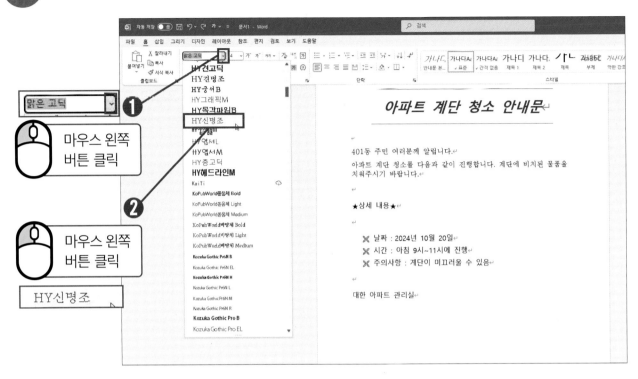

마우스 왼쪽
버튼 클릭

마우스 왼쪽
버튼 클릭

HY신명조

04 상세 내용 앞부분을 클릭하여 블록으로 설정합니다.

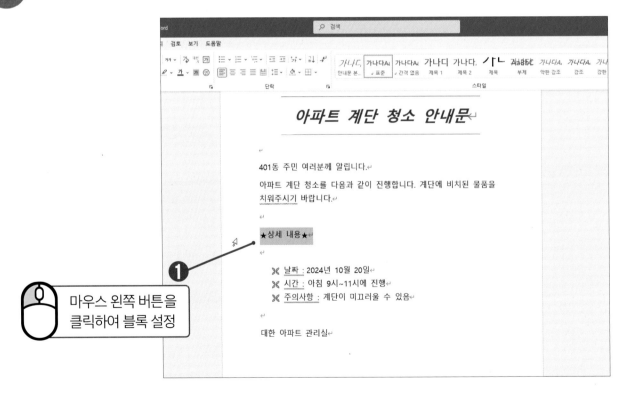

마우스 왼쪽 버튼을
클릭하여 블록 설정

05 옆의 를 클릭하여 빨간색을 선택합니다.

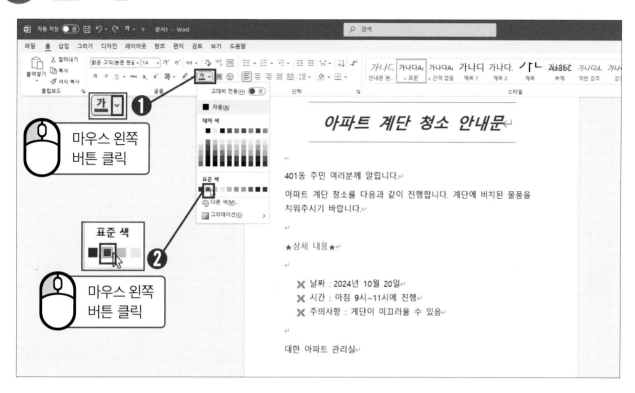

06 [가운데 정렬]을 클릭합니다.

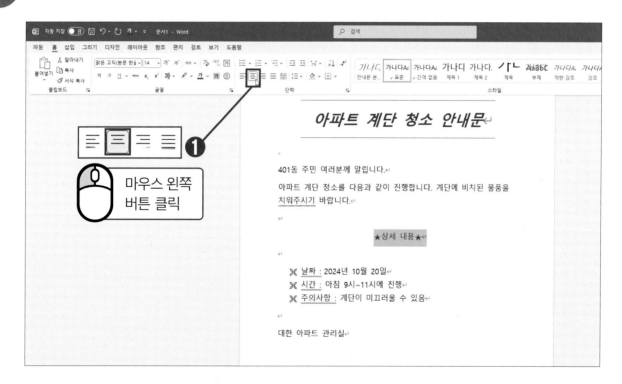

07 날짜 바로 왼쪽을 클릭한 상태에서 주의사항까지 드래그하여 블록으로 설정합니다.

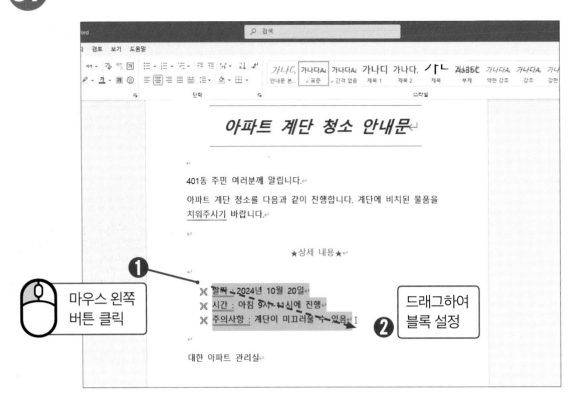

08 [줄 간격 옵션]에서 '2.0'을 선택합니다.

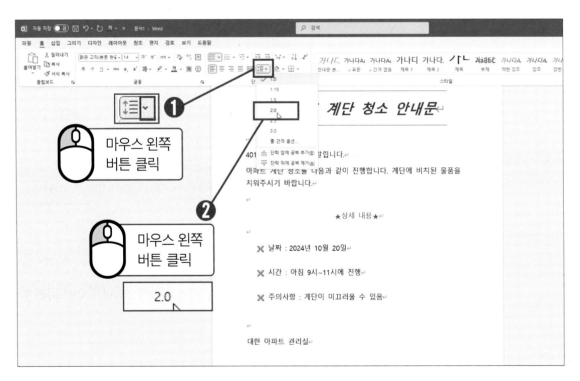

09 음영을 입히겠습니다. 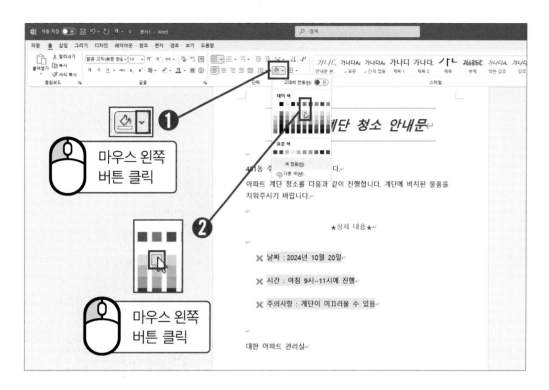 옆의 ✓ 를 클릭합니다. 원하는 음영을 선택합니다. 책에서는 '주황, 강조2, 80%, 더 밝게'를 선택했습니다.

10 음영이 입혀졌습니다. 빈 곳을 클릭하여 블록을 해제합니다.

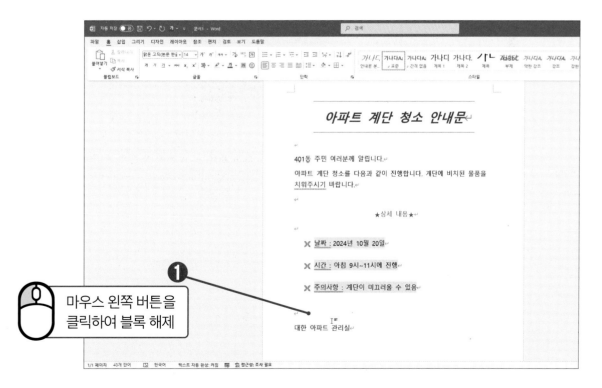

균등 분할 설정하기

균등 분할이란 문서의 너비에 맞춰서 글자가 채워지게
단락을 정렬하는 기능입니다.

01 '대한' 앞부분에서 마우스 왼쪽
버튼을 클릭하여 블록 설정합
니다.

아파트 계단 청소 안내문

401동 주민 여러분께 알립니다.
아파트 계단 청소를 다음과 같이 진행합니다. 계단에 비치된 물품을
치워주시기 바랍니다.

★상세 내용★

✂ 날짜 : 2024년 10월 20일

✂ 시간 : 아침 9시~11시에 진행

✂ 주의사항 : 계단이 미끄러울 수 있음

대한 아파트 관리실

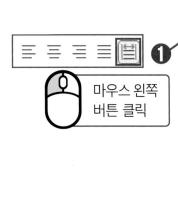

대한 아파트 관리실

마우스 왼쪽
버튼 클릭

02 [균등 분할]을 클릭합니다.

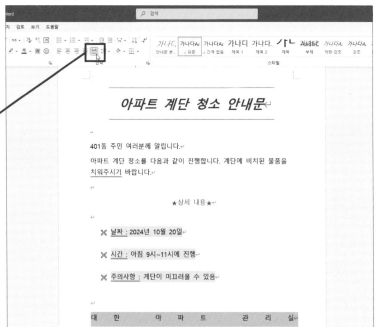

마우스 왼쪽
버튼 클릭

03 균등 분할이 설정되었습니다. [글꼴]을 선택하여 [HY궁서B]로 바꿉니다.

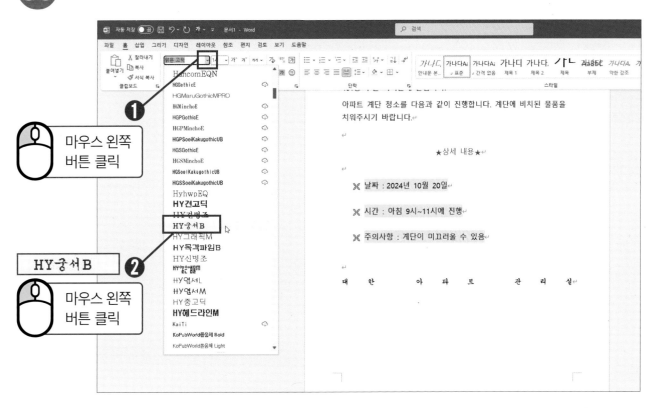

마우스 왼쪽
버튼 클릭

HY궁서B

마우스 왼쪽
버튼 클릭

04 빈 곳을 마우스 왼쪽 버튼으로 클릭하여 블록 설정을 해제합니다.

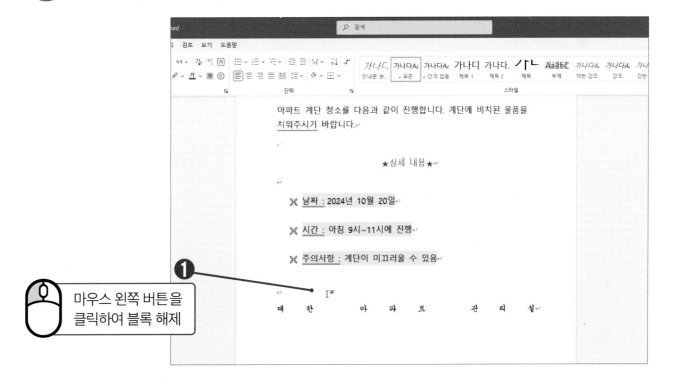

마우스 왼쪽 버튼을
클릭하여 블록 해제

Section

05

파일 저장하기

작업한 문서를 '청소 안내문'이라는 파일 이름으로 저장하겠습니다.

01 [저장] 🖫 을 클릭합니다.

마우스 왼쪽
버튼 클릭

아파트 계단 청소 안내문

401동 주민 여러분께 알립니다.
아파트 계단 청소를 다음과 같이 진행합니다. 계단에 비치
치워주시기 바랍니다.

★상세 내용★

✖ 날짜 : 2024년 10월 20일

✖ 시간 : 아침 9시~11시에 진행

✖ 주의사항 : 계단이 미끄러울 수 있음

대   한   아   파   트   관

02 [옵션 더 보기]를 클릭합니다.

이 파일 저장하기

파일 이름

아파트 계단 청소 안내문   .docx

위치 선택

📁 문서
OneDrive - 개인

> 이 파일을 공유하시겠습니까?

마우스 왼쪽
버튼 클릭

옵션 더 보기...   저장(S)   취소

03 [찾아보기]를 클릭합니다.

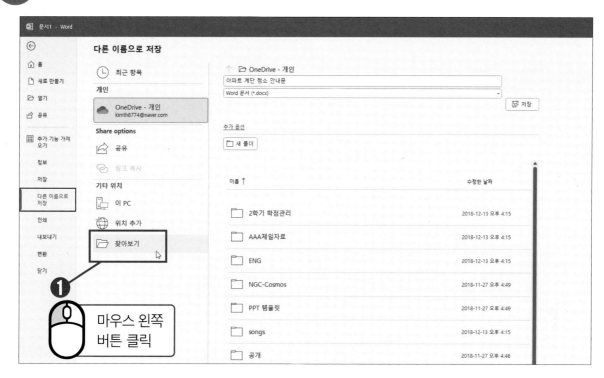

04 [다른 이름으로 저장] 대화상자가 나오면 [문서]-[워드 문서] 폴더를 더블클릭합니다.

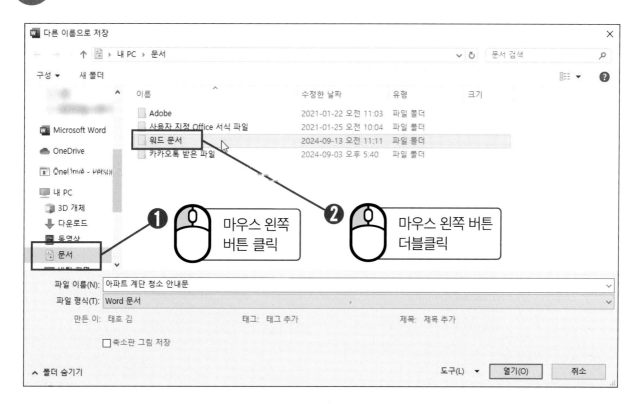

05 파일 이름을 '청소 안내문'이라고 입력하고 [저장]을 클릭합니다.

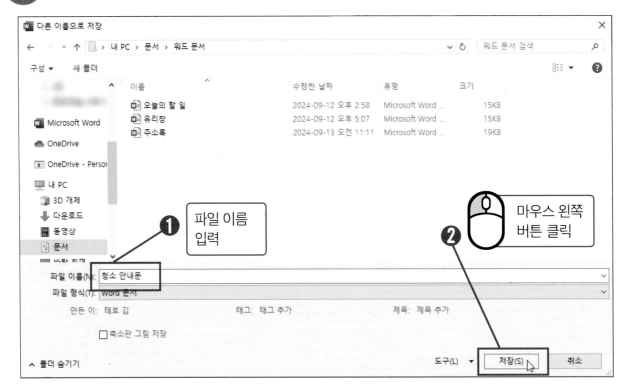

워드에서 삽입할 수 있는 이미지

워드에서는 글머리 기호, 특수문자 외에 그림, 차트, 표, 도형들을 쉽게 삽입할 수 있습니다.

❶ 그림 : 가지고 있는 사진 파일을 삽입하거나 온라인에서 검색하여 그림을 삽입할 수 있습니다.

❷ 도형 : 다양한 모양의 도형 및 선을 쉽게 넣을 수 있습니다. 내가 직접 원하는 도형을 그릴 수도 있습니다.

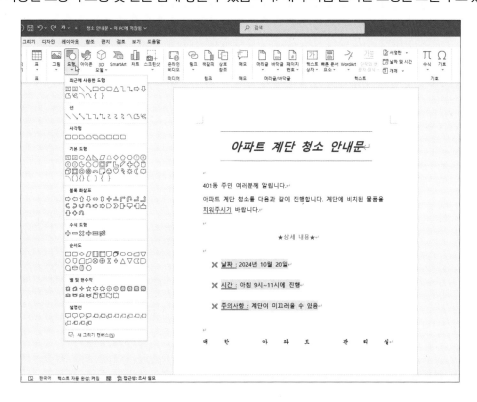

❸ 차트 및 표 : 표를 만들 수 있고 만들어진 표를 바탕으로 다양한 차트를 삽입할 수 있습니다.

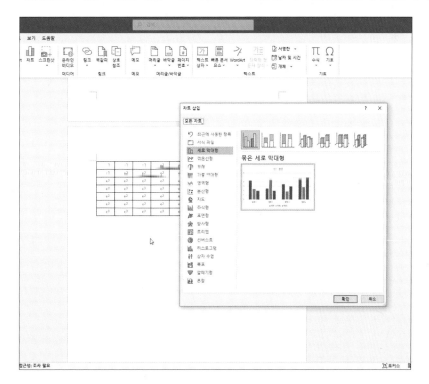

❹ SmartArt : 다양한 스마트아트 그래픽을 넣을 수 있습니다.

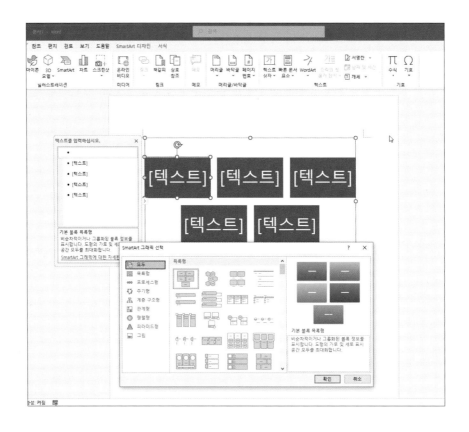

제 05장

그림과 도형으로
연하장 만들기

그림과 도형을 삽입해서 문서를 꾸며보겠습니다.

새해에 보내는 연하장을 만들어보겠습니다.

Section 01

용지 방향 변경하기

연하장은 가로 형태로 만드는 것이 좋습니다. 용지 방향을
변경해보겠습니다.

01 [레이아웃] 탭을 클릭합니다.

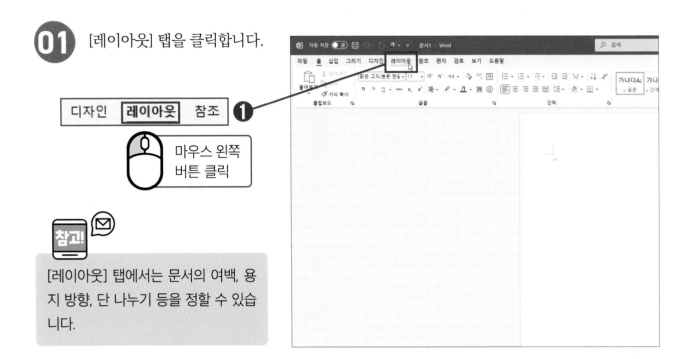

디자인 **레이아웃** 참조 ❶

마우스 왼쪽
버튼 클릭

참고!

[레이아웃] 탭에서는 문서의 여백, 용
지 방향, 단 나누기 등을 정할 수 있습
니다.

02 [용지 방향]을 클릭합니다.
[가로]를 클릭합니다.

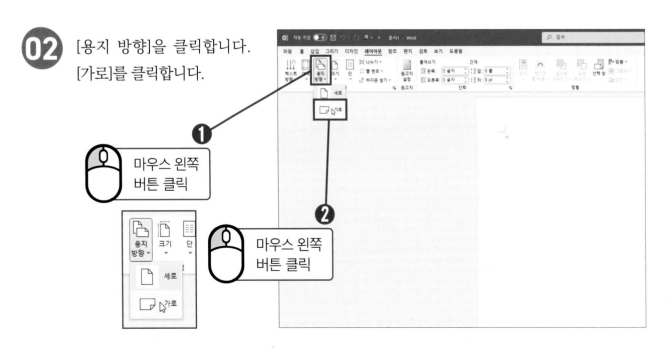

❶

마우스 왼쪽
버튼 클릭

❷

마우스 왼쪽
버튼 클릭

용지
방향 크기 단

세로

가로

03 용지 방향이 가로로 바뀌었습니다. [여백]-[좁게]를 클릭합니다.

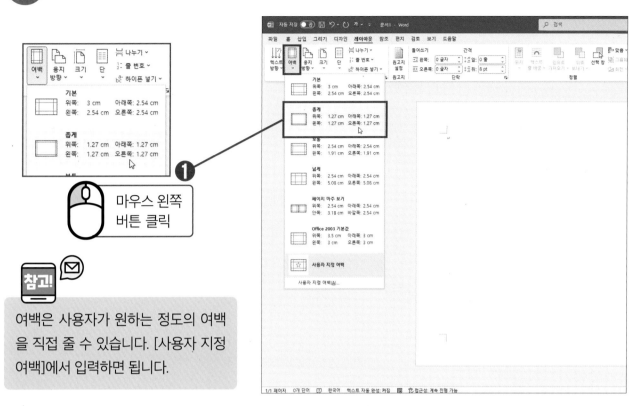

마우스 왼쪽
버튼 클릭

참고!

여백은 사용자가 원하는 정도의 여백
을 직접 줄 수 있습니다. [사용자 지정
여백]에서 입력하면 됩니다.

04 여백이 좁아졌습니다.

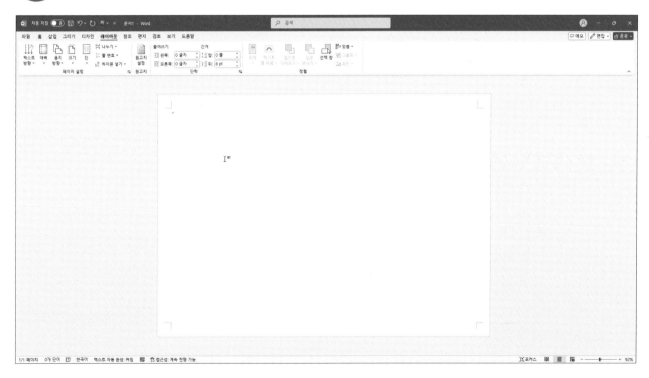

Section 02

도형 삽입하고
크기와 위치 변경하기

도형을 삽입해 제목을 입력하겠습니다.

01 도형을 삽입하기 위해 [삽입] 탭을 클릭합니다.

| 홈 | **삽입** | 그리기 | ❶ |

마우스 왼쪽
버튼 클릭

02 [도형]을 클릭합니다.

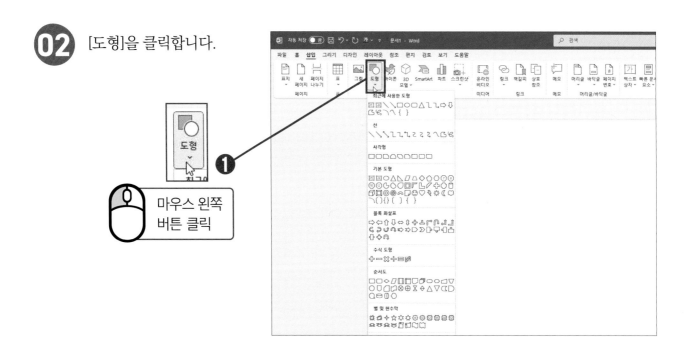

마우스 왼쪽
버튼 클릭

03 도형 목록이 나타나면 '사각형 : 잘린 대각선 방향 모서리' ☐ 를 선택합니다.

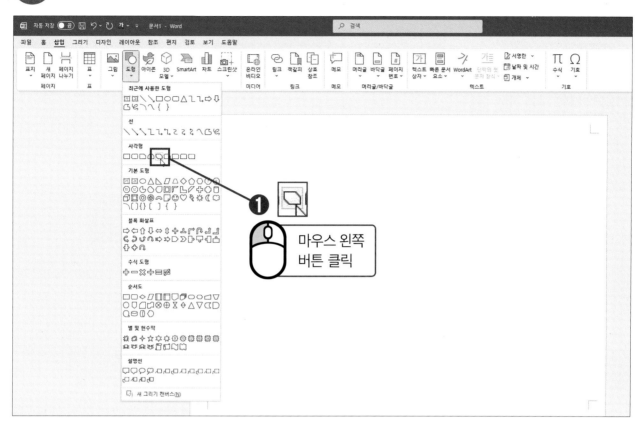

04 마우스를 클릭한 채로 대각선 방향으로 움직여서 원하는 크기가 되면 마우스 버튼에서 손을 뗍니다.

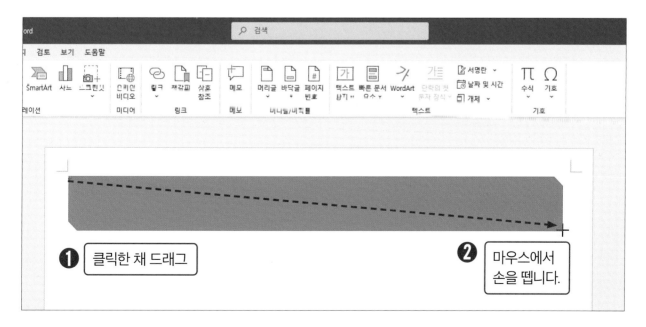

05 도형이 그려지면 도형 주위에 8개의 하얀색 동그라미와 2개의 노란색 동그라미가 생성됩니다.

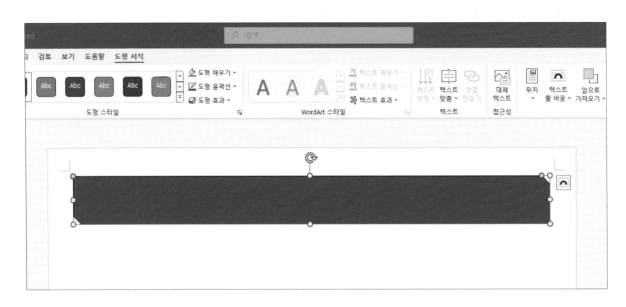

06 도형을 약간 변형하겠습니다. 왼쪽 상단의 노란색 점을 마우스 왼쪽 버튼으로 클릭한 채 오른쪽으로 드래그합니다.

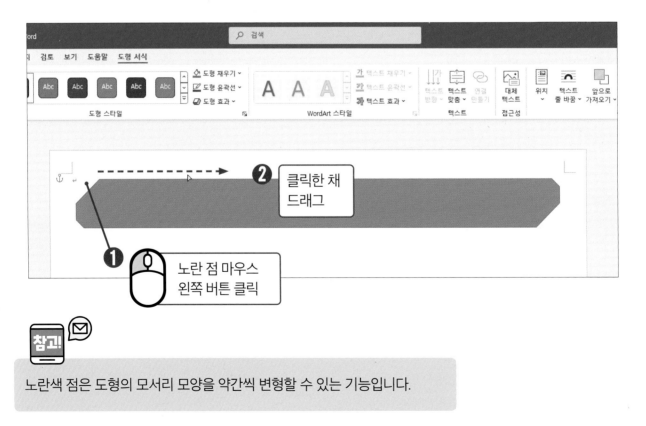

참고!

노란색 점은 도형의 모서리 모양을 약간씩 변형할 수 있는 기능입니다.

07 원하는 형태가 되면 마우스 버튼에서 손을 뗍니다.

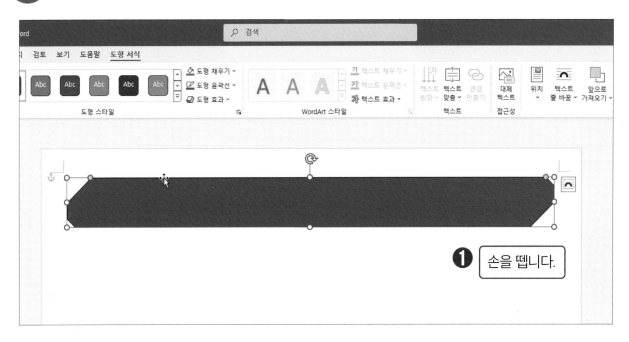

❶ 손을 뗍니다.

08 도형의 크기를 변경하겠습니다. 오른쪽 가운데의 하얀색 점을 마우스 왼쪽 버튼으로 클릭한 채 왼쪽으로 드래그합니다.

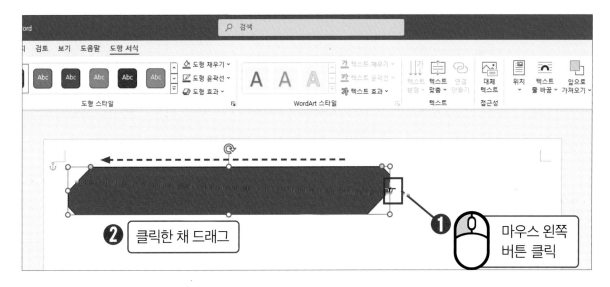

❷ 클릭한 채 드래그

❶ 마우스 왼쪽 버튼 클릭

 참고!

하얀색 점을 클릭한 채 드래그하면 도형의 크기를 변경할 수 있습니다.

09 도형을 클릭한 채 옮겨서 가운데에 놓이게 위치시킵니다.

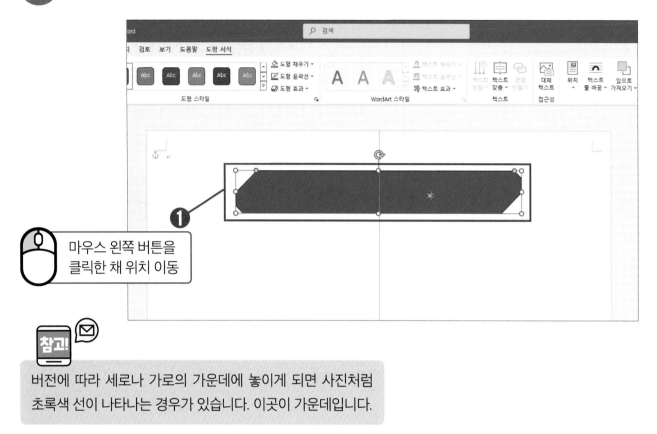

마우스 왼쪽 버튼을
클릭한 채 위치 이동

참고!

버전에 따라 세로나 가로의 가운데에 놓이게 되면 사진처럼
초록색 선이 나타나는 경우가 있습니다. 이곳이 가운데입니다.

10 Enter 키와 도형 이동으로 도형을 위에 놓고 그 아래에 빈 공간을 만듭니다.

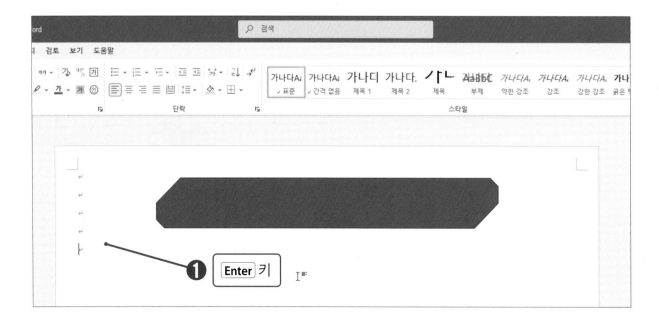

❶ Enter 키

팁! 도형 단축키

도형의 크기 조절을 하기 위해 [Ctrl], [Shift] 키를 이용할 수 있습니다. 각각 사용되는 기능이 다르니 상황에 따라 사용하길 바랍니다.

❶ [Ctrl] : 도형의 가운데가 고정된 상태에서 상하좌우로 일정하게 늘어납니다.

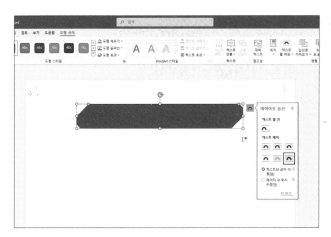 

❷ [Shift] : 도형의 한쪽 모서리가 고정된 상태에서 늘어납니다.

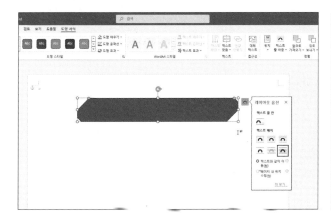 

Section 03

도형 안에 제목 입력하기

도형 안에 제목을 입력해보겠습니다.

01 도형 안을 클릭한 후 '새해 복 많이 받으시길 바랍니다'라고 입력합니다.

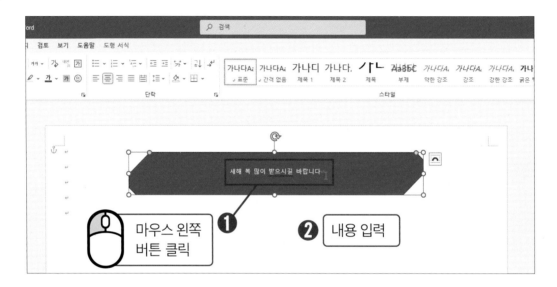

02 글자를 마우스로 클릭한 채로 드래그해서 블록으로 지정합니다.

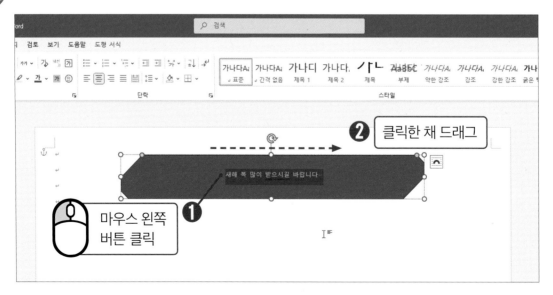

03 [홈] 탭의 [글꼴]을 클릭해서 [HY궁서B]를 클릭합니다.

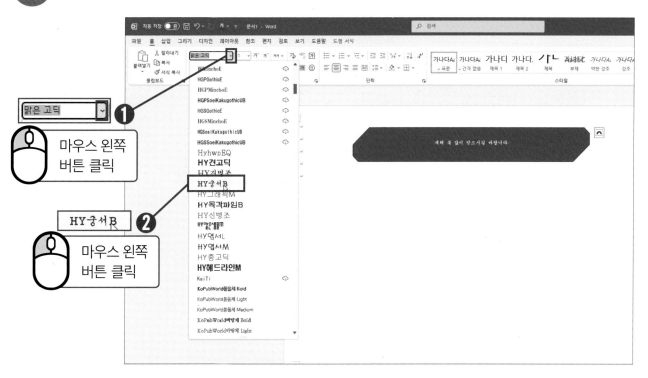

04 [글꼴 크기를] 클릭하여 32를 입력하고 Enter 키를 누릅니다.

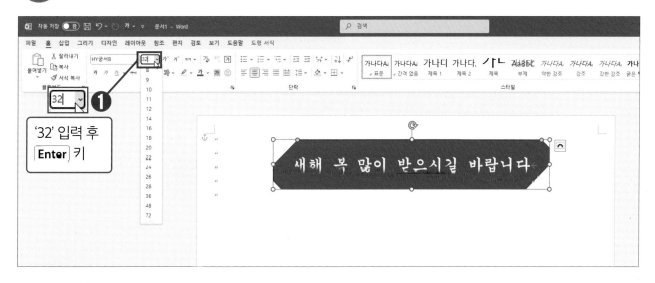

글씨가 너무 커서 안 들어가면 도형의 크기를 늘립니다.

도형 아래의 여백을 클릭합니다.

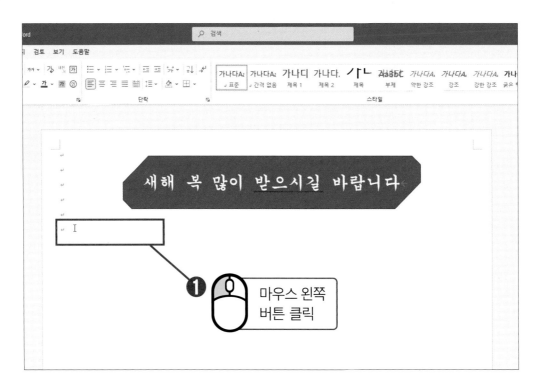

 내용을 입력합니다.

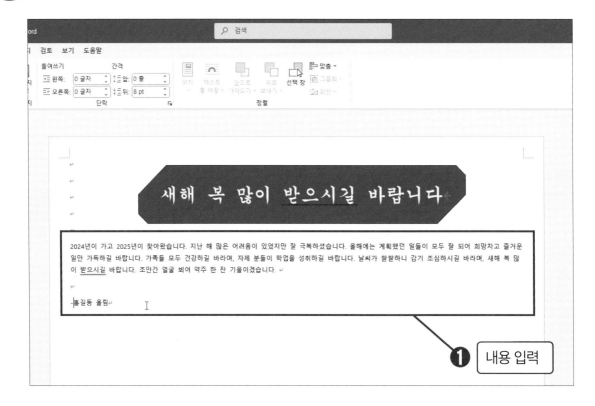

07 [저장] 🖫 을 클릭합니다.

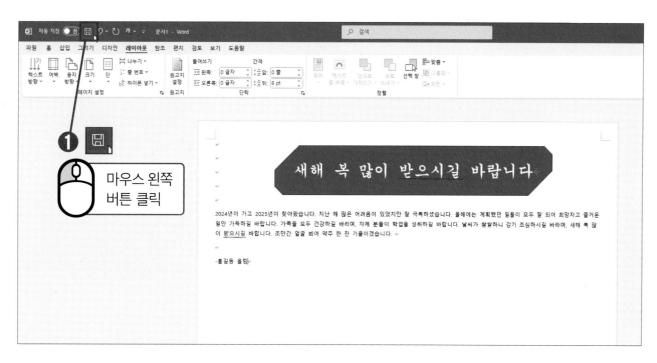

08 [옵션 더 보기]를 클릭합니다.

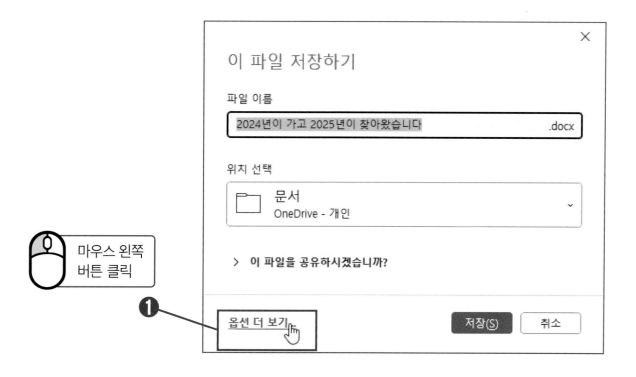

09 [찾아보기]를 클릭합니다.

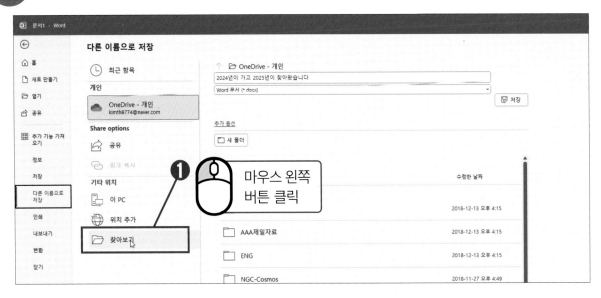

10 [문서]-[워드 문서]를 더블클릭합니다. '연하장'이라고 파일 이름을 입력하고 [저장]을 클릭합니다.

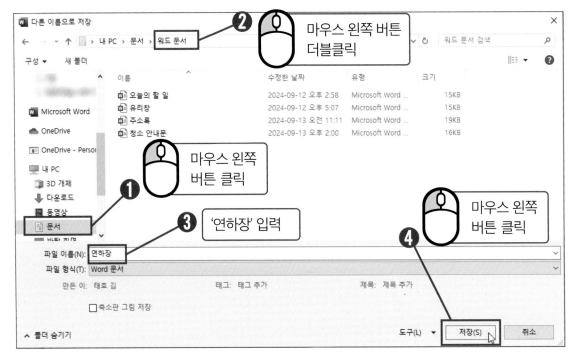

작업이 길어질 경우에는 중간에 저장을 자주 해두는 것이 좋습니다.

Section

04

단 설정하고
스타일 변경하기

단을 설정해보겠습니다. 단이란 문단을 두 부분 이상으로
나눠주는 기능입니다.

01 문단의 왼쪽 끝에서 마우스 왼쪽 버튼을 클릭한 채로 드래그하여 문단을 블록 설정합니다.

마우스 왼쪽
버튼 클릭

참고!

여백에서 마우스 왼쪽 버튼을
두 번 클릭해도 문단이 블록 설
정됩니다.

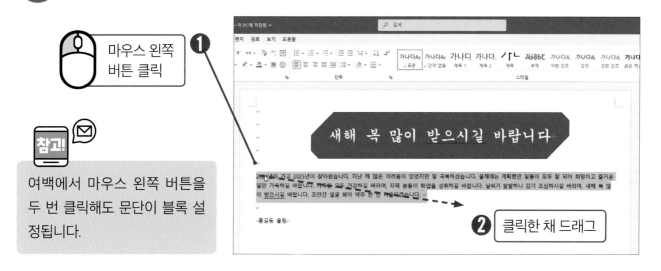

클릭한 채 드래그

02 [레이아웃] 탭을 클릭합니다.

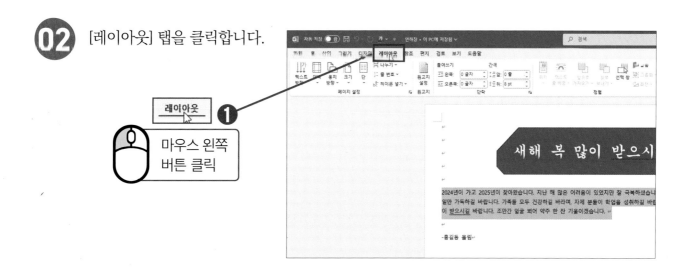

레이아웃

마우스 왼쪽
버튼 클릭

03 [단]-[둘]을 클릭합니다.

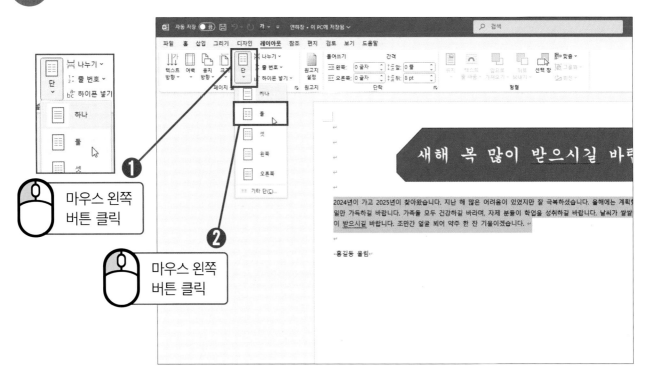

마우스 왼쪽
버튼 클릭

마우스 왼쪽
버튼 클릭

04 단이 두 개로 나눠졌습니다.

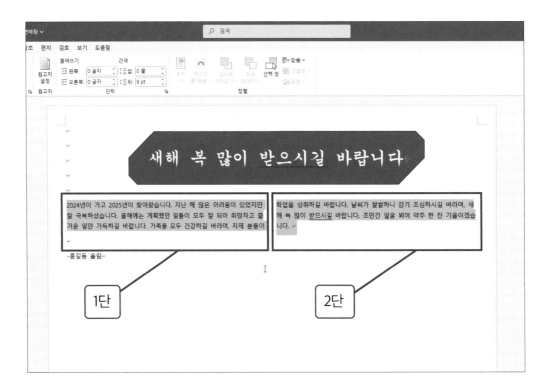

1단

2단

단을 세 개 이상으로 구분하고 싶다면 [기타 단]에서 설정을 바꿀 수 있습니다. [단 개수]에 원하는 단의 개수를 입력합니다.

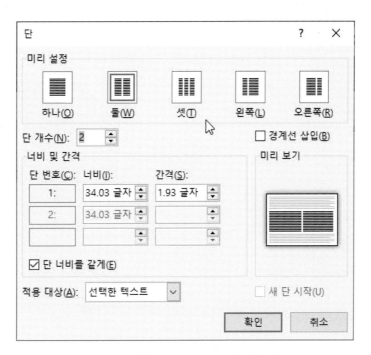

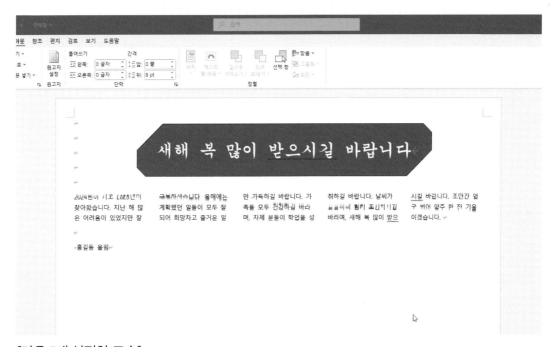

[단을 5개 설정한 모습]

05 [홈] 탭을 클릭합니다. 글꼴에서 [HY신명조]를 선택하고 글자 크기에서 '18'을 선택합니다.

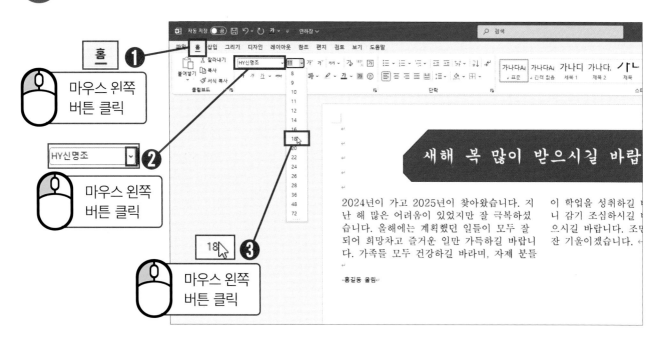

06 [줄 간격] ↕☰˅ 을 클릭하여 '2.5'를 클릭합니다.

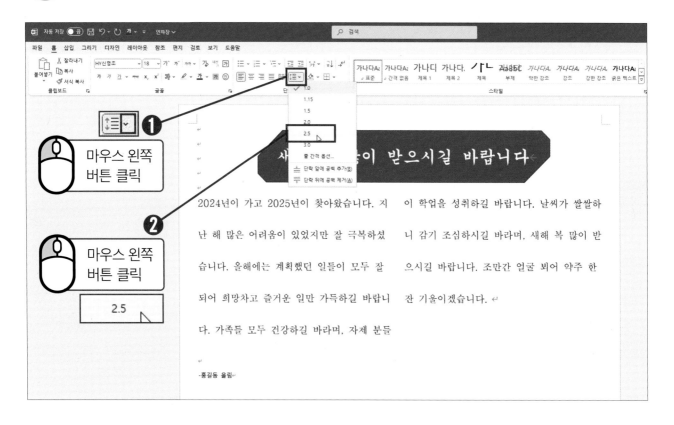

07 글자 색 가 옆의 ⌄ 를 클릭하여 흰색으로 바꿉니다.

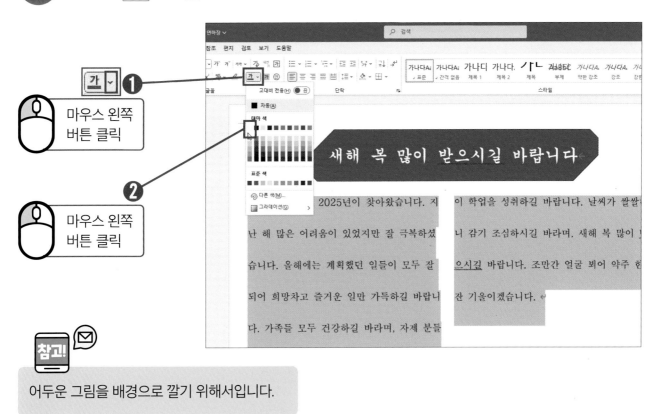

마우스 왼쪽
버튼 클릭

마우스 왼쪽
버튼 클릭

참고!

어두운 그림을 배경으로 깔기 위해서입니다.

08 맨 아래의 이름을 블록 설정합니다.

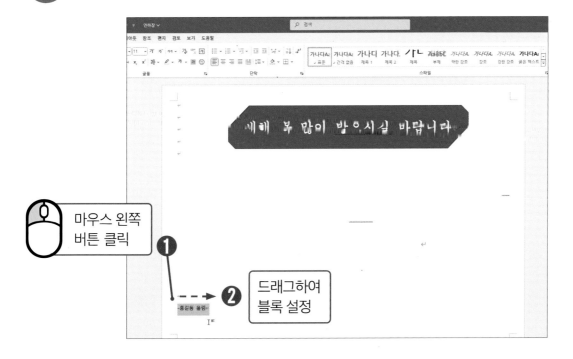

마우스 왼쪽
버튼 클릭

드래그하여
블록 설정

09 글꼴에서 [HY궁서B]를 선택하고 글자 크기에서 '20'을 선택합니다.

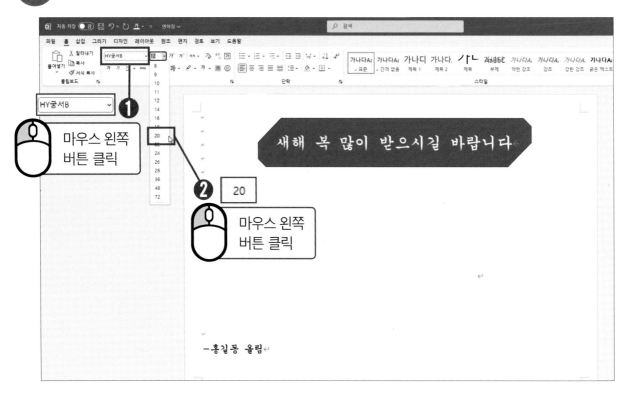

10 [오른쪽 정렬]을 클릭합니다. 글자 색 가 에서 흰색을 클릭합니다.

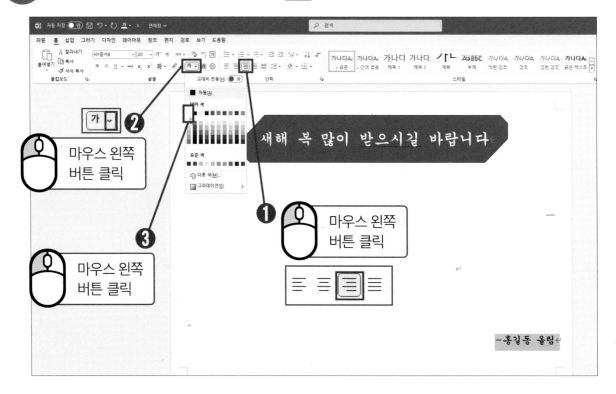

11 빈 곳을 클릭하여 블록 설정을 해제합니다.

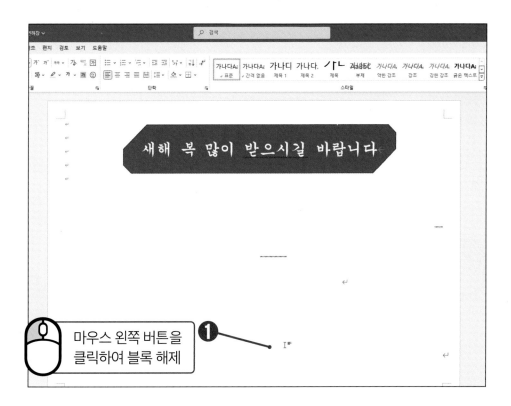

마우스 왼쪽 버튼을
클릭하여 블록 해제 ❶

Section 05

그림 삽입하고 조정하기

연하장의 배경에 들어갈 그림을 삽입하겠습니다. 그림이
저장된 위치에서 그림을 찾아 크기와 위치를 조절합니다.

01 [삽입] 탭을 클릭하고 [그림]-
[이 디바이스]를 클릭합니다.

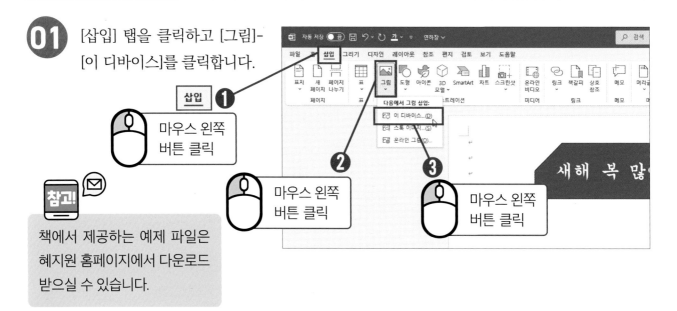

참고!

책에서 제공하는 예제 파일은
혜지원 홈페이지에서 다운로드
받으실 수 있습니다.

02 [그림 삽입] 대화상자가 나타나면 책에서 예제로 제공하는 '일출.jpg' 파일을 선택하고 [삽
입]을 클릭합니다.

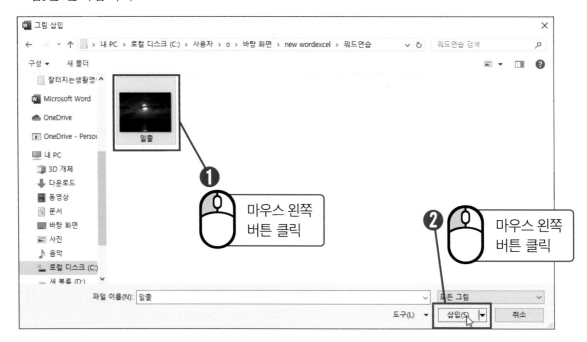

03 그림의 오른쪽 아래 모서리에 있는 크기 조절점 위에 마우스를 올려놓으면 커서 모양이 바뀝니다.

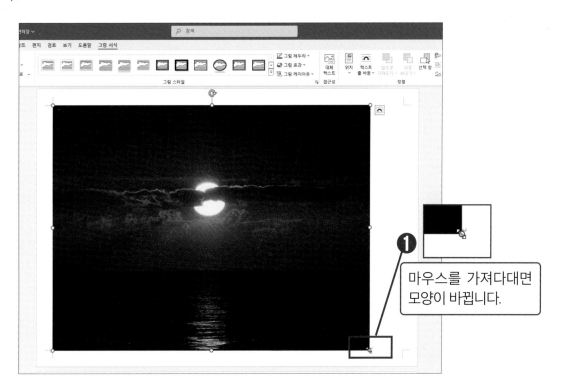

마우스를 가져다대면
모양이 바뀝니다.

04 마우스를 클릭한 채로 왼쪽 대각선 방향으로 드래그해서 크기를 줄여봅니다.

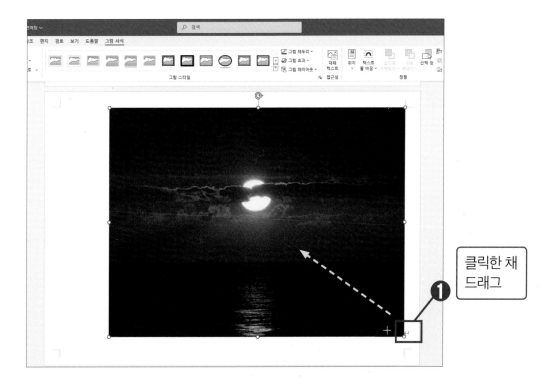

클릭한 채
드래그

05 그림 크기가 작아지면 마우스 버튼에서 손을 뗍니다.

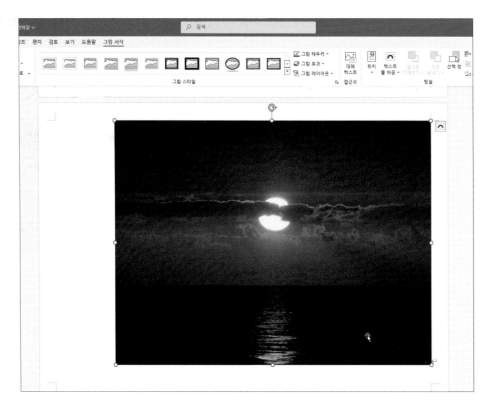

06 그림 오른쪽 상단에 있는 [레이아웃 옵션]을 클릭합니다.

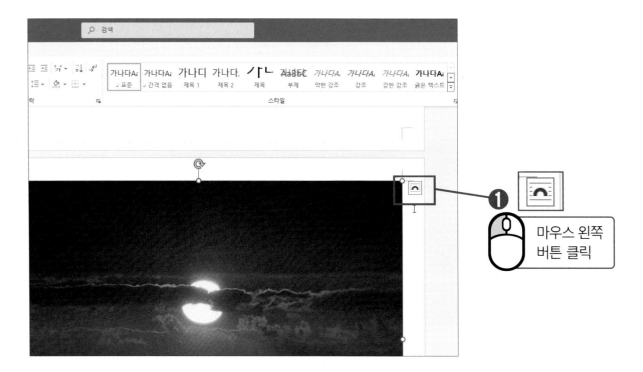

① 마우스 왼쪽
버튼 클릭

배치 방법이 나오면 그중 [텍스트 뒤]를 클릭합니다.

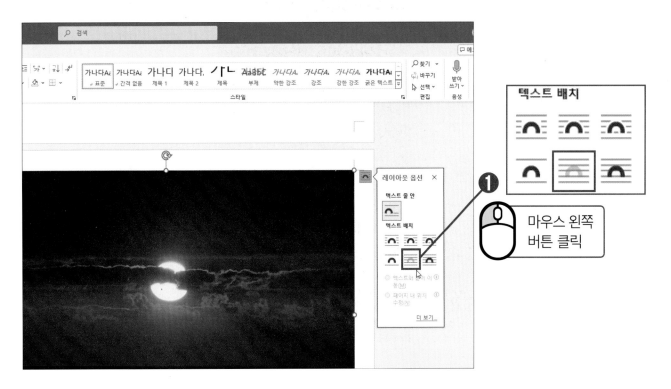

마우스 왼쪽
버튼 클릭

08 텍스트 뒤에 배경으로 그림이 들어갔습니다.

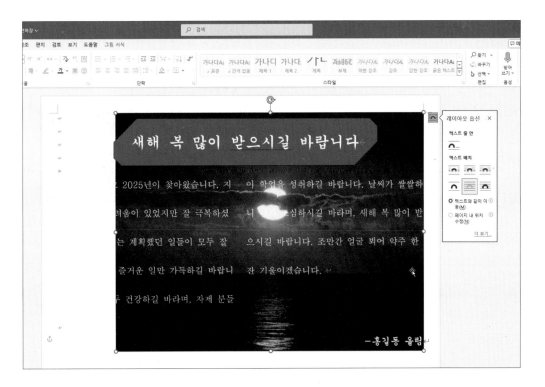

상하좌우로 그림의 크기를 늘려서 여백이 없도록 채웁니다.

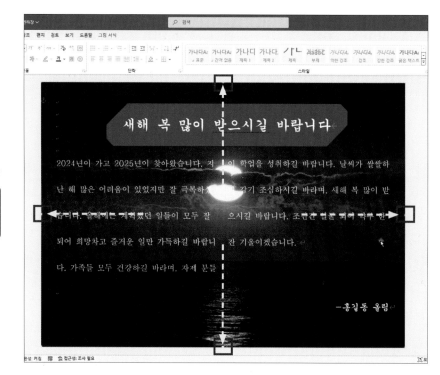

각각 클릭한 채
드래그

10 그림이 선택된 상태에서 [그림 서식]을 클릭합니다. [그림 스타일]에서 [부드러운 가장자리 직사각형]을 클릭합니다. 완료 후 [저장] 🖫 을 클릭하여 파일을 저장합니다.

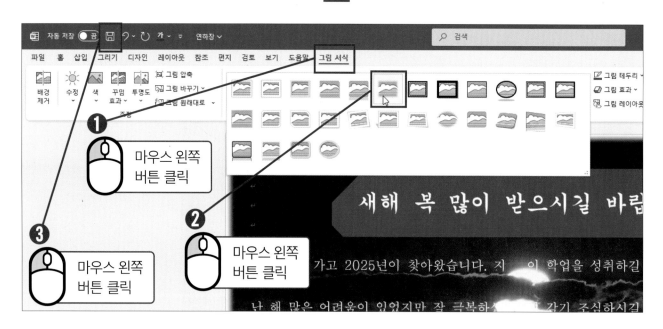

마우스 왼쪽
버튼 클릭

마우스 왼쪽
버튼 클릭

마우스 왼쪽
버튼 클릭

제 06장

표 기능으로
이력서 만들기

이번에는 표 기능으로 간단한 이력서 파일을 만들어보겠습니다.

이력서, 가계부 등 다양한 문서에서 꼭 필요한 표 기능을 익힙니다.

Section
01
이력서 제목 작성하기

텍스트 효과와 타이포그래피 기능을 이용해 제목을 먼저 작성하겠습니다.

01 이력서라고 입력한 후 마우스 왼쪽 버튼을 클릭한 채로 드래그해서 블록을 지정합니다. [가운데 맞춤]을 클릭합니다.

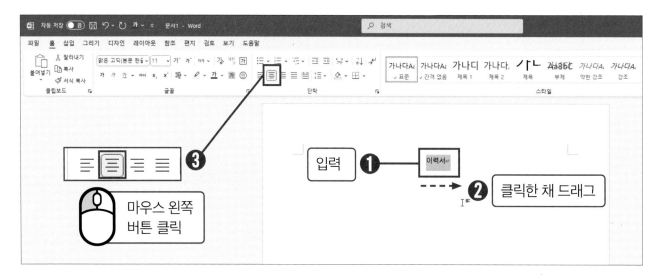

02 글꼴에서 [HY견명조], 글자 크기에서 '28'을 선택합니다.

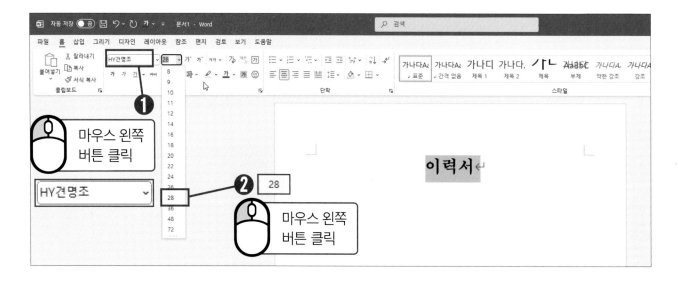

03 글자에 효과를 지정하겠습니다. 블록 설정된 상태에서 [텍스트 효과와 타이포그래피] 를 클릭합니다.

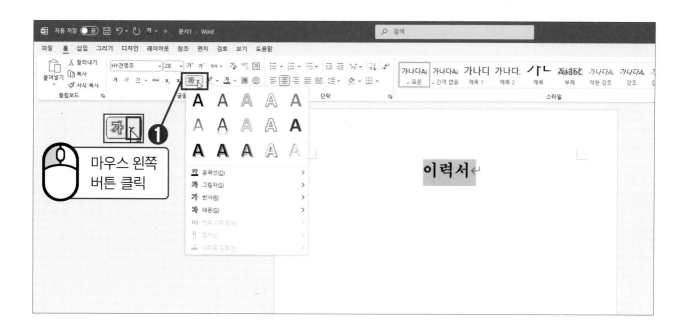

04 효과 목록이 나타나면 바꿀 스타일을 클릭합니다.

05 블록으로 설정된 상태에서 다시 [텍스트 효과와 타이포그래피] 가ˇ 를 클릭한 후 [그림자]
를 클릭합니다. 그림자 종류가 나타납니다.

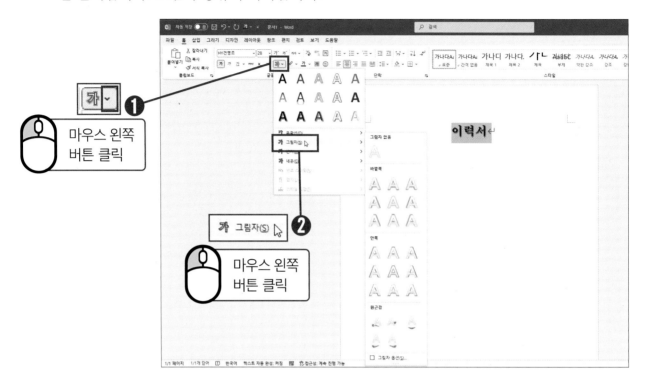

06 원하는 그림자 모양을 클릭합니다.

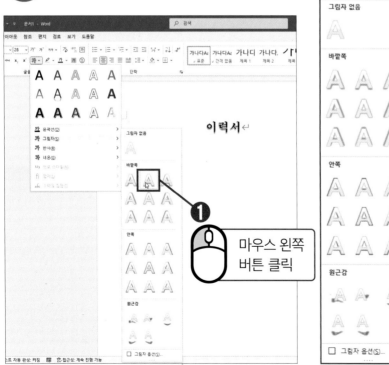

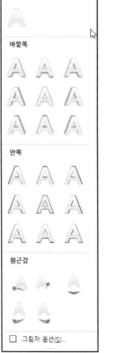

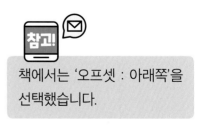

책에서는 '오프셋 : 아래쪽'을
선택했습니다.

선택한 그림자 효과가 적용된 글자로 바뀝니다.

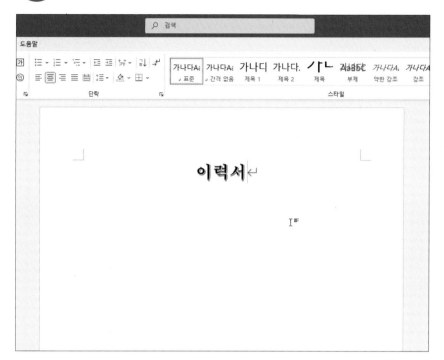

그림자 효과를 없애려면 [텍스트 효과와 타이포그래피]를 클릭한 후 [그림자]-[그림자 없음]을 클릭합니다.

08 [Enter] 키를 눌러 다음 줄로 이동한 후 [스타일]에서 [표준]을 클릭합니다.

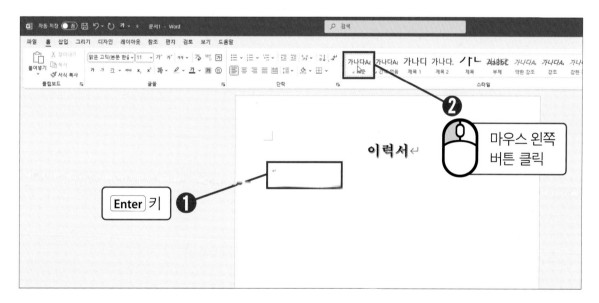

다음 줄에서 [표준]을 클릭해야 새로운 글꼴과 크기를 지정할 수 있습니다.

Section 02

표 만들기

이력서를 위해 표를 만들겠습니다. 표를 만들 때는 몇
행 몇 열의 표를 만들지를 생각해야 합니다.

01 [삽입] 탭을 클릭하고 [표]를 클릭합니다.

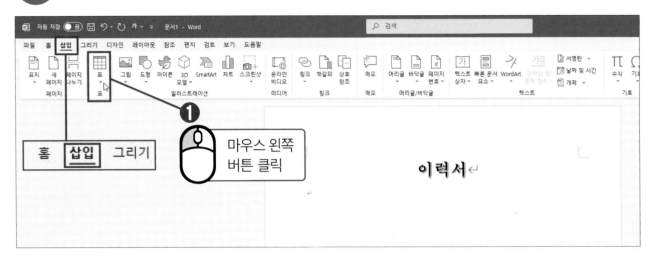

홈 **삽입** 그리기

마우스 왼쪽
버튼 클릭

이력서

02 [표 삽입]을 클릭합니다.

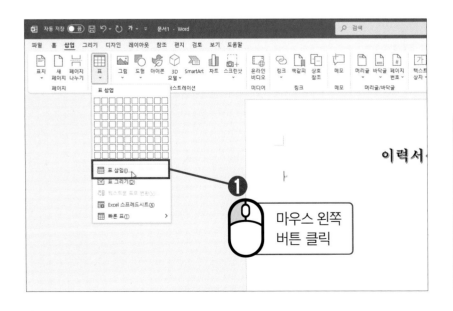

마우스 왼쪽
버튼 클릭

이력서

[표]를 클릭하면 바로 아래 나
타나는 '표 삽입' 칸을 드래그하
여 곧바로 표를 만들 수도 있습
니다. 다만 이 방법으로는 최대
8줄 10칸의 표까지 만들 수 있
습니다.

03 [열 개수]에 '3', [행 개수]에 '18'을 입력하고 [확인]을 클릭합니다.

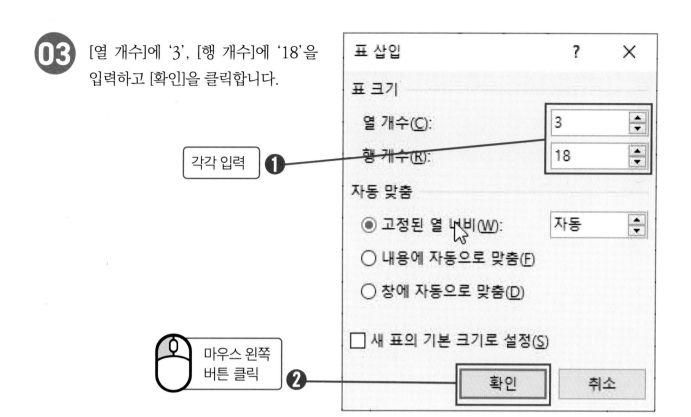

각각 입력 ❶

마우스 왼쪽 버튼 클릭 ❷

04 3열 18행의 표가 만들어졌습니다. 열 개수는 칸, 행 개수는 줄입니다.

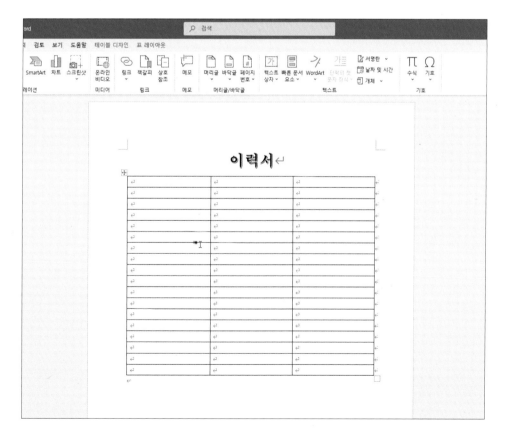

표에 내용 입력하기

표의 크기를 변경하고 병합/분할하기 전에 내용을 먼저
입력하겠습니다.

01 제일 왼쪽 열에 순서대로 '이름-주민등
록번호-주소-집전화-휴대전화'를 입력
합니다.

| 이름↵ |
| 주민등록번호↵ |
| 주소↵ |
| 집전화↵ |
| 휴대전화↵ |
| ↵ |
| ↵ |

각각 입력 **❶**

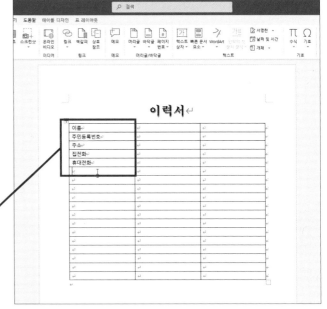

02 6행 1열에 '학력사항'을 입력합니다.
7행에는 '학교명-기간-전공'을 입력
합니다.

| 학력사항↵ | ↵ | ↵ |
| 학교명↵ | 기간↵ | 전공↵ |

각각 입력 **❶**

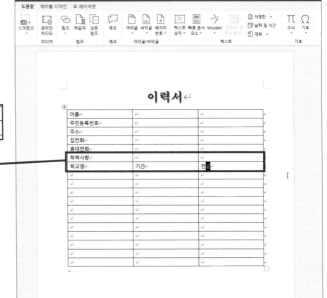

참고! ✉

행과 열을 잘 파악하여 정확히 입력합니다.

03 10행 1열에는 '자격사항'을, 11행에는 순서대로 '종류-취득일자-비고'를 입력합니다.

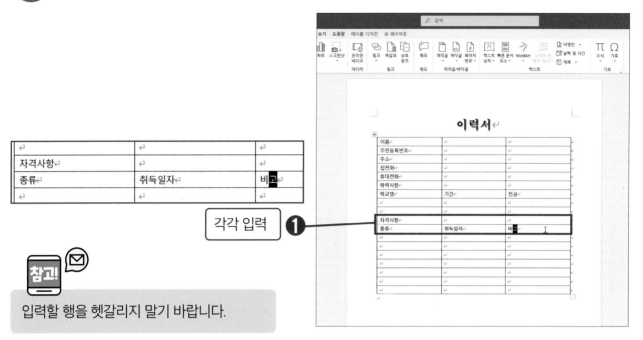

↵	↵	↵
자격사항↵	↵	↵
종류↵	취득일자↵	비고
↵	↵	↵

각각 입력 ❶

참고!

입력할 행을 헷갈리지 말기 바랍니다.

04 13행 1열에는 '경력사항'을, 14행에는 순서대로 '회사명-업무내용-기간'을 입력합니다.

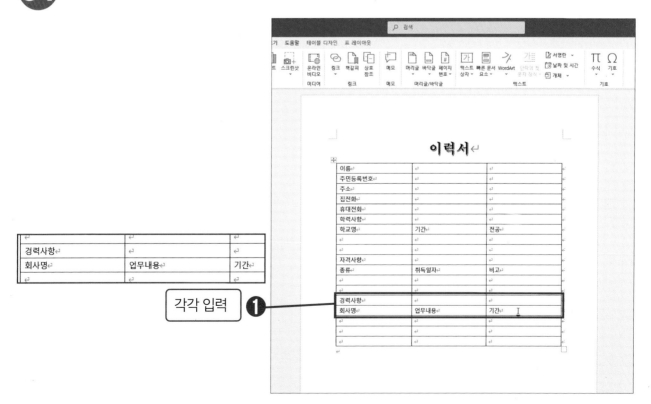

↵	↵	↵
경력사항↵	↵	↵
회사명↵	업무내용↵	기간↵

각각 입력 ❶

05 입력한 부분만 가운데 정렬을 하겠습니다. '이름'이 입력된 셀을 선택합니다. Ctrl 키를 누른 상태에서 '학교명'이 입력된 셀까지 드래그합니다.

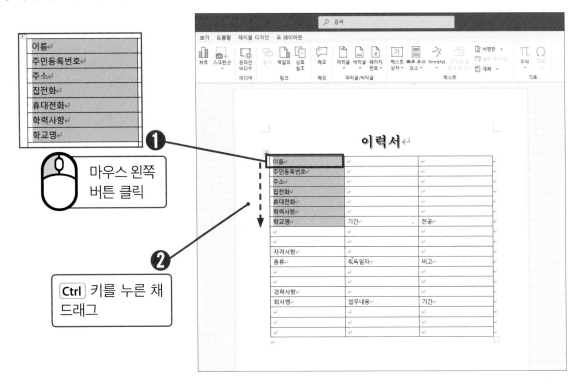

마우스 왼쪽
버튼 클릭

Ctrl 키를 누른 채
드래그

06 Ctrl 키를 누른 상태에서 떨어진 셀을 드래그하면 떨어진 셀도 같이 선택됩니다. '기간'과 '전공'이 입력된 셀을 드래그합니다.

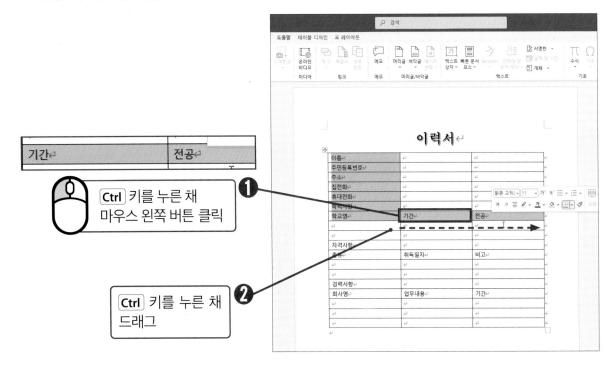

Ctrl 키를 누른 채
마우스 왼쪽 버튼 클릭

Ctrl 키를 누른 채
드래그

07 계속 `Ctrl` 키를 누른 상태에서 '자격사항'과 '종류'가 입력된 셀을 드래그합니다.

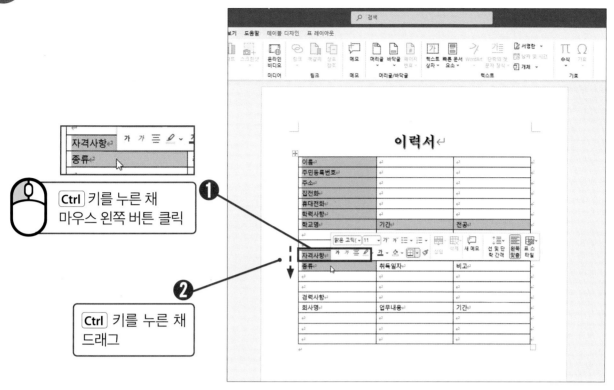

08 `Ctrl` 키를 누른 상태에서 '취득일자'와 '비고'가 입력된 셀을 드래그합니다.

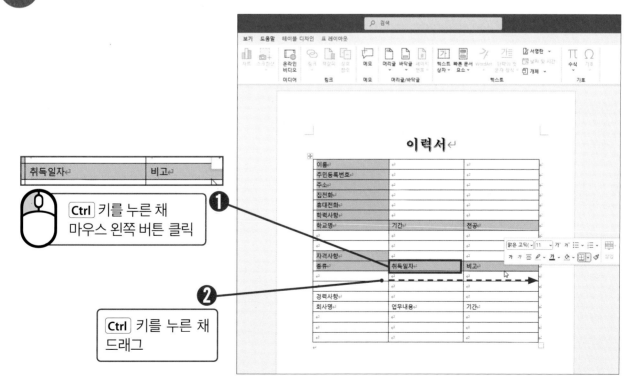

09 나머지 내용이 입력된 셀도 Ctrl 키를 누른 상태로 드래그하여 선택합니다.

↵	↵	↵
경력사항↵	↵	↵
회사명↵	**업무내용**↵	**기간**↵
↵	↵	↵

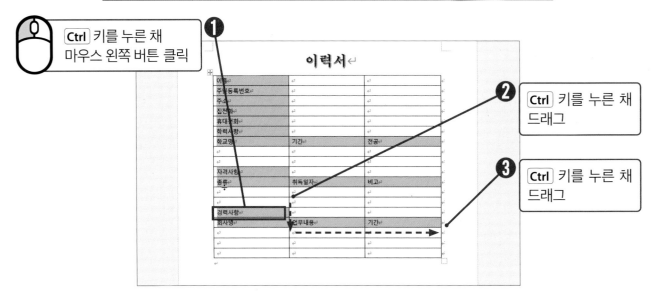

10 [홈] 탭으로 이동합니다. [가운데 정렬]을 클릭합니다.

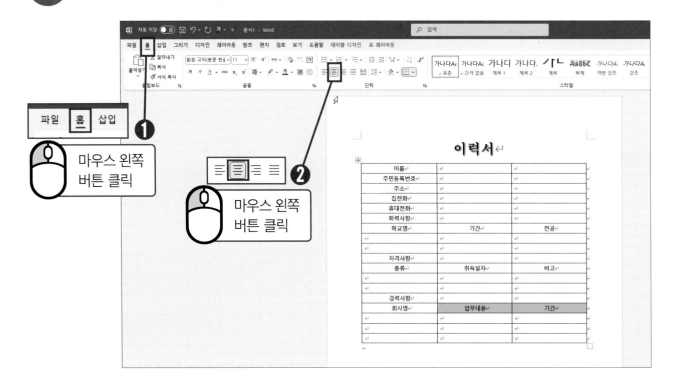

빈 곳을 클릭하여 블록 설정을 해제합니다.

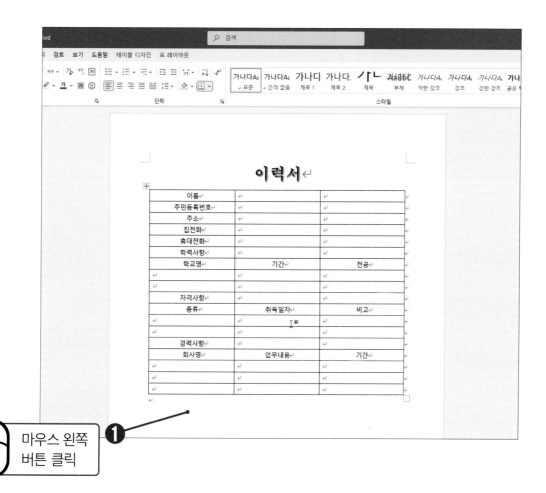

마우스 왼쪽
버튼 클릭

Section 04

표의 셀을 합치고 크기 조절하기

표의 셀을 병합하는 기능과 셀의 크기를 조절하는 기능을 익혀보겠습니다. 사진을 삽입하기 위해 셀을 병합합니다.

01 사진을 넣는 공간을 만들겠습니다. 제일 오른쪽 열, 위에서 첫 번째 셀에서 다섯 번째 셀까지 드래그하여 블록으로 설정합니다.

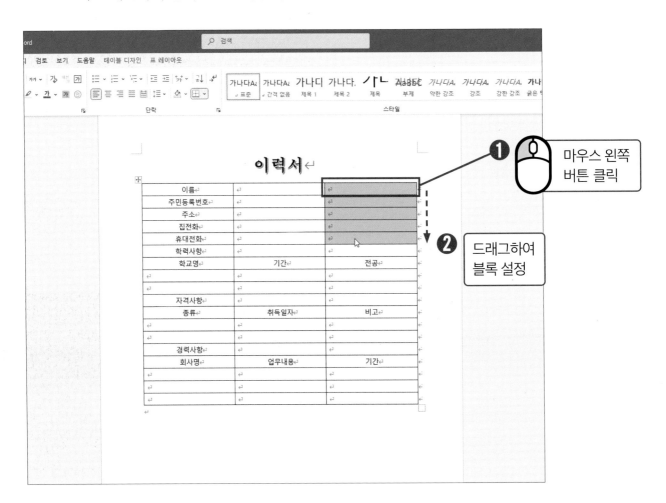

❶ 마우스 왼쪽 버튼 클릭

❷ 드래그하여 블록 설정

02 마우스 오른쪽 버튼을 클릭합니다. [셀 병합]을 클릭합니다.

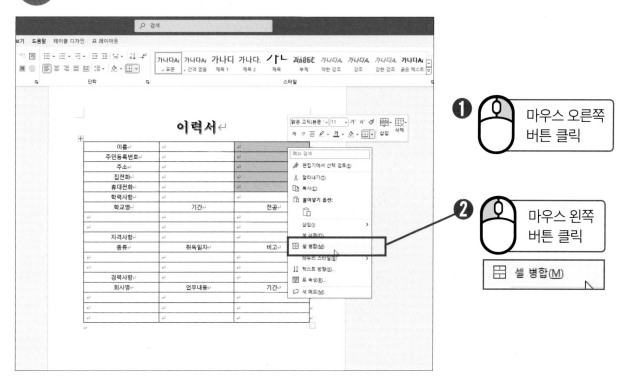

① 마우스 오른쪽 버튼 클릭

② 마우스 왼쪽 버튼 클릭

⊞ 셀 병합(M)

03 셀이 병합되었습니다.

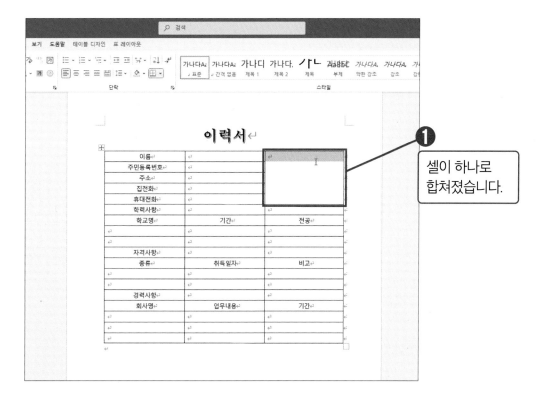

① 셀이 하나로 합쳐졌습니다.

셀을 나눌 수도 있습니다. 셀을 나누고 싶으면 마우스 오른쪽 버튼을 클릭하면 나타나는 메뉴 중 [셀 분할]
을 클릭합니다. 열 개수와 행 개수를 입력하여 분할할 수 있습니다.

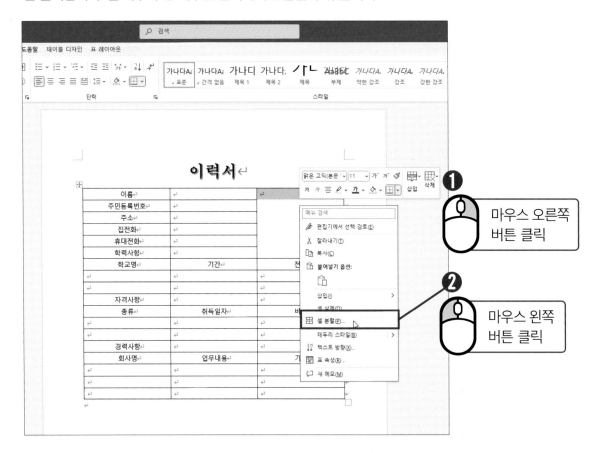

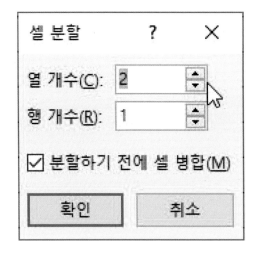

04 학력사항이 입력된 행 전체(6행)를 마우스를 클릭한 채로 드래그하여 블록 설정합니다.

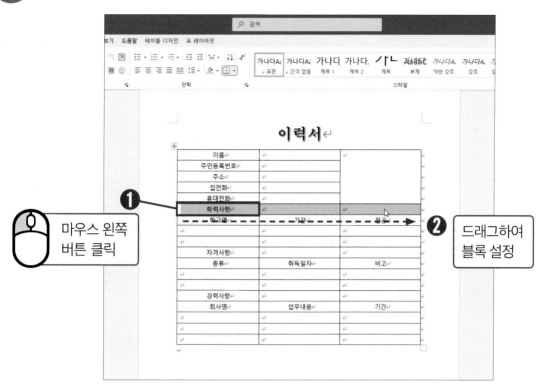

05 마우스 오른쪽 버튼을 클릭하고 [셀 병합]을 클릭합니다.

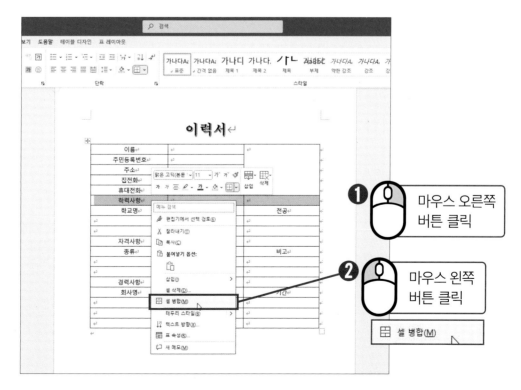

06 동일한 방법으로 '자격사항'(10행), '경력사항'(14행)의 행도 각각 선택한 후 병합합니다.

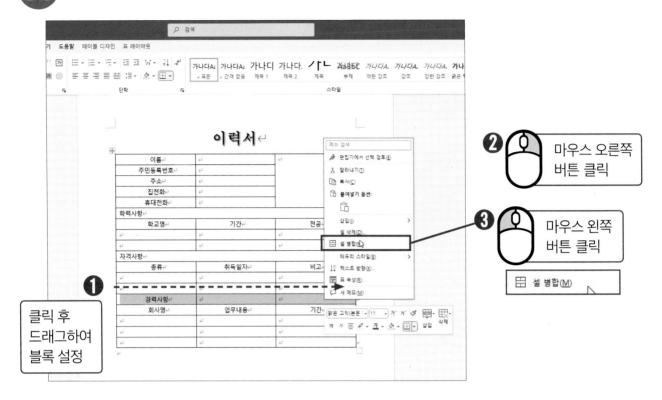

07 표의 크기를 조정하겠습니다. 표 아무 곳을 선택하면 오른쪽 하단에 아이콘이 나타납니다. 클릭한 채로 아래로 드래그하여 표를 늘립니다.

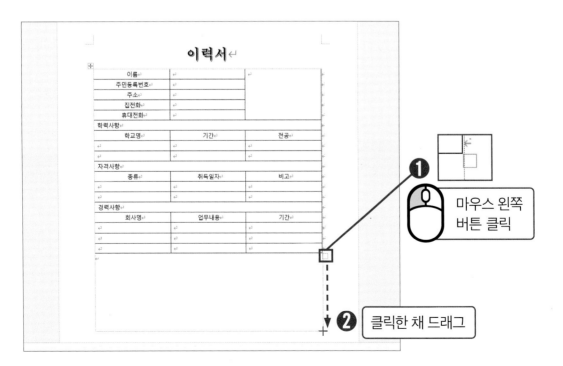

08 마우스에서 손을 떼면 표의 길이가 늘어납니다.

09 첫 번째 열의 너비를 줄이겠습니다. 첫 번째 열 오른쪽 경계선으로 마우스를 가져다대면 커서 모양이 바뀝니다.

커서 모양이 바뀝니다.

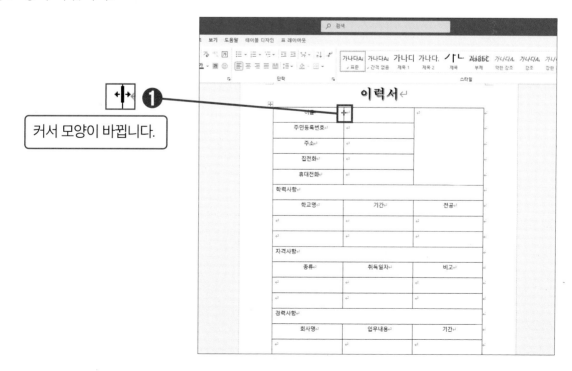

10 마우스를 클릭한 채로 왼쪽으로 드래그하면 첫 번째 열의 너비가 좁아집니다.

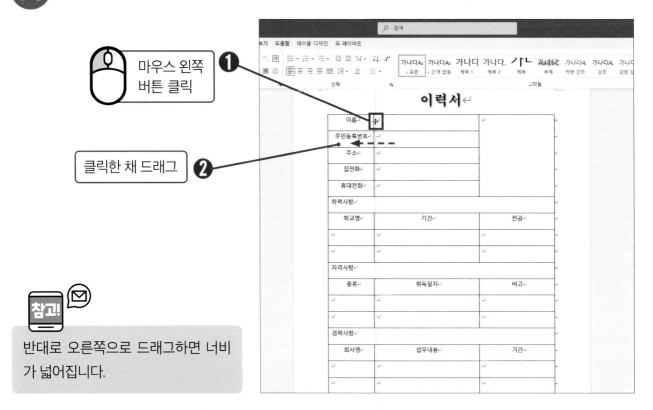

마우스 왼쪽
버튼 클릭

클릭한 채 드래그

참고!
반대로 오른쪽으로 드래그하면 너비
가 넓어집니다.

11 첫 번째 줄과 두 번째 줄 경계선에서 마우스를 클릭한 채 아래로 드래그합니다.

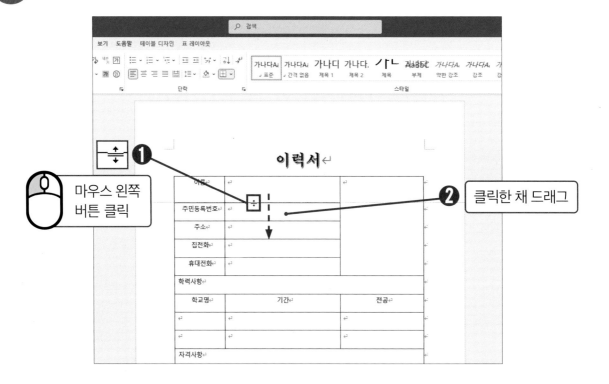

마우스 왼쪽
버튼 클릭

클릭한 채 드래그

12 행의 높이가 늘어났습니다.

Section 05

행 추가 삽입하기

행이나 열을 추가로 삽입해보겠습니다.

01 이력서 항목에 원하는 내용들을 입력해봅니다.

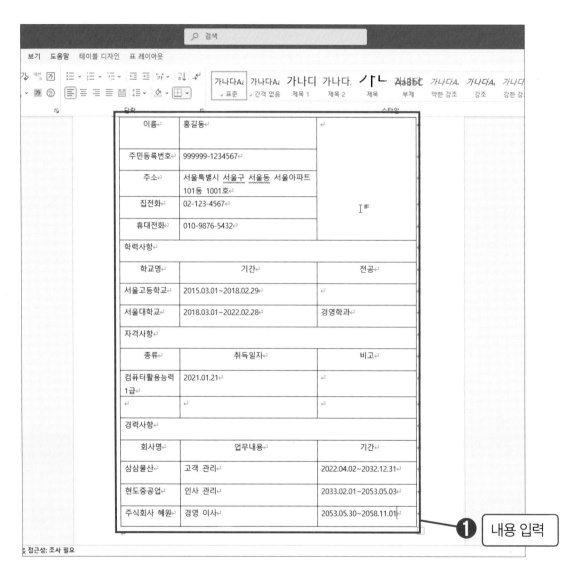

이름	홍길동	
주민등록번호	999999-1234567	
주소	서울특별시 서울구 서울동 서울아파트 101동 1001호	
집전화	02-123-4567	
휴대전화	010-9876-5432	
학력사항		
학교명	기간	전공
서울고등학교	2015.03.01~2018.02.29	
서울대학교	2018.03.01~2022.02.28	경영학과
자격사항		
종류	취득일자	비고
컴퓨터활용능력 1급	2021.01.21	
경력사항		
회사명	업무내용	기간
삼삼물산	고객 관리	2022.04.02~2032.12.31
현도중공업	인사 관리	2033.02.01~2053.05.03
주식회사 혜원	경영 이사	2053.05.30~2058.11.01

① 내용 입력

접근성: 조사 필요

02 경력사항란을 추가하겠습니다. 맨 아래의 셀을 클릭합니다.

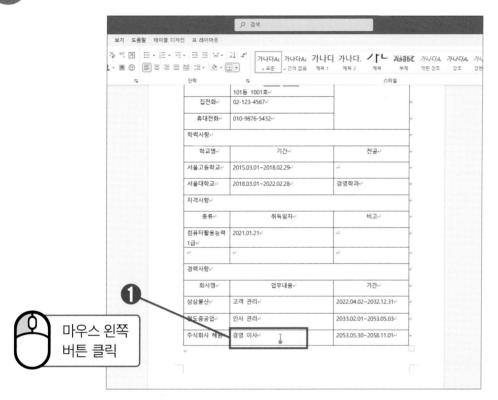

마우스 왼쪽
버튼 클릭

03 마우스 오른쪽 버튼을 클릭합니다. [삽입]-[아래에 행 삽입]을 클릭합니다.

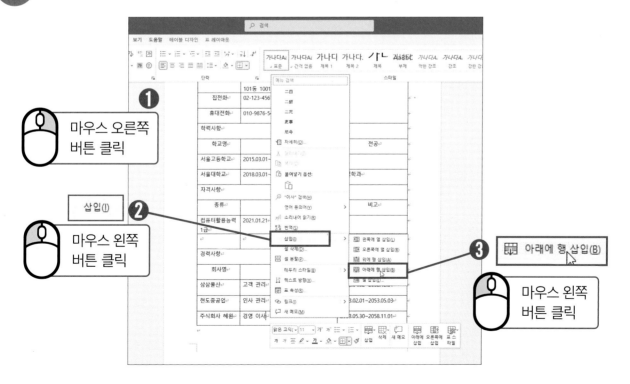

마우스 오른쪽
버튼 클릭

삽입(I)

마우스 왼쪽
버튼 클릭

아래에 행 삽입(B)

마우스 왼쪽
버튼 클릭

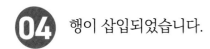

04 행이 삽입되었습니다.

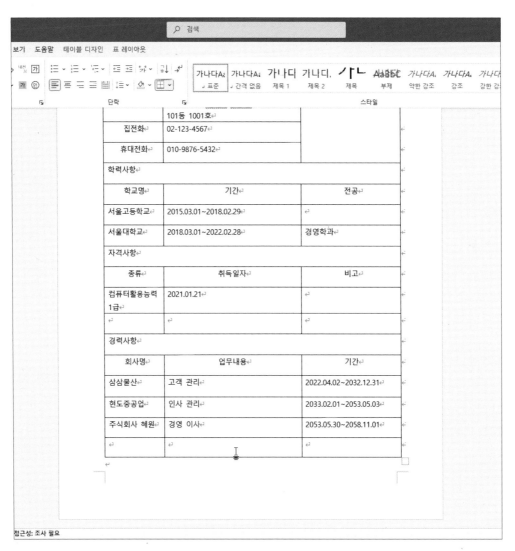

[표 레이아웃] 탭의 [행 및 열]에서도 간편하게 삽입이 가능합니다.

표 스타일 적용하고 저장하기

워드에서는 표에 다양한 스타일을 제공합니다.
표의 스타일을 변경해보겠습니다.

01 표 아무 곳이나 마우스 왼쪽 버튼으로 클릭합니다.

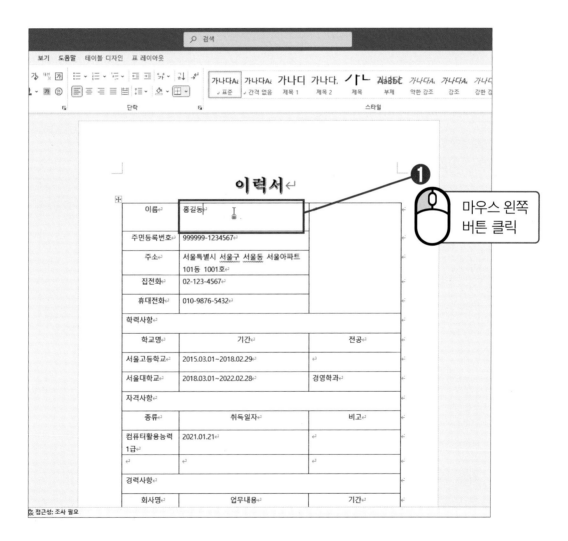

02 [테이블 디자인] 탭을 클릭합니다. [표 스타일]의 ⊽ 를 클릭합니다.

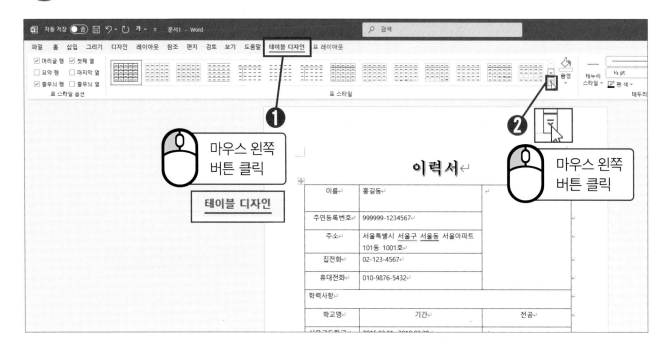

03 원하는 스타일을 선택합니다.

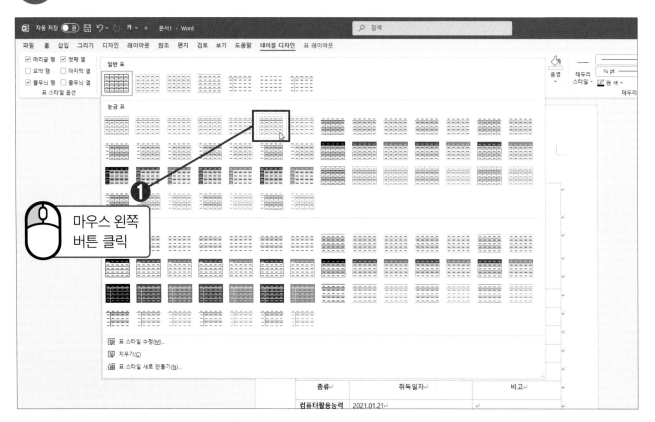

04 표 모양이 바뀌었습니다.

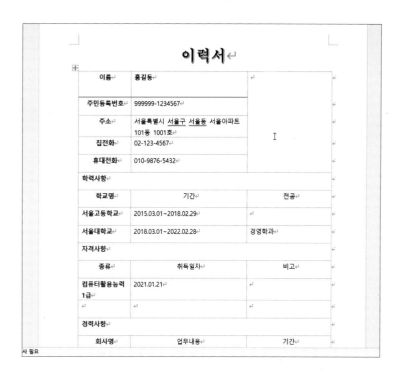

책에서는 '눈금 표1 밝게-강조색5'를 선택했습니다.

05 [저장] 🖫 을 클릭합니다.

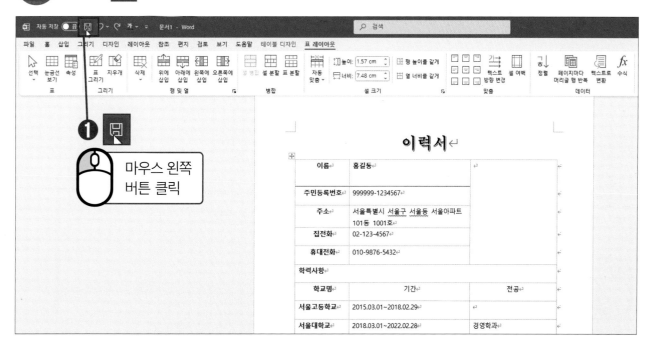

[옵션 더 보기]를 클릭합니다.

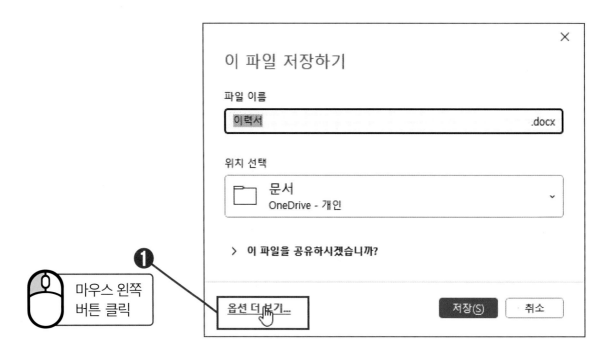

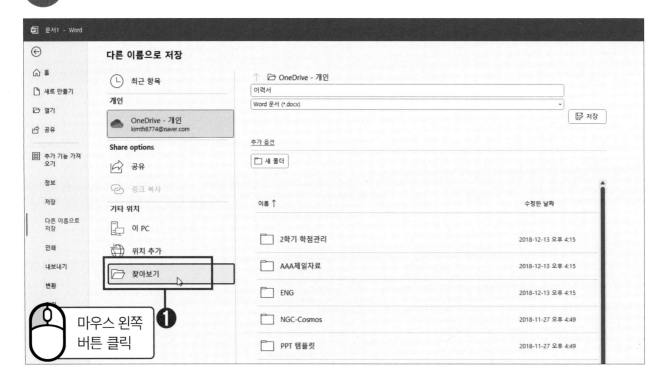 [다른 이름으로 저장] 창이 나타나면 [찾아보기]를 클릭합니다.

08 [문서]를 클릭하고 [워드 문서] 폴더를 더블클릭합니다.

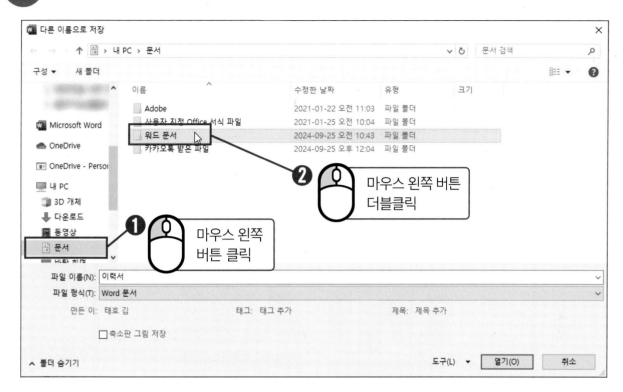

09 파일 이름을 '이력서'라고 입력하고 [저장]을 클릭합니다.

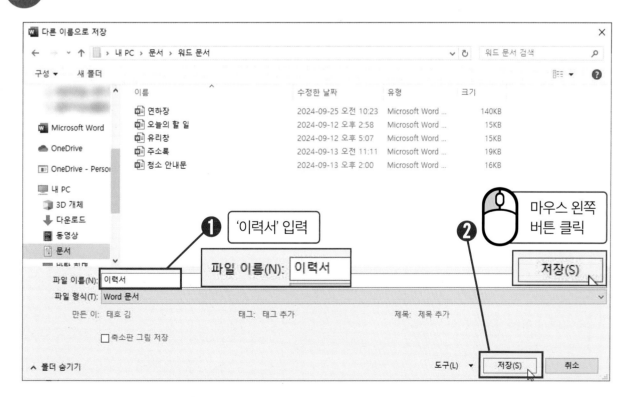

PART 02

엑셀

제 07장

엑셀로 거래처 목록 만들기

엑셀이라는 프로그램에 대해서 알아보고, 엑셀의 기본적인 기능들을 이용하여
거래처 목록을 만들어보겠습니다.

Section 01

엑셀로 할 수 있는 것은?

엑셀이란 어떤 프로그램인지, 엑셀로 어떤 작업을
할 수 있는지 알아봅니다.

1) 엑셀이란?

엑셀이란 마이크로소프트에서 제작하여 판매하는 스프레드시트 프로그램으로, 다양한 자동 계산 기능을 제공합니다. 함수를 설정해놓고 사용자가 값을 입력하면 입력한 값에 따라 복잡한 계산을 자동으로 수행할 수 있습니다. 현재 전 세계에서 가장 많이 쓰고 있는 스프레드시트 프로그램입니다.

현재 엑셀은 마이크로소프트 홈페이지에서 구매하여 사용할 수 있습니다. 365 버전을 구매하면 엑셀 외에 워드, 파워포인트 등의 다른 제품을 같이 사용할 수 있습니다.

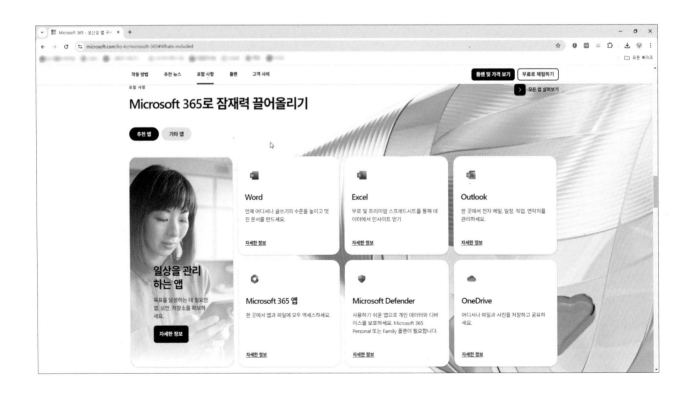

2) 엑셀로 할 수 있는 것

엑셀로는 다양한 자동 계산 문서 작업이나 프로그래밍 작업을 할 수 있습니다. 기본적으로 다양한
문서 포맷을 제공하여 사용자가 복잡한 작업을 하지 않고도 이용할 수 있습니다.

① 가계부

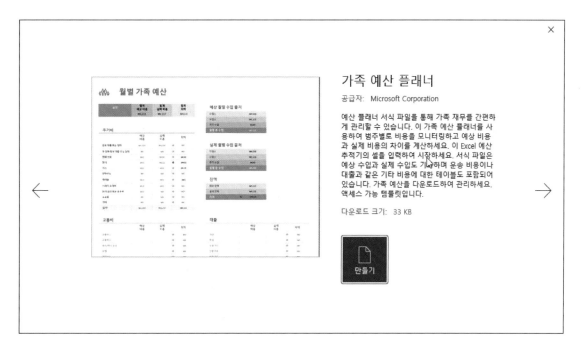

② 재고 목록

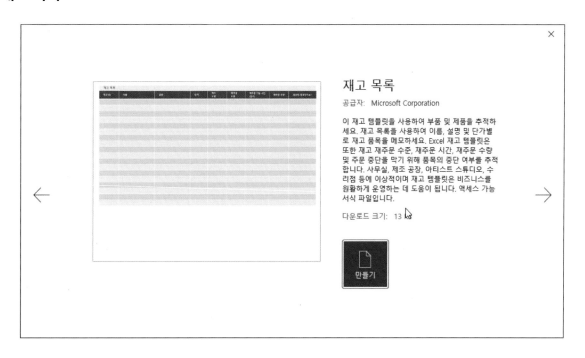

③ 손익계산서

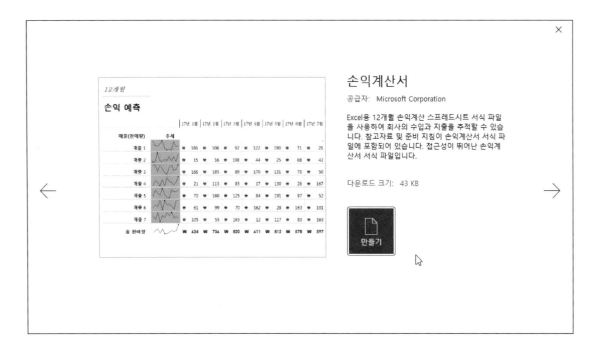

팁! 서식 파일

엑셀에서 제공하는 다양한 서식 파일은 [새로 만들기]-[추가 서식 파일]에서 검색하여 이용할 수 있습니다.

01 [새로 만들기]에서 [추가 서식 파일]을 클릭합니다.

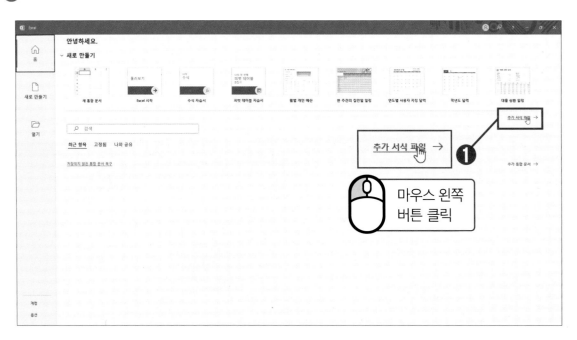

02 검색란에 검색할 주제를 입력한 후 Enter 키를 누릅니다.

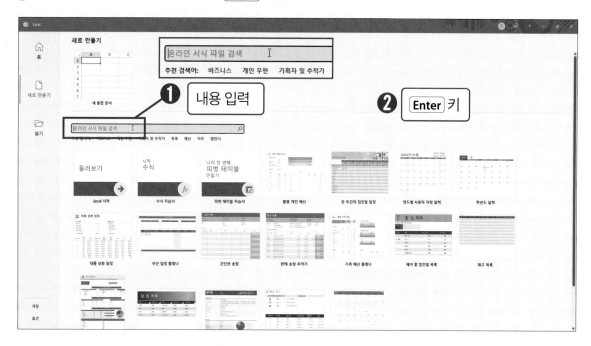

03 검색한 주제에 맞는 포맷들이 나타납니다.

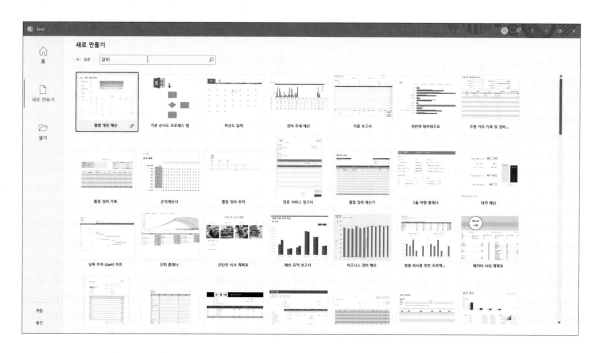

엑셀 실행하여
데이터 입력하기

엑셀을 실행하여 데이터를 입력해보겠습니다.

01 윈도우에서 [시작]을 클릭한 뒤 [Excel]을 찾습니다. 혹은 '찾기'에 'Excel'이라고 입력합니다.

X Excel

엑셀 확인 **②**

마우스 왼쪽
버튼 클릭 **❶**

02 [Excel]을 클릭합니다.

X Excel
앱 **❶**

마우스 왼쪽
버튼 클릭

참고!

이 책은 마이크로소프트(MS) 엑셀 365 버전을 기준으로 설명합니다. 다만 다른 버전을 사용하고 있어도 책을 따라하는 데는 문제가 없습니다.

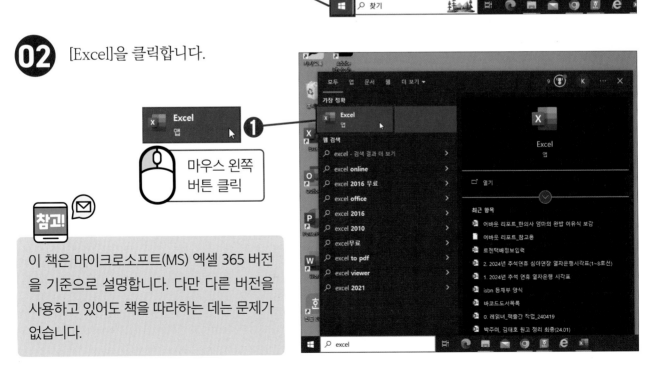

03 엑셀 실행 초기 화면에서 [새 통합 문서]를 클릭합니다.

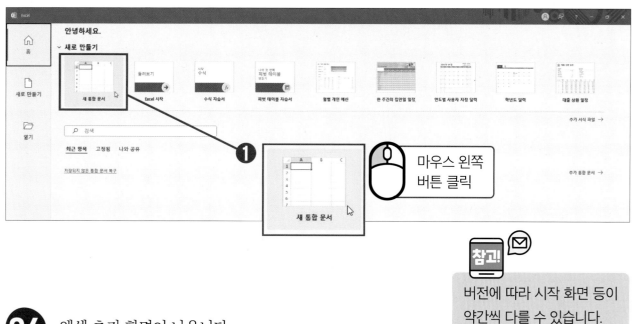

마우스 왼쪽
버튼 클릭

참고!

버전에 따라 시작 화면 등이
약간씩 다를 수 있습니다.

 04 엑셀 초기 화면이 나옵니다.

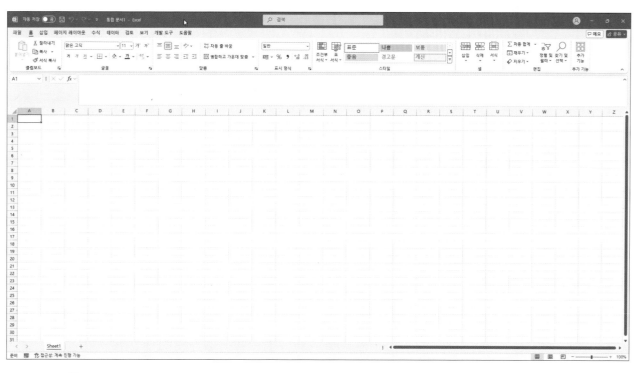

참고!

가로줄에 쓰여있는 알파벳은 열 번호, 세로줄에 쓰여있는 숫자는 행 번호입니다.

내용읍 입력하기 위해 [B3]셀을 선택합니다.

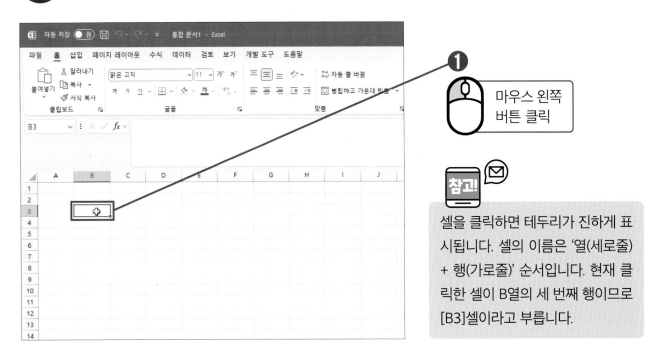

마우스 왼쪽
버튼 클릭

참고!

셀을 클릭하면 테두리가 진하게 표시됩니다. 셀의 이름은 '열(세로줄) + 행(가로줄)' 순서입니다. 현재 클릭한 셀이 B열의 세 번째 행이므로 [B3]셀이라고 부릅니다.

06 '거래처 연락처'라고 입력합니다.

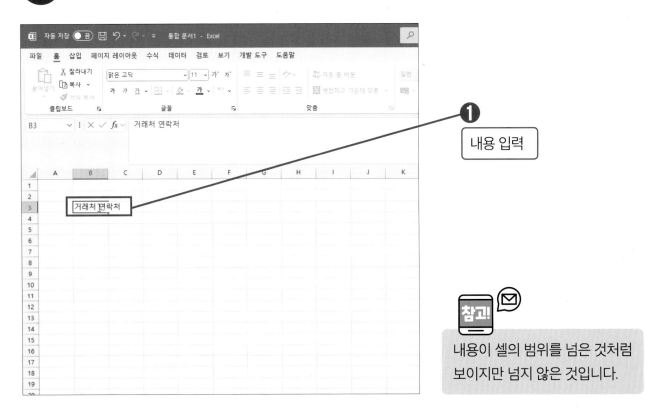

내용 입력

참고!

내용이 셀의 범위를 넘은 것처럼 보이지만 넘지 않은 것입니다.

[B5]셀을 클릭하고 '이름'이라고 입력합니다.

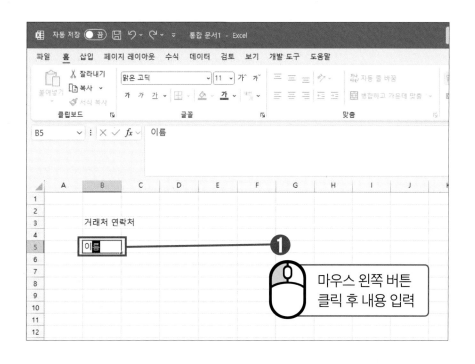

마우스 왼쪽 버튼
클릭 후 내용 입력

08 [C5]셀에 '담당자'라고 입력합니다. [D5]셀에 '주소'라고 입력합니다. [E5]셀에 '전화번호'
라고 입력합니다.

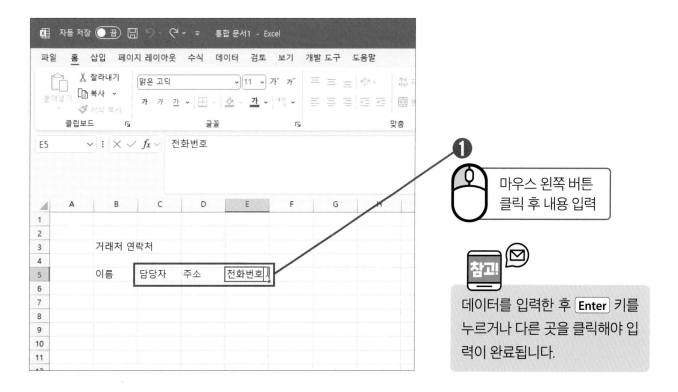

마우스 왼쪽 버튼
클릭 후 내용 입력

참고!

데이터를 입력한 후 Enter 키를
누르거나 다른 곳을 클릭해야 입
력이 완료됩니다.

Section

03

셀 크기 조절하기

행 및 열의 크기를 조정하여 해당 내용이 모두 나타날 수
있게 셀 크기를 조절하는 방법을 알아보겠습니다.

01 [B6]셀을 클릭한 후 거래처명을 입력하고 [C6]셀을 클릭한 후 담당자를 입력하고 [D6]셀을 클릭한 후 주소를 입력합니다.

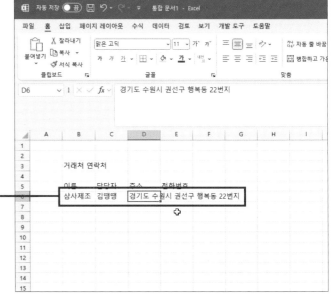

① 각각 마우스 왼쪽 버튼 클릭 후 내용 입력

02 [D]열의 오른쪽 경계선 부분에 마우스를 올려놓으면 커서 모양이 ⟺ 로 바뀝니다.

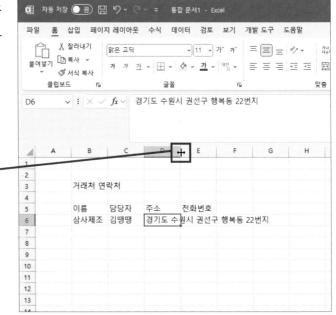

① 마우스를 가져다대면 커서 모양이 바뀝니다.

03 마우스를 클릭한 채로 오른쪽으로 드래그합니다.

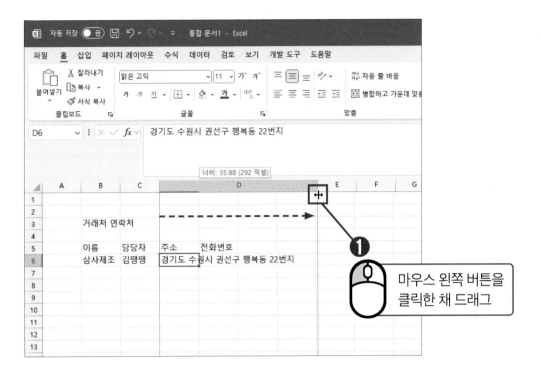

마우스 왼쪽 버튼을 클릭한 채 드래그

04 원하는 넓이가 되었으면 마우스 버튼에서 손을 뗍니다.

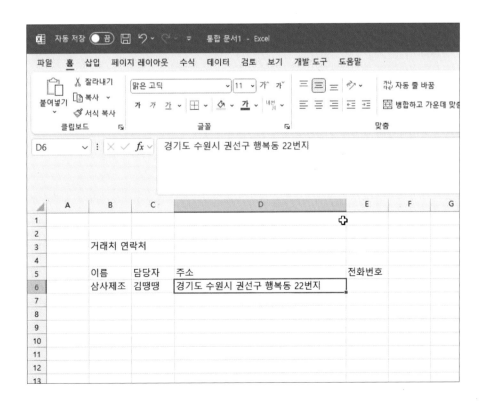

05 이름, 담당자, 전화번호가 입력된 셀도 같은 방법으로 셀의 넓이를 넓힙니다.

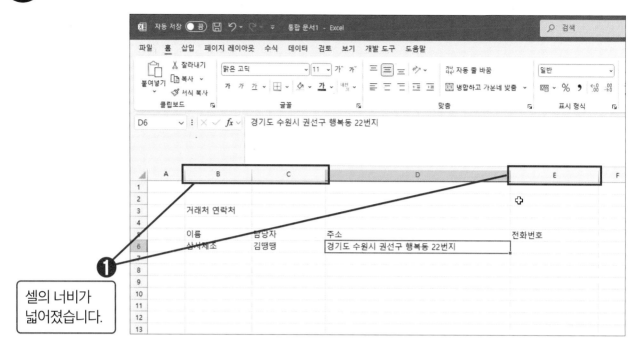

셀의 너비가
넓어졌습니다.

06 셀의 높이를 조정하겠습니다. [3]행 밑에 마우스를 올려놓으면 커서 모양이 ⊹ 로 바뀝니다.

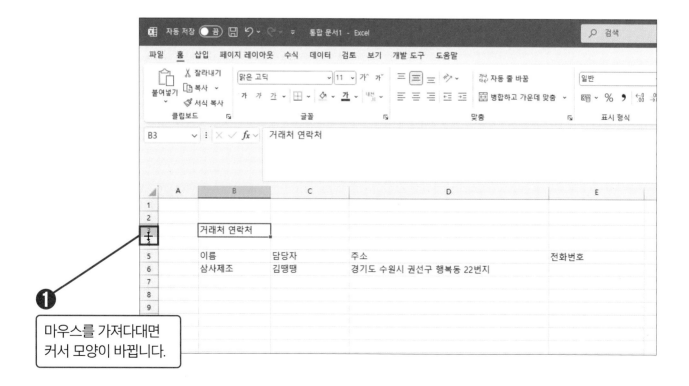

마우스를 가져다대면
커서 모양이 바뀝니다.

07 마우스를 클릭한 채로 아래로 이동한 후 마우스 버튼에서 손을 뗍니다.

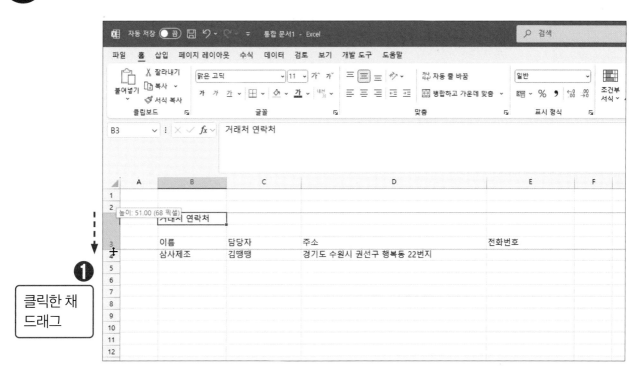

클릭한 채
드래그

08 [B3]셀을 클릭한 상태에서 왼쪽으로 드래그하여 [E3]셀까지 선택합니다.

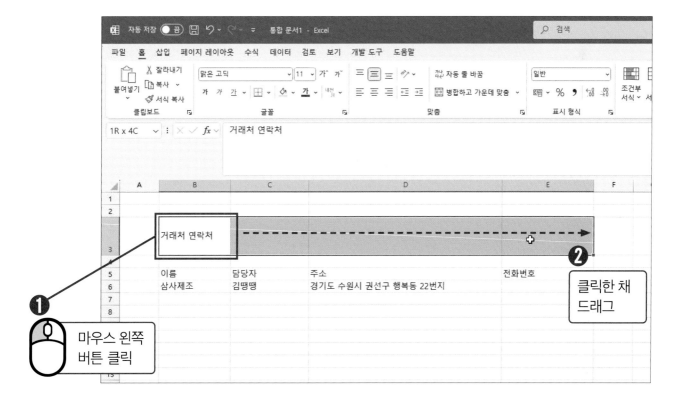

마우스 왼쪽
버튼 클릭

클릭한 채
드래그

[병합하고 가운데 맞춤]을 클릭합니다.

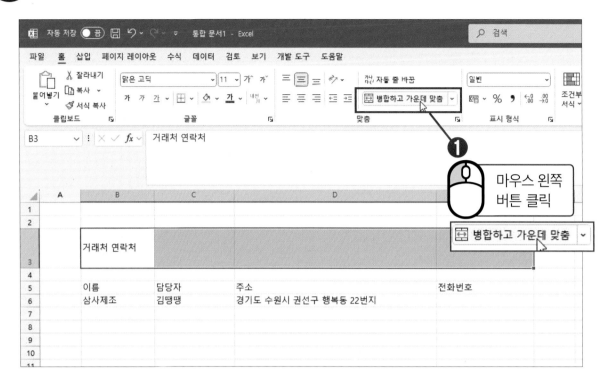

⑩ 셀이 병합되며 글자가 '가운데 맞춤'되었습니다.

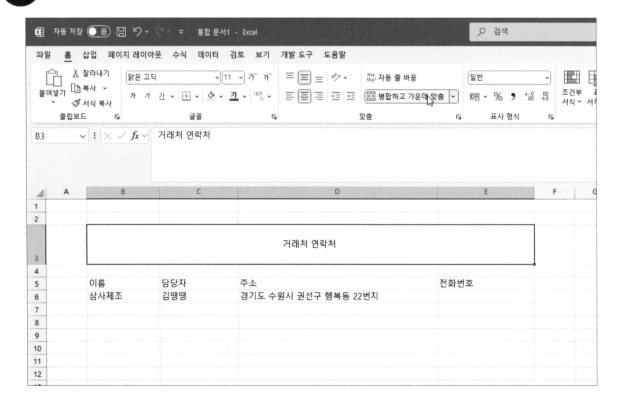

11 거래처 목록을 마저 작성합니다. 이름, 담당자, 주소, 전화번호를 입력합니다.

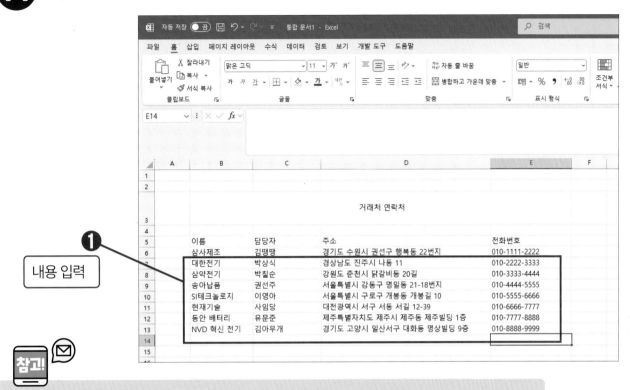

내용 입력

참고!

셀 간 이동을 할 때는 원하는 셀을 마우스로 클릭하거나 키보드의 방향키를 이용하면 됩니다.

12 셀의 높이를 한꺼번에 조절하겠습니다. [5]행에 마우스를 올려놓으면 커서 모양이 ➡️ 로 바뀝니다.

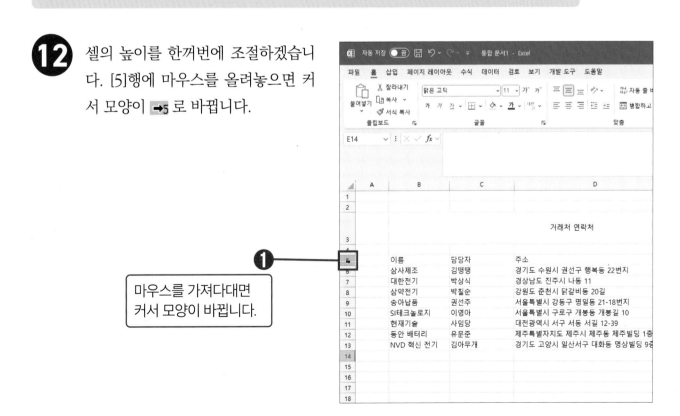

마우스를 가져다대면 커서 모양이 바뀝니다.

13 [5]행을 마우스로 클릭한 채로 아래로 드래그해서 [13]행까지 블록으로 지정한 후 마우스 버튼에서 손을 뗍니다.

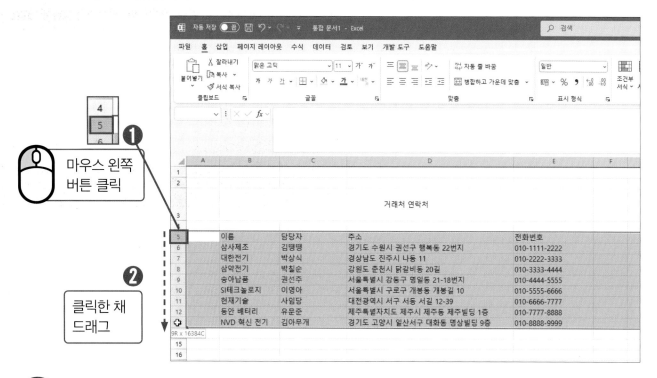

14 블록으로 지정된 상태에서 마우스 오른쪽 버튼을 누르고 [행 높이]를 클릭합니다.

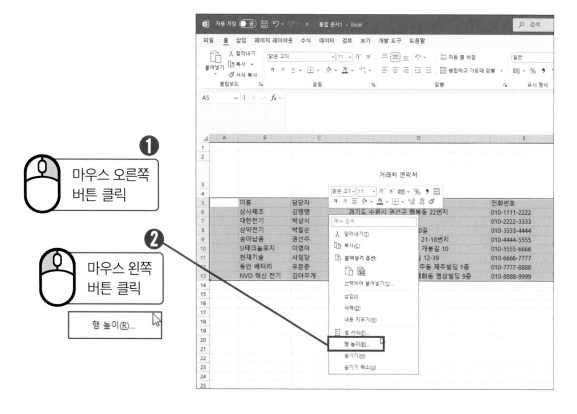

15 행 높이 창이 나오면 '30'을 입력하고 [확인]을 클릭합니다.

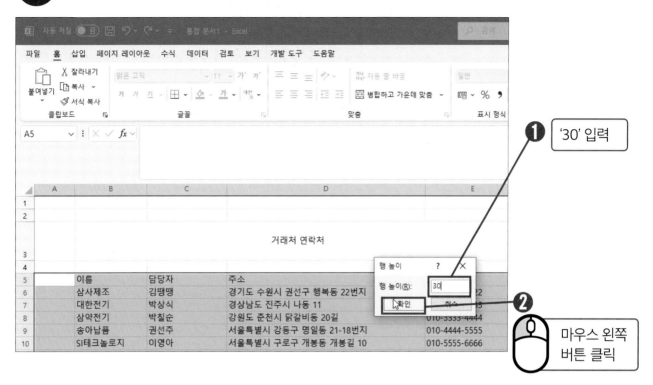

❶ '30' 입력

❷ 마우스 왼쪽 버튼 클릭

16 [5]행부터 [13]행까지의 셀들 높이가 커졌습니다. 아무 셀이나 클릭해서 블록 설정을 해제합니다.

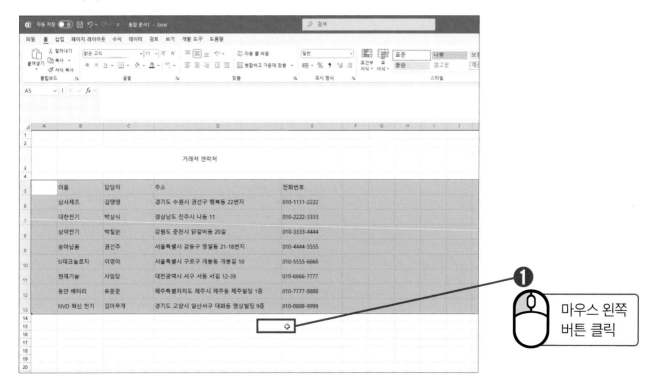

❶ 마우스 왼쪽 버튼 클릭

Section 04

자동 채우기 실행하기

숫자를 채울 때 자동으로 입력하는 기능인 자동 채우기를
실행해보겠습니다.

01 [A5]셀에 '번호'라고 입력하고 [A6]셀
에 숫자 1을 입력합니다.

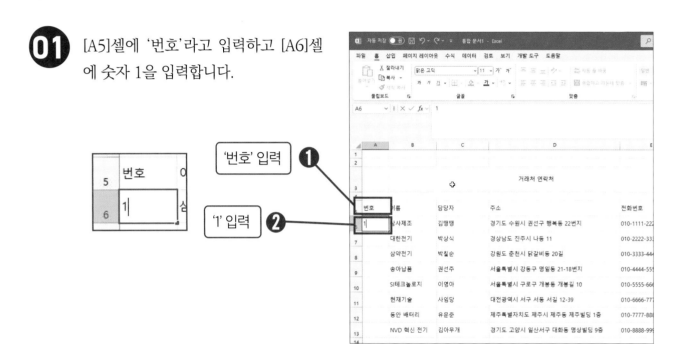

02 [A5]셀 오른쪽 아래 모서리에 마우스
를 올려놓으면 마우스 커서가 ➕ 모양
으로 바뀝니다.

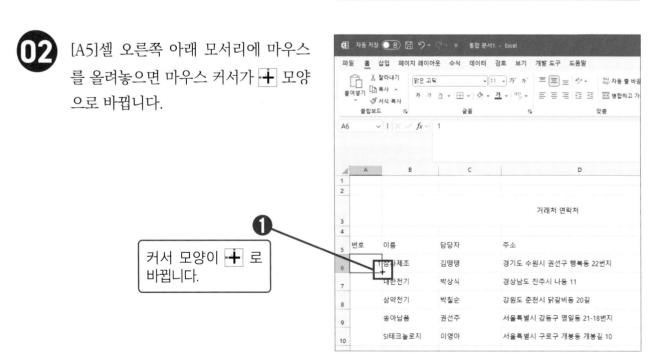

178 / 어른들을 위한 가장 쉬운 엑셀

03 마우스를 클릭한 채로 [A13]셀까지 드래그합니다.

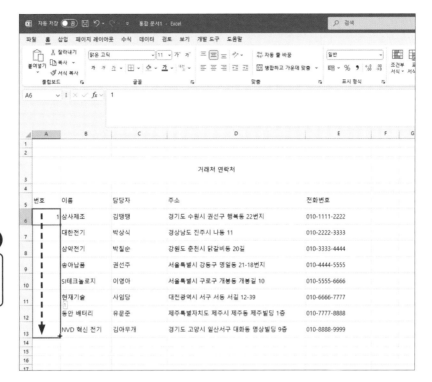

① 클릭한 채 드래그

04 마우스 버튼에서 손을 떼면 드래그한 영역에 셀에 입력한 숫자와 같은 숫자인 1이 자동으로 채워집니다.

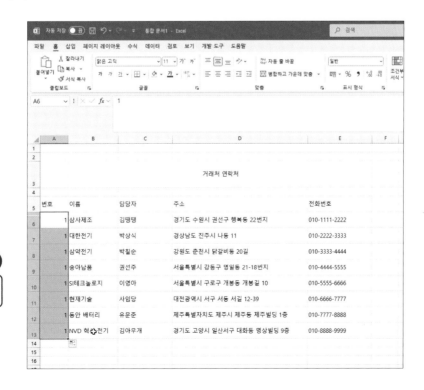

① 손을 뗍니다.

05 마지막 셀 모서리에 있는 [자동 채우기 옵션]을 클릭하고 [연속 데이터 채우기]를 클릭합니다.

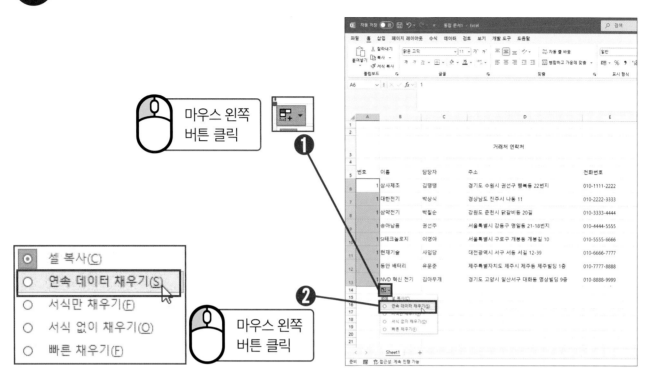

06 숫자들이 순차적으로 입력됩니다. 이번에는 문자를 채워보겠습니다. [F5]셀에 '비고'라고 입력하고 [F6]셀에 '-'를 입력합니다.

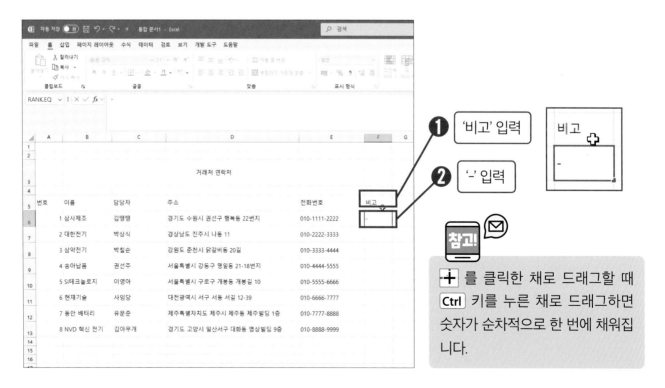

참고! ✉️

➕ 를 클릭한 채로 드래그할 때 Ctrl 키를 누른 채로 드래그하면 숫자가 순차적으로 한 번에 채워집니다.

07 [F6]셀의 왼쪽 아래 모서리에 커서를 가져다대서 ⊞ 로 바뀌면 클릭한 채로 [F13]셀까지 드래그합니다.

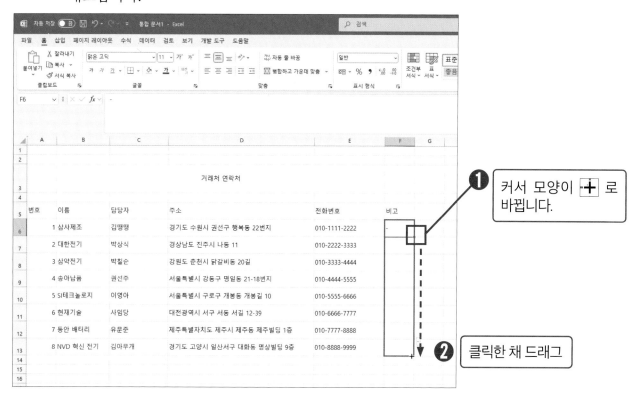

커서 모양이 ⊞ 로 바뀝니다.

클릭한 채 드래그

08 문자가 채워졌습니다. 빈 곳을 클릭하여 블록을 해제합니다.

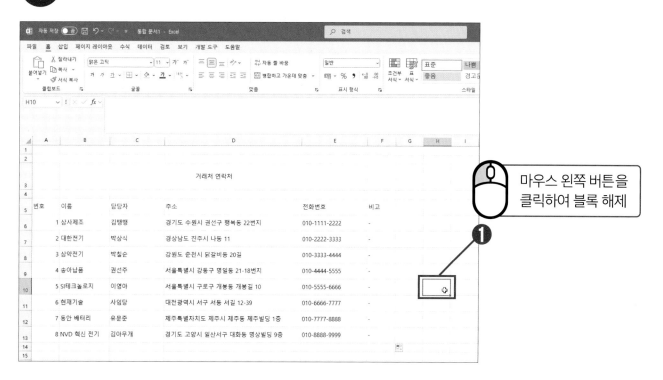

마우스 왼쪽 버튼을 클릭하여 블록 해제

Section 05

행 및 열 삽입하기

행과 열을 삽입하여 새로운 정보를 입력해보겠습니다.

01 [E]열을 마우스 왼쪽 버튼으로 클릭합니다. 그 상태에서 마우스 오른쪽 버튼을 클릭합니다.

마우스 왼쪽 버튼 클릭 ❶

마우스 오른쪽 버튼 클릭 ❷

02 [삽입]을 클릭합니다.

❶ 마우스 왼쪽 버튼 클릭

삽입(I)

참고! [홈] 탭의 [셀]에서 [셀 삽입] 기능을 이용해도 됩니다.

삽입 ✕삭제 서식

🔲 셀 삽입(E)

🔲 시트 행 삽입(R)

🔲 시트 열 삽입(C)

🔲 시트 삽입(S)

03 선택한 열의 왼쪽에 새로운 열이 삽입되었습니다. 새롭게 삽입된 [E5]셀에 '직책'이라고 입력합니다.

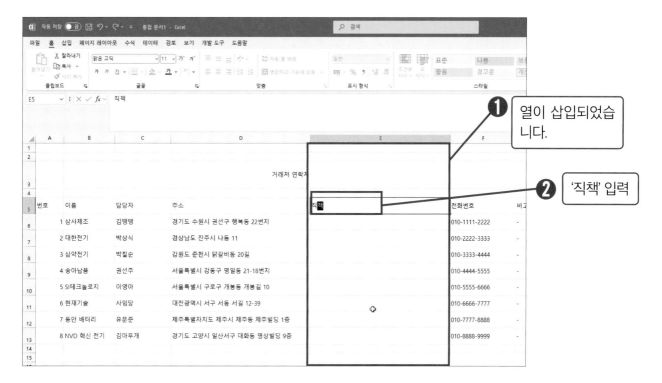

① 열이 삽입되었습니다.

② '직책' 입력

04 [11]행을 마우스 왼쪽 버튼으로 클릭합니다. 그 상태에서 마우스 오른쪽 버튼을 클릭합니다.

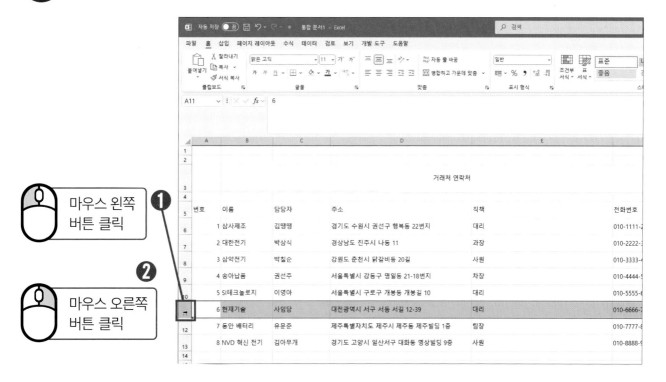

① 마우스 왼쪽 버튼 클릭

② 마우스 오른쪽 버튼 클릭

05 [삽입]을 클릭합니다.

마우스 왼쪽
버튼 클릭 **①**

삽입(I)

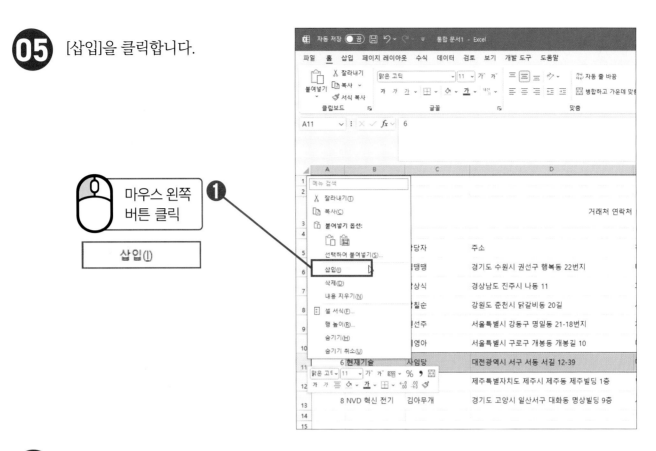

06 그 위에 새로운 행이 삽입되었습니다.

행이 삽입되었습
니다.

①

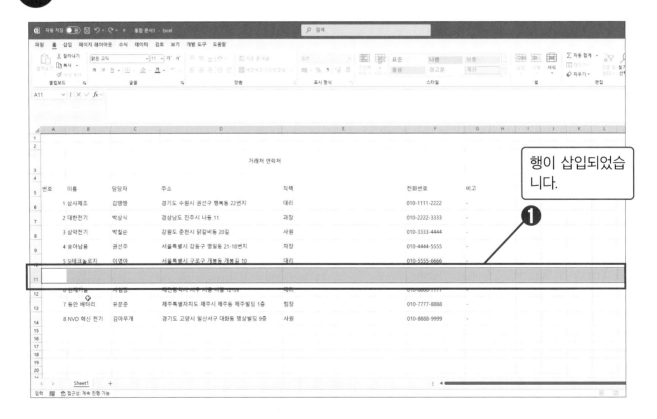

07 잘라내기와 붙여넣기를 하겠습니다. [A12]셀을 클릭한 채로 드래그하여 [G14]셀까지 선택합니다.

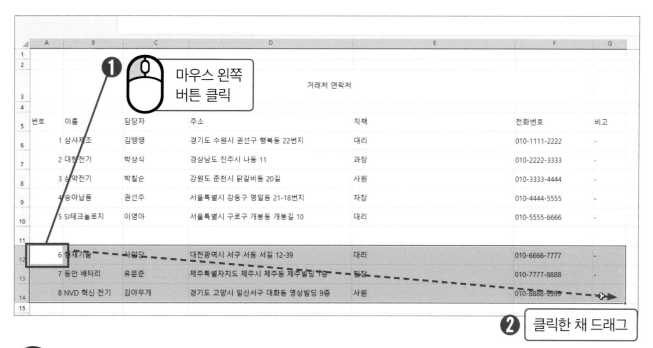

08 마우스 오른쪽 버튼을 클릭합니다. [잘라내기]를 클릭합니다.

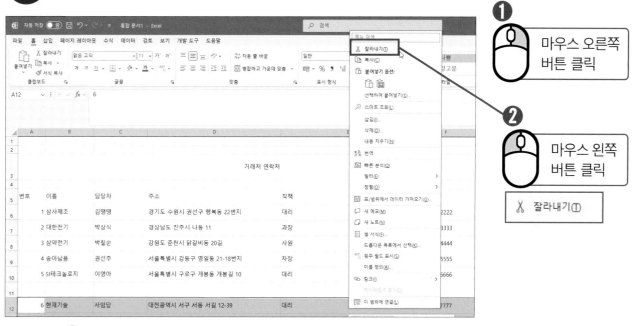

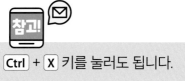

Ctrl + X 키를 눌러도 됩니다.

09 잘라내거나 복사를 하면 해당 부분이 점선으로 표시됩니다. [A11]셀을 마우스 오른쪽 버튼으로 클릭합니다. [붙여넣기] 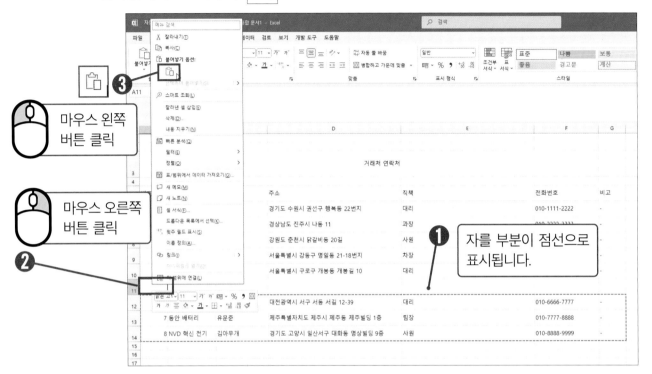 를 클릭합니다.

10 잘라낸 부분이 이동되었습니다.

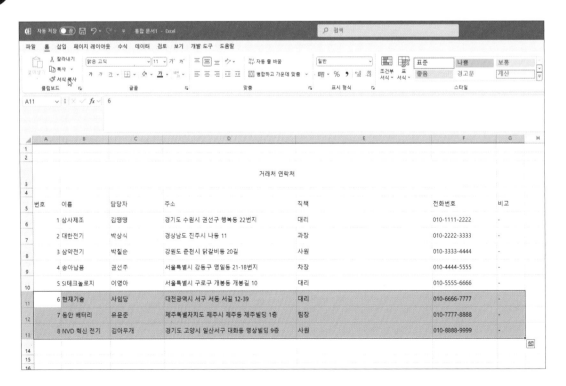

Section 06

셀 서식 지정하기

엑셀도 워드처럼 셀에 입력된 데이터의 서식을 지정하여 꾸밀 수 있습니다. 셀 서식과 정렬을 해보겠습니다.

01 [B3]셀을 클릭합니다.

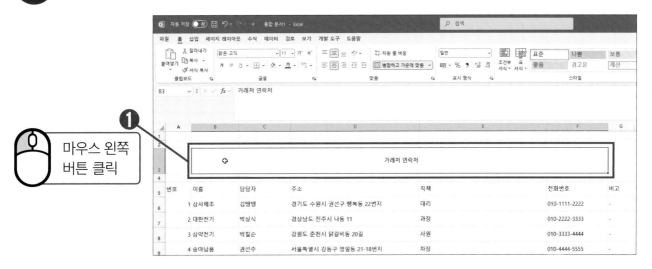

마우스 왼쪽
버튼 클릭

02 글꼴을 클릭하여 [HY헤드라인M]을 클릭합니다.

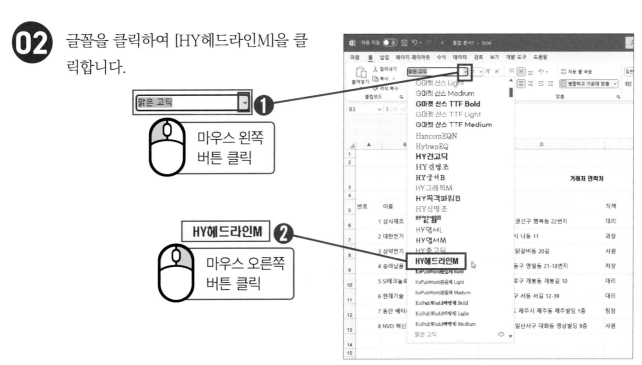

맑은 고딕

마우스 왼쪽
버튼 클릭

HY헤드라인M

마우스 오른쪽
버튼 클릭

03 글자 크기를 클릭하여 크기를 '26'으로 설정합니다.

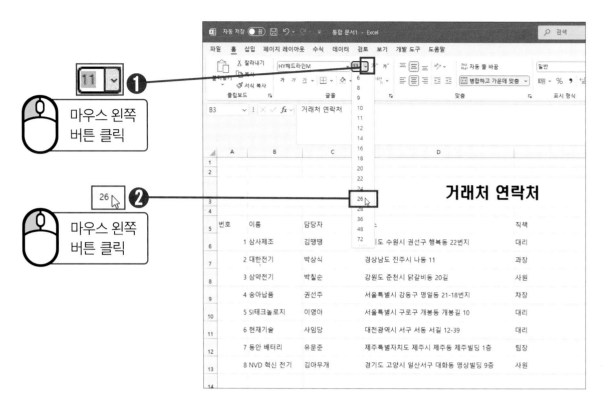

마우스 왼쪽
버튼 클릭

마우스 왼쪽
버튼 클릭

04 셀에 배경색을 채우겠습니다. 옆의 ▾를 클릭합니다. 원하는 배경색을 선택합니다.

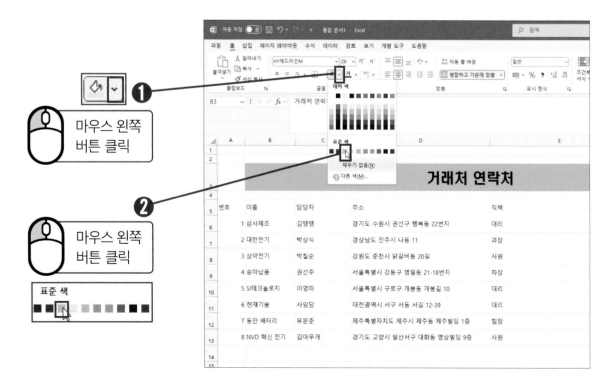

마우스 왼쪽
버튼 클릭

마우스 왼쪽
버튼 클릭

05 옆의 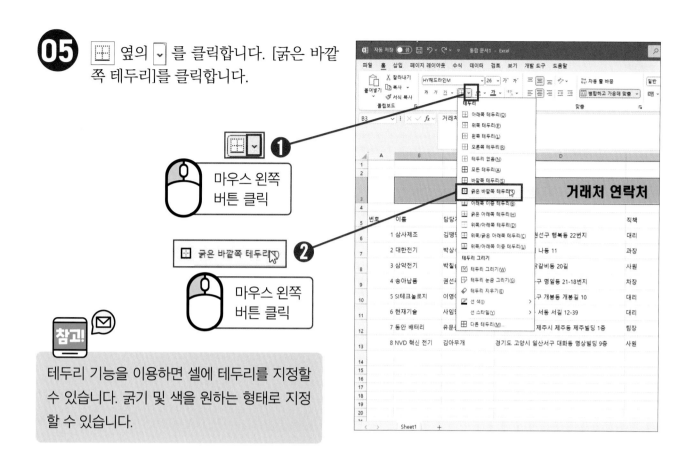 를 클릭합니다. [굵은 바깥
쪽 테두리]를 클릭합니다.

① 마우스 왼쪽
버튼 클릭

🔲 굵은 바깥쪽 테두리

② 마우스 왼쪽
버튼 클릭

참고!

테두리 기능을 이용하면 셀에 테두리를 지정할
수 있습니다. 굵기 및 색을 원하는 형태로 지정
할 수 있습니다.

06 [A5]셀부터 [G5]셀까지 클릭한 채로 드래그하여 선택합니다.

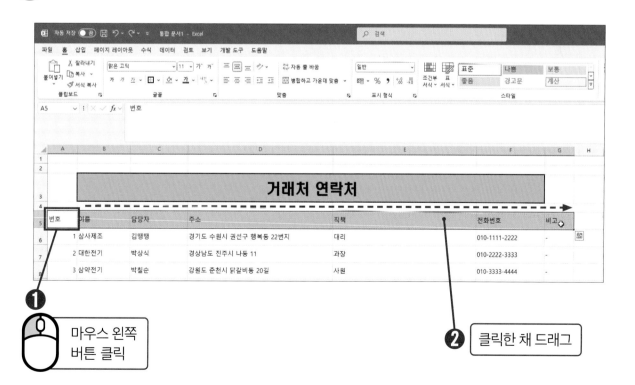

① 마우스 왼쪽
버튼 클릭

② 클릭한 채 드래그

07 [가운데 맞춤]을 클릭합니다.

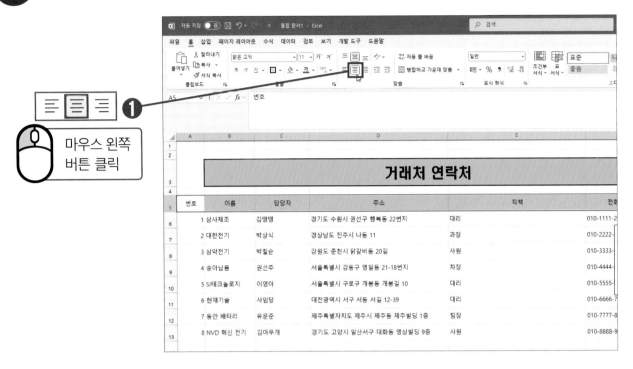

마우스 왼쪽
버튼 클릭

08 가 를 클릭하여 진하게 합니다. 글자 색 가 옆의 ⌄ 를 클릭하여 원하는 글자 색을 선택합니다.

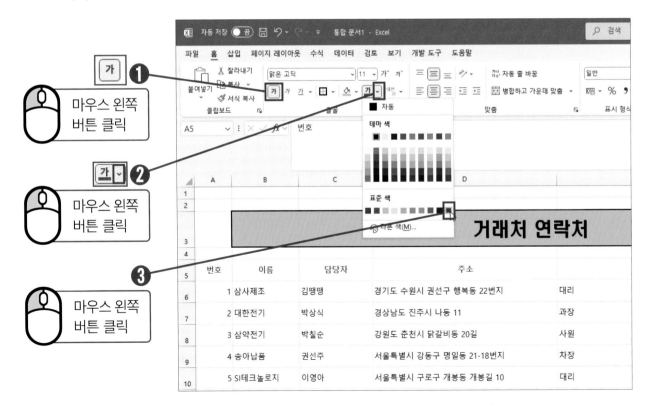

마우스 왼쪽
버튼 클릭

마우스 왼쪽
버튼 클릭

마우스 왼쪽
버튼 클릭

09 글자 크기를 '14'로 선택합니다.

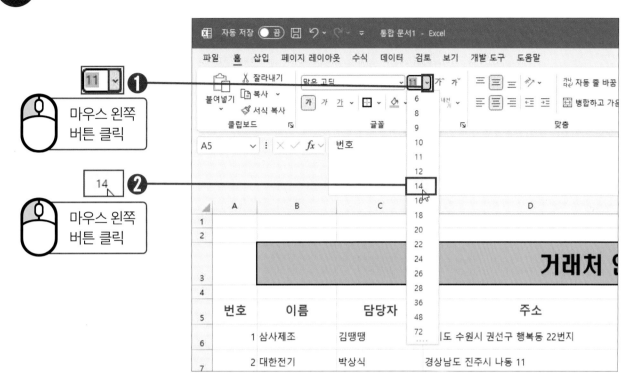

마우스 왼쪽
버튼 클릭

마우스 왼쪽
버튼 클릭

10 빈 곳을 클릭하여 블록 설정을 해제합니다.

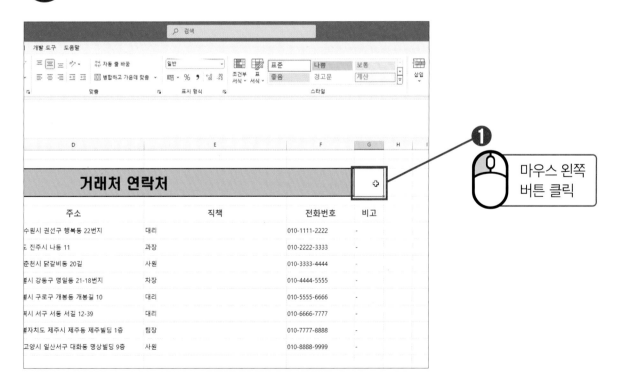

마우스 왼쪽
버튼 클릭

Section

07

한자로 변환하고 특수문자 삽입하기

한글을 한자로 변환해보겠습니다. 또 다양한 특수문자를 이용해보겠습니다.

01 '직책'이 입력된 [E5]셀을 마우스로 더블클릭합니다. 마우스 오른쪽 버튼을 눌러서 [한글/한자 변환]을 클릭합니다.

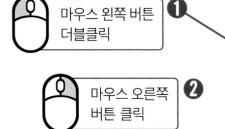

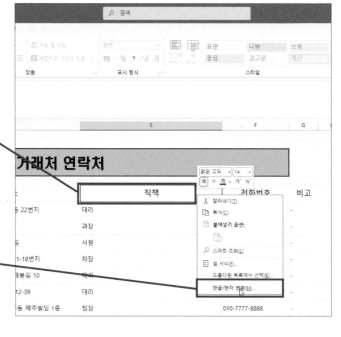

02 해당하는 한자를 클릭한 후 입력 형태에서 [한글(漢字)]를 클릭하고 [변환]을 클릭합니다.

漢字는 선택된 한글이 한자만으로 변환되어 표기되는 것이며, 漢字(한글)은 한자와 괄호 안의 한글이 같이 표기되는 것입니다.

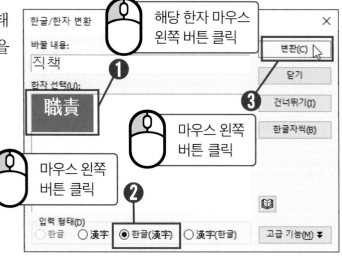

192 / 어른들을 위한 가장 쉬운 엑셀

03 한글과 한자가 표기되었습니다.

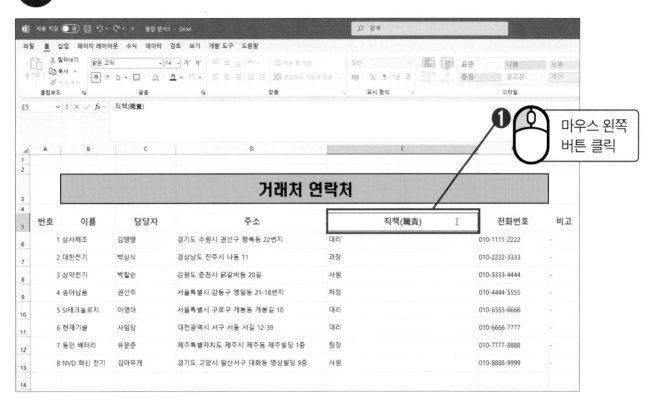

04 이번에는 특수기호를 삽입해보겠습니다. [F5]셀의 '전화번호' 앞부분을 더블클릭합니다.

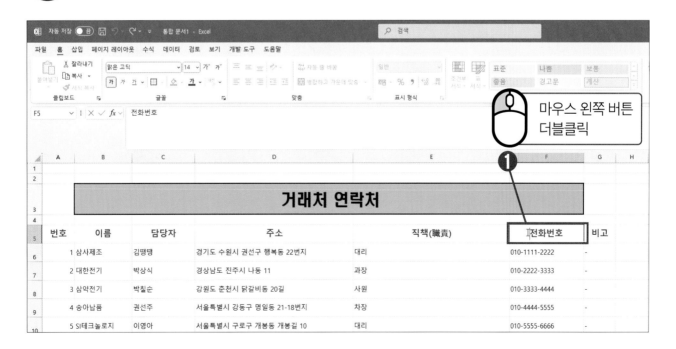

05 [삽입] 탭을 클릭합니다. [기호]를 클릭합니다.

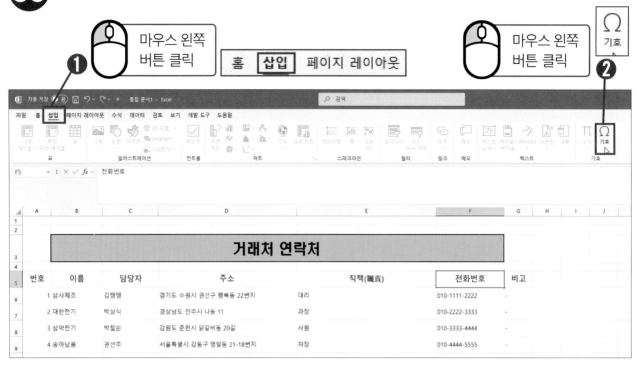

06 기호 창이 나타나면 하위 집합 옆의 ☑ 를 클릭하고 스크롤바를 내려 [도형 기호]를 선택합니다.

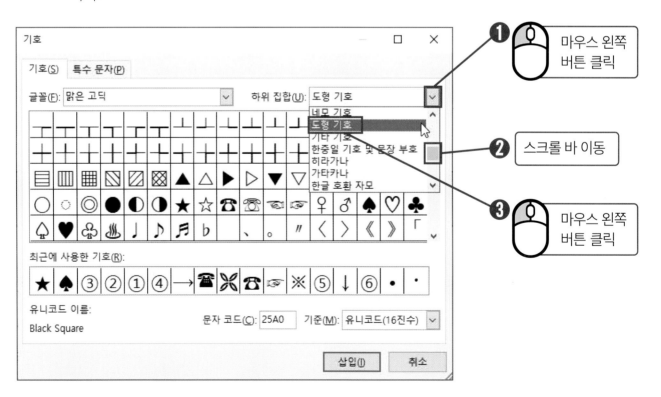

07 원하는 도형을 클릭합니다. [삽입]을 클릭하고 [닫기]를 클릭합니다.

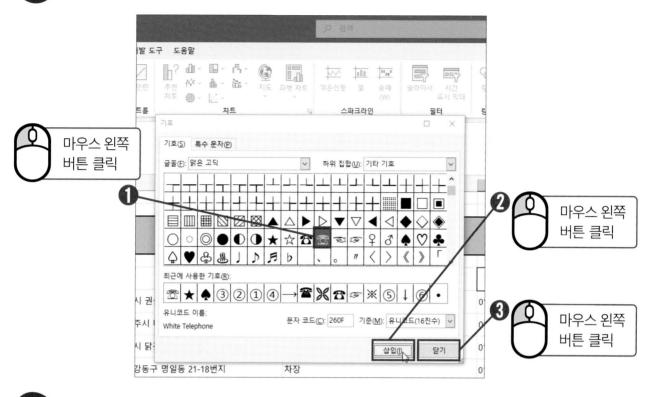

08 '전화번호' 앞에 ☎ 기호가 들어간 것을 볼 수 있습니다.

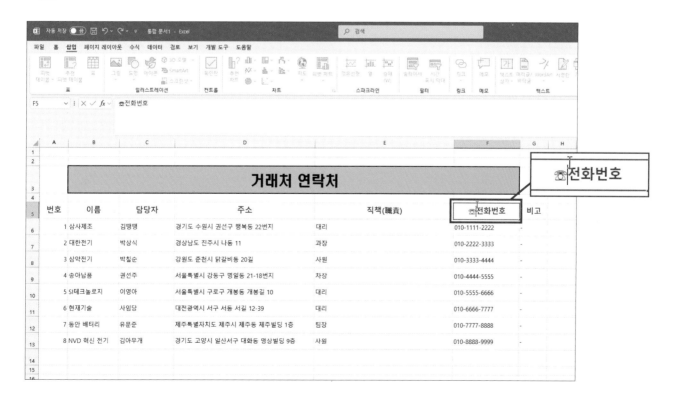

Section 08

셀 삭제 및 이동하기

셀을 삭제하고 이동시켜보겠습니다.

01 '비고'가 입력된 [G]열을 클릭하여 [G] 열 전체를 블록 설정합니다.

❶ 마우스 왼쪽 버튼 클릭

거래처 연락처

주소	직책(職責)	☎전화번호	비고
권선구 행복동 22번지	대리	010-1111-2222	
시 나동 11	과장	010-2222-3333	
닭길비동 20길	사원	010-3333-4444	
구 명일동 21-18번지	차장	010-4444-5555	
구 개봉동 개봉길 10	대리	010-5555-6666	
서동 서길 12-39	대리	010-6666-7777	
제주시 제주동 제주빌딩 1층	팀장	010-7777-8888	
일산서구 대화동 명상빌딩 9층	사원	010-8888-9999	

02 마우스 오른쪽 버튼을 클릭합니다. [삭제]를 클릭합니다.

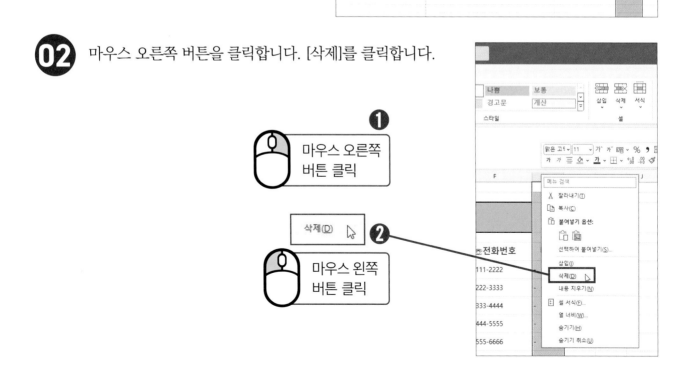

❶ 마우스 오른쪽 버튼 클릭

삭제(D) ❷

마우스 왼쪽 버튼 클릭

03 '비고'가 입력된 열이 삭제되었습니다. [11]행을 클릭하여 [11]행을 블록 설정합니다.

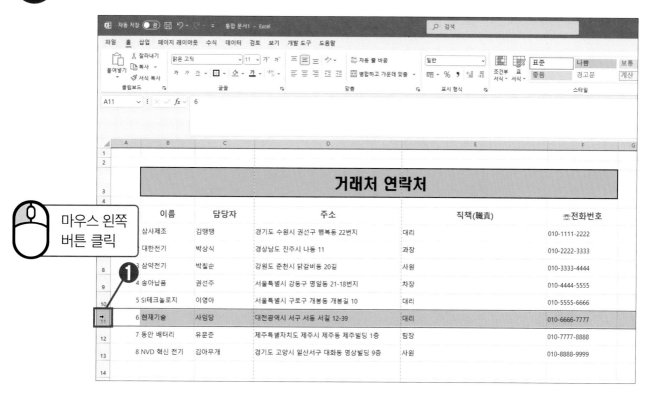

마우스 왼쪽
버튼 클릭

04 마우스 오른쪽 버튼을 클릭합니다. [삭제]를 클릭합니다.

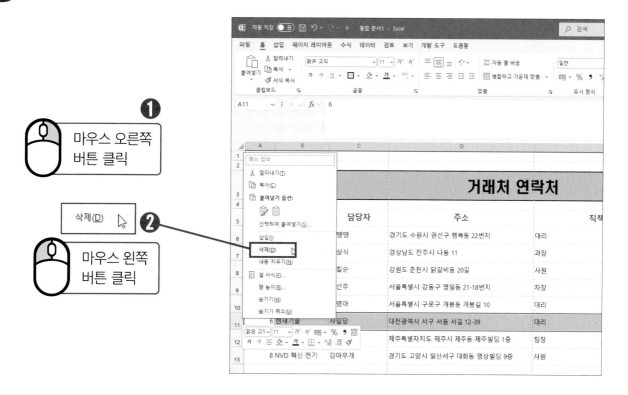

마우스 오른쪽
버튼 클릭

삭제(D)

마우스 왼쪽
버튼 클릭

해당 행이 삭제되었습니다.

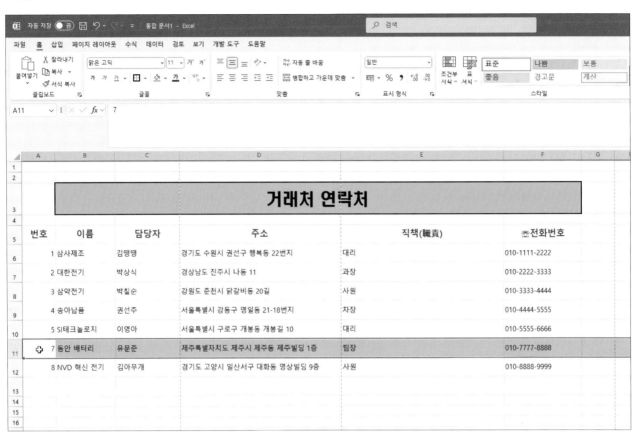

인쇄 영역 설정하기

파일을 인쇄하기 전에 용지 방향을 바꾸고 인쇄 영역을
설정하겠습니다.

01 엑셀의 기본 용지 방향은 세로입니다.
문서의 특성상 가로로 바꾸어야 할 때
가 있습니다. [페이지 레이아웃] 탭을
클릭합니다.

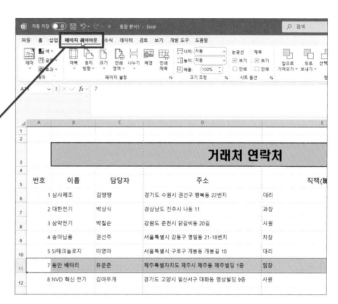

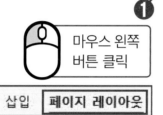

마우스 왼쪽
버튼 클릭

삽입	**페이지 레이아웃**

02 [용지 방향]-[가로]를 클릭합니다.

마우스 왼쪽
버튼 클릭

마우스 왼쪽
버튼 클릭

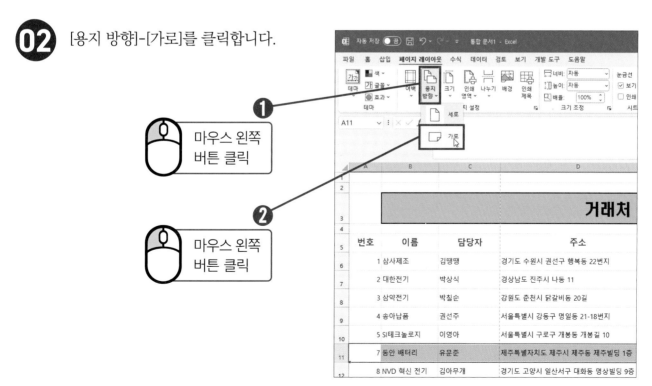

03 용지 방향이 변경되었습니다. [보기] 탭을 클릭합니다.

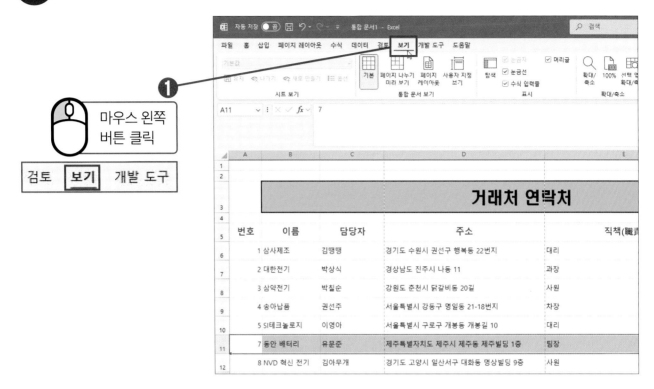

마우스 왼쪽
버튼 클릭

검토 **보기** 개발 도구

04 [페이지 나누기 미리 보기]를 클릭합니다.

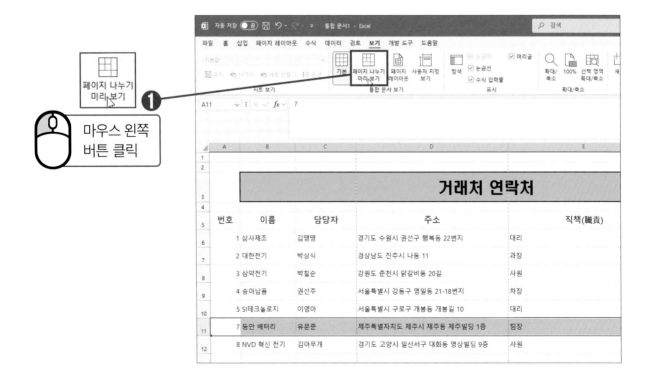

페이지 나누기
미리보기

마우스 왼쪽
버튼 클릭

05 외곽의 파란색 실선은 인쇄가 되는 영역, 점선은 인쇄 페이지를 나누는 부분입니다. 현재 총 3페이지에 걸쳐 인쇄가 되는 것을 알 수 있습니다.

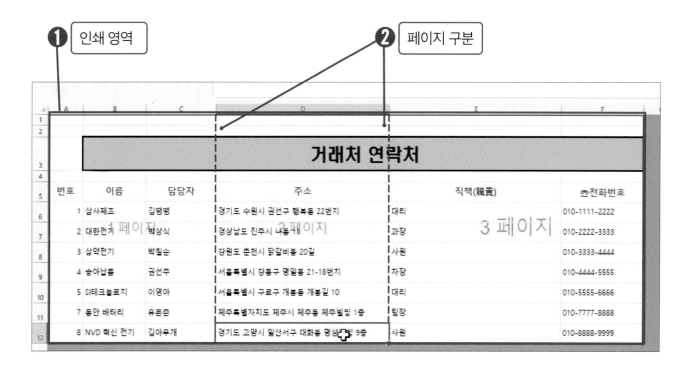

06 점선 위에 마우스를 가져다대면 마우스가 ⟷ 모양으로 바뀝니다. 클릭한 채로 오른쪽 회색 영역으로 드래그합니다.

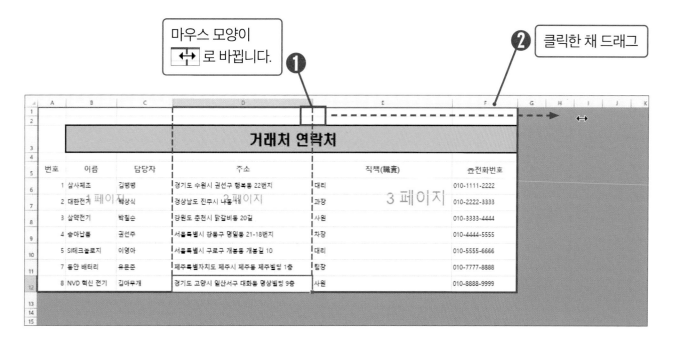

07 2페이지로 인쇄 영역이 바뀌었습니다. 남은 파란색 실선도 클릭한 채로 오른쪽 회색 영역으로 드래그합니다.

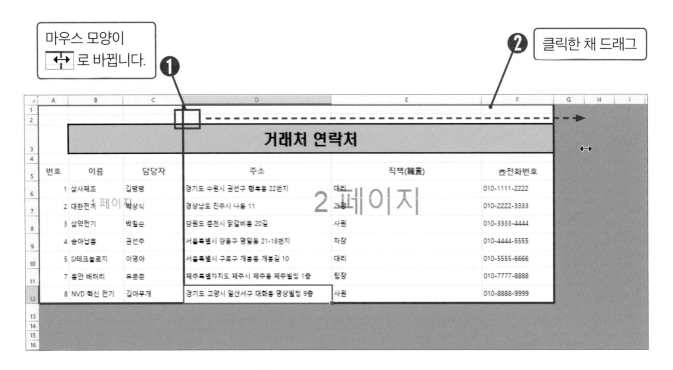

08 인쇄 영역이 1페이지로 설정되었습니다. [기본]을 클릭합니다.

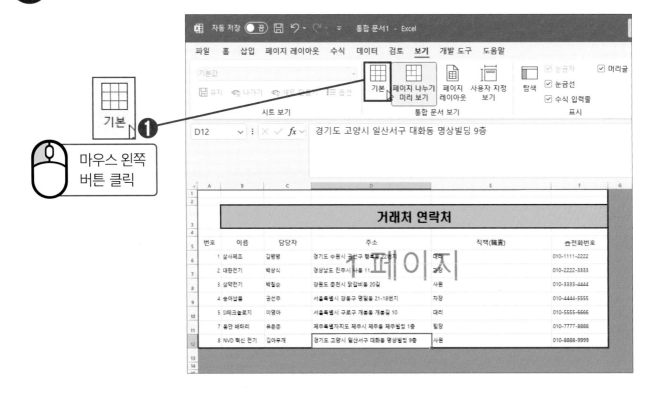

Section 10

가나다순으로 정렬하기

엑셀의 데이터를 특정 셀을 기준으로 오름차순/내림차순으로
정렬할 수 있습니다.

01 [A6]셀을 클릭합니다. 클릭한 채 [F12]셀까지 드래그하여 블록 설정합니다.

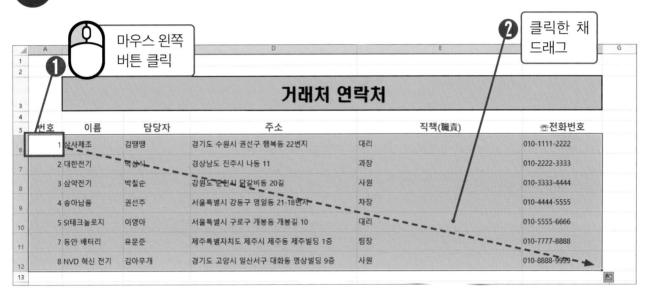

02 [정렬 및 필터]-[사용자 지정 정렬]을 선택합니다.

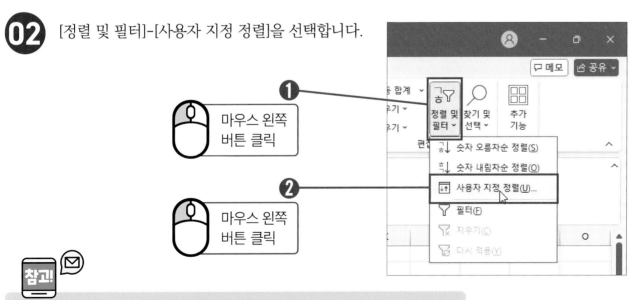

참고! 정렬 및 필터는 목록 셀(번호, 이름, 담당자 등)을 기준으로 정렬할 수 있습니다.

정렬 기준 옆의 ∨ 를 클릭하여 [이름]을 클릭합니다.

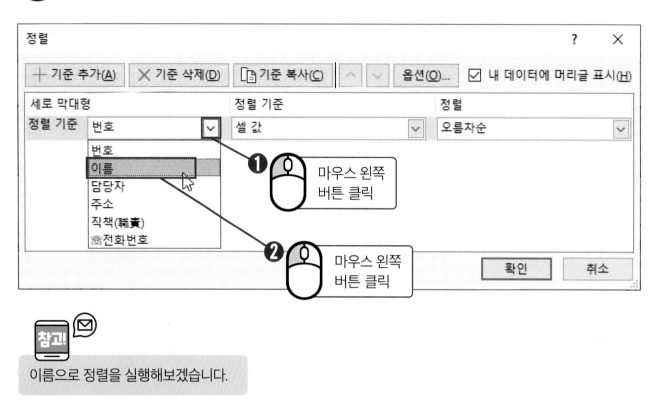

참고!

이름으로 정렬을 실행해보겠습니다.

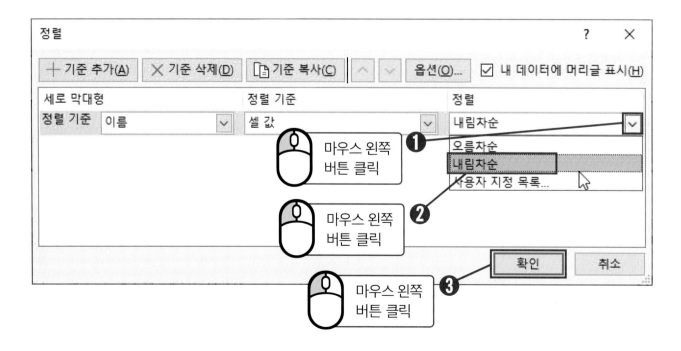

04 정렬에서 옆의 ∨ 를 클릭하여 [내림차순]을 클릭합니다. [확인]을 클릭합니다.

이름을 기준으로 내림차순 정렬되었습니다.

번호	이름	담당자	주소	직책(職責)	☎전화번호
4	송아납품	권선주	서울특별시 강동구 명일동 21-18번지	차장	010-4444-5555
3	삼악전기	박칠순	강원도 춘천시 닭갈비동 20길	사원	010-3333-4444
1	삼사제조	김땡땡	경기도 수원시 권선구 행복동 22번지	대리	010-1111-2222
7	동안 배터리	유문준	제주특별자치도 제주시 제주동 제주빌딩 1층	팀장	010-7777-8888
2	대한전기	박상식	경상남도 진주시 나동 11	과장	010-2222-3333
5	SI테크놀로지	이영아	서울특별시 구로구 개봉동 개봉길 10	대리	010-5555-6666
8	NVD 혁신 전기	김아무개	경기도 고양시 일산서구 대화동 명상빌딩 9층	사원	010-8888-9999

오름차순과 내림차순

정렬에는 오름차순과 내림차순이 있습니다. 오름차순으로 정렬하면 가나다…하순으로 정렬되며 내림차순으로 정렬하면 하파타…가순으로 정렬됩니다.

가	1
나	2
다	3
라	4
마	5
바	6
사	7
아	8
자	9
차	10
카	
타	
파	
하	

[오름차순 정렬]

하	
파	
타	
카	
차	10
자	9
아	8
사	7
바	6
마	5
라	4
다	3
나	2
가	1

[내림차순 정렬]

06 다시 [정렬 및 필터]를 클릭합니다. [숫자 오름차순 정렬]을 클릭합니다.

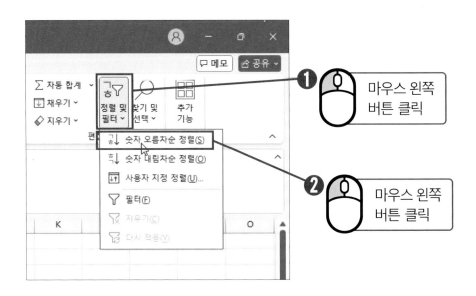

07 번호를 기준으로 1부터 순서대로 정렬되었습니다. 빈 곳을 클릭하여 블록 설정을 해제합니다.

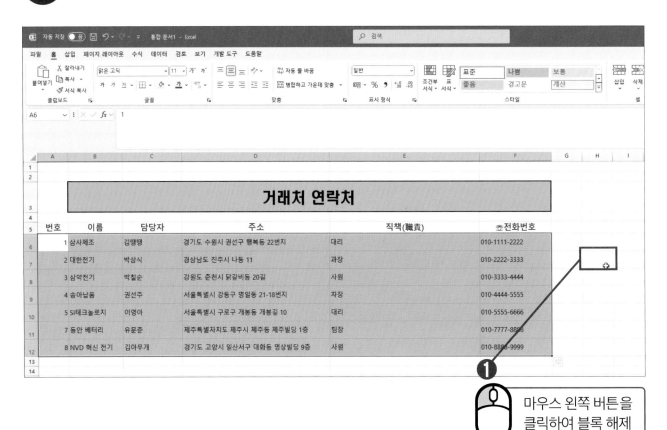

Section 11

인쇄하고 저장하기

인쇄 기능을 이용하고 문서를 저장하겠습니다.

01 [파일] 탭을 클릭합니다.

| 파일 | 홈 | 삽입 | ➊

마우스 왼쪽
버튼 클릭

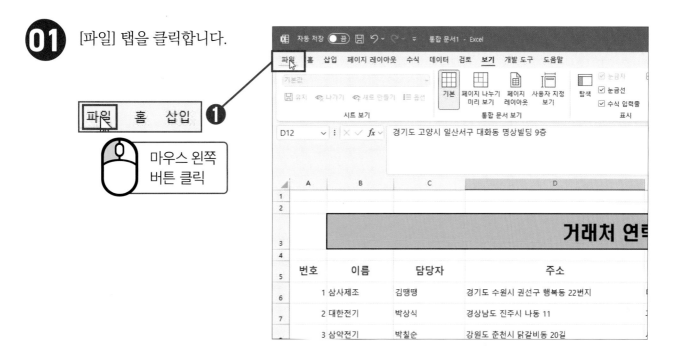

02 [인쇄]를 클릭합니다.

인쇄 ➊

마우스 왼쪽
버튼 클릭

참고! 💬
어떤 모양으로 인쇄될지 미리 보는
것입니다.

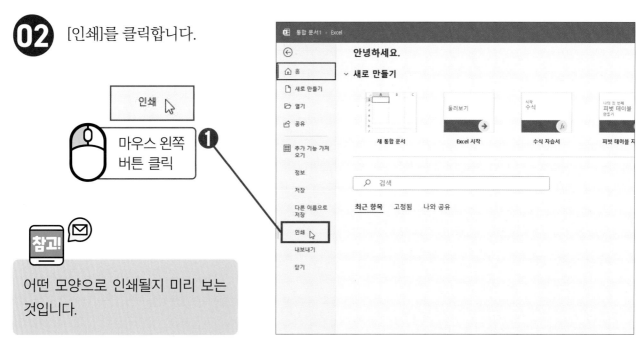

03 [세로 방향]을 클릭하여 [가로 방향]을 클릭합니다.

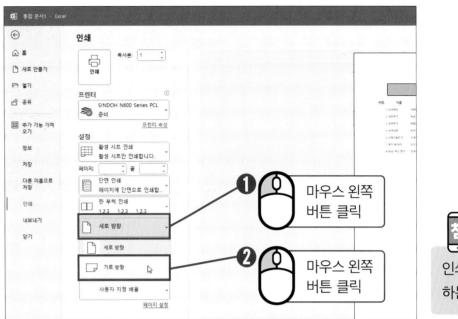

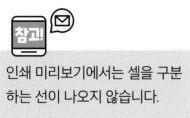

인쇄 미리보기에서는 셀을 구분하는 선이 나오지 않습니다.

04 [인쇄]를 클릭하면 인쇄를 시작할 수 있습니다. 이제 저장을 하겠습니다. [다른 이름으로 저장]을 클릭합니다.

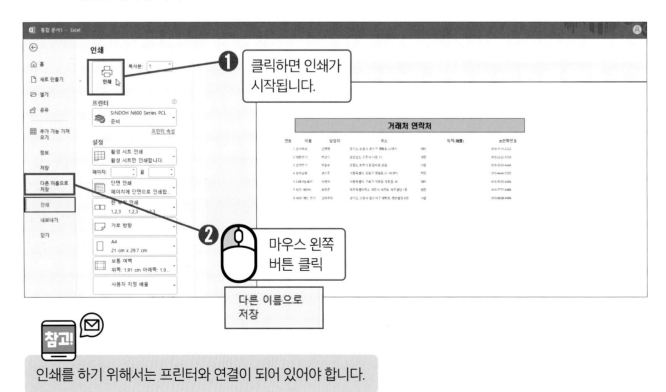

인쇄를 하기 위해서는 프린터와 연결이 되어 있어야 합니다.

05 [찾아보기]를 클릭합니다.

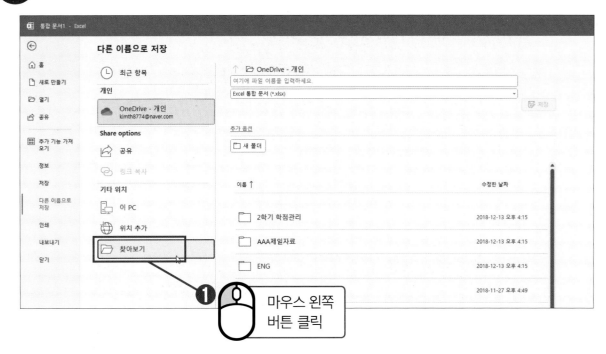

마우스 왼쪽
버튼 클릭

06 [문서]를 클릭합니다. [새 폴더]를 클릭합니다.

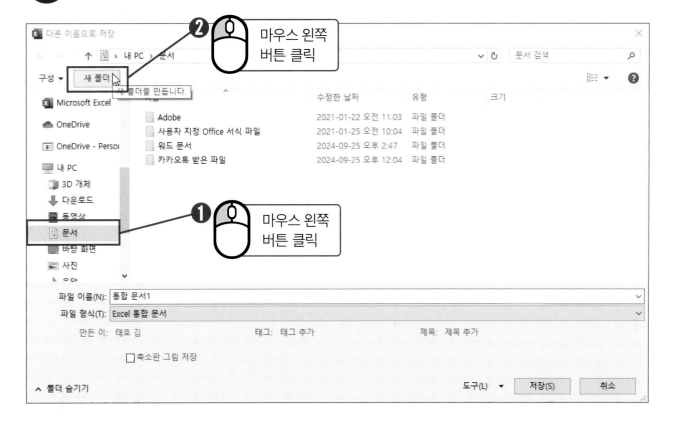

마우스 왼쪽
버튼 클릭

마우스 왼쪽
버튼 클릭

'엑셀 문서'라고 입력한 후 Enter 키를 누릅니다.

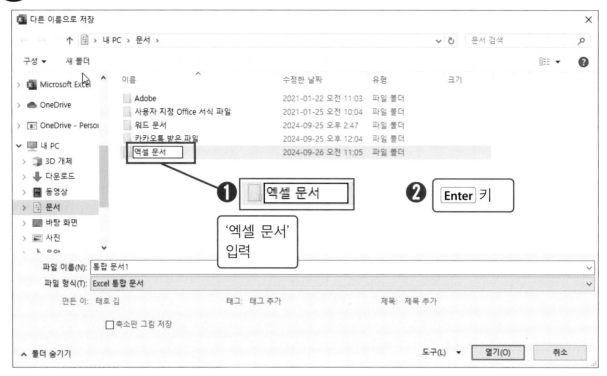

 만들어진 [엑셀 문서] 폴더를 더블클릭하여 들어간 뒤, 파일 이름에 '거래처 연락처'라고 입력하고 [저장]을 클릭합니다.

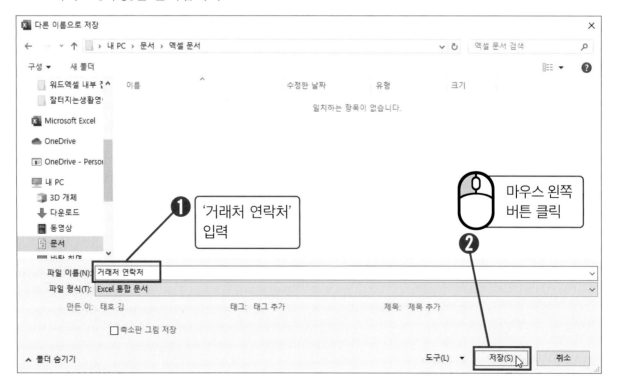

제 08장

계시문 만들기

엑셀에서 제공하는 다양한 그래픽 기능을 이용하여
주민총회 계시문을 만들겠습니다.
다양한 도형과 텍스트 상자로 글자를 꾸며봅니다.

Section 01

데이터 입력하고
셀 구분선 숨기기

기본 내용을 입력한 다음, 셀 구분선을 숨겨서 편하게 작업할 수
있도록 하겠습니다.

01 통합 문서의 [B10]셀부터 다음과 같이 내용을 입력합니다. 한 문장씩 입력하고 아래 셀로
내려갑니다.

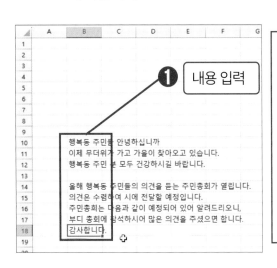

❶ 내용 입력

B10셀 : 행복동 주민들 안녕하십니까
B11셀 : 이제 무더위가 가고 가을이 찾아오고 있습니다.
B12셀 : 행복동 주민 분 모두 건강하시길 바랍니다.

B14셀 : 올해 행복동 주민들의 의견을 듣는 주민총회가 열립니다.
B15셀 : 의견은 수렴하여 시에 전달할 예정입니다.
B16셀 : 주민총회는 다음과 같이 예정되어 있어 알려드리오니,
B17셀 : 부디 총회에 참석하시어 많은 의견을 주셨으면 합니다.
B18셀 : 감사합니다.

02 [B10]셀을 클릭한 채로 드래그하여 [B18]셀
까지 블록 지정합니다.

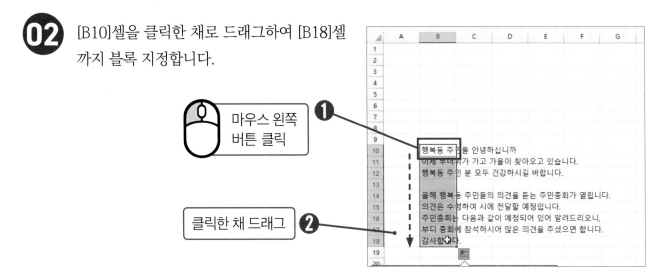

마우스 왼쪽
버튼 클릭

❶

클릭한 채 드래그 ❷

03 글꼴에서 [HY그래픽M]을 클릭합니다.

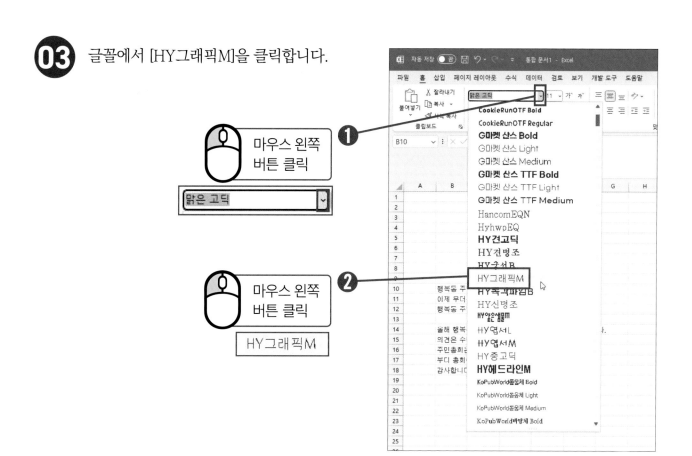

마우스 왼쪽 버튼 클릭

맑은 고딕

마우스 왼쪽 버튼 클릭

HY그래픽M

04 글자 크기에서 '16'을 클릭합니다.

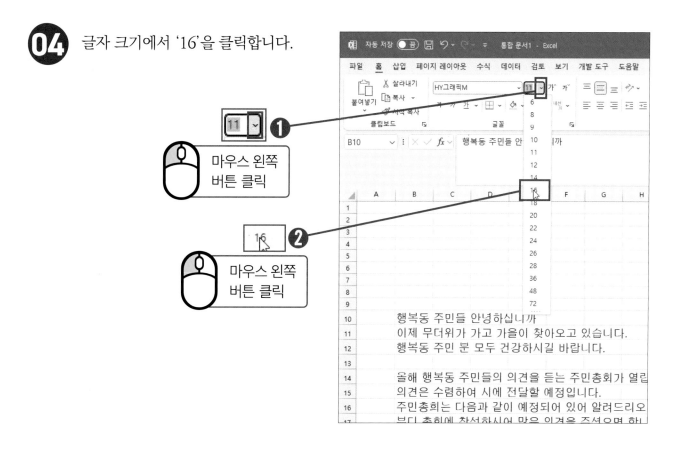

마우스 왼쪽 버튼 클릭

마우스 왼쪽 버튼 클릭

16

05 [페이지 레이아웃] 탭으로 이동합니다. [눈금선]에 체크된 [보기]를 클릭하여 해제합니다.

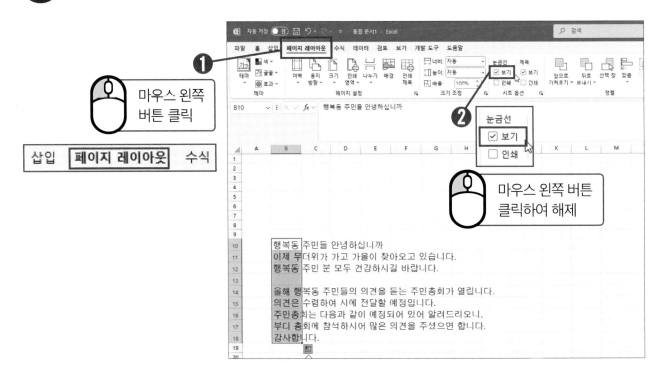

06 셀 구분선이 보이지 않습니다.

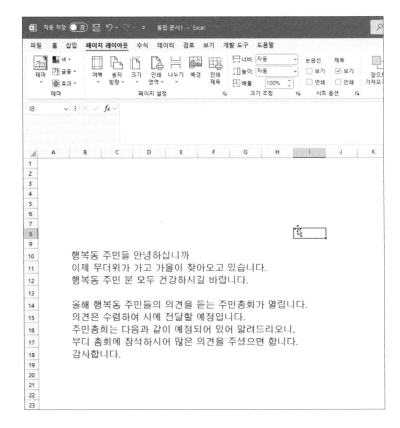

화면상으로만 보이지 않고 실제로
셀은 전부 구분되어 있습니다.

Section

02

프레임 그리기

안내장의 테두리 프레임을 그리겠습니다. 게시문은 보통 사각형
프레임이 많기 때문에 사각형 도형을 이용하겠습니다.

01 [삽입] 탭을 클릭하고 [도형]을 클릭합니다.

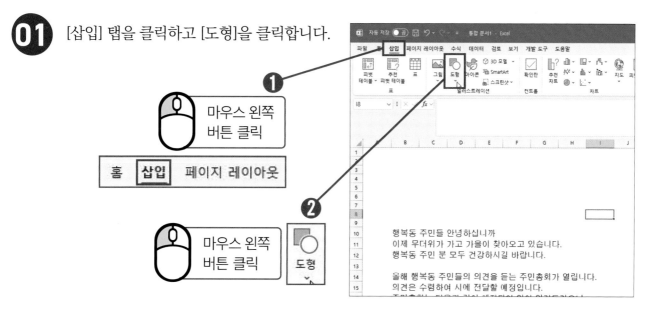

마우스 왼쪽
버튼 클릭

| 홈 | **삽입** | 페이지 레이아웃 |

마우스 왼쪽
버튼 클릭

도형

02 사각형 중 [직사각형]을 클릭합니다.

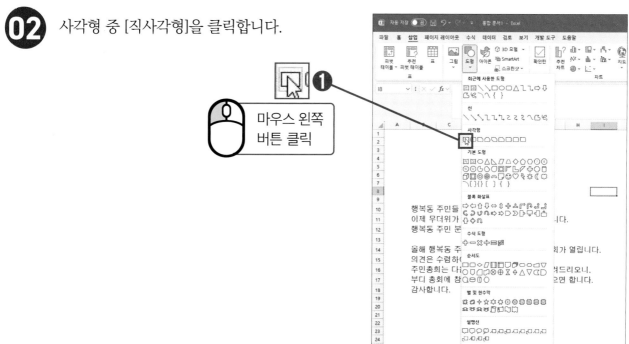

마우스 왼쪽
버튼 클릭

03 도형이나 사진을 삽입할 때 마우스 커서의 모양이 + 형태로 바뀝니다.

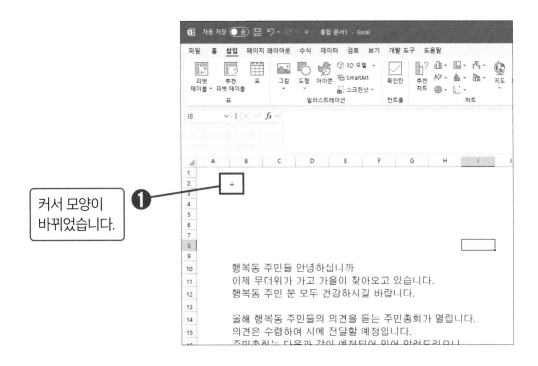

커서 모양이
바뀌었습니다. ❶

04 [확대/축소] 슬라이드 바를 왼쪽으로 옮겨 화면을 약간 축소합니다.

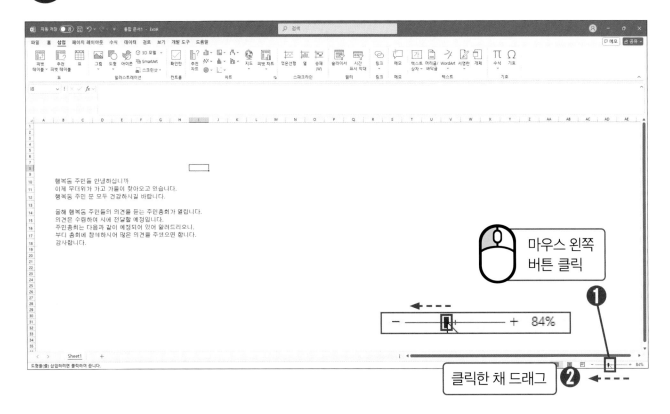

마우스 왼쪽
버튼 클릭 ❶

클릭한 채 드래그 ❷

05 왼쪽 모서리([A1]셀 부분)에서 클릭한 채로 아래로 드래그합니다. [J36]셀 정도까지 드래그
합니다. 마우스 버튼에서 손을 뗍니다.

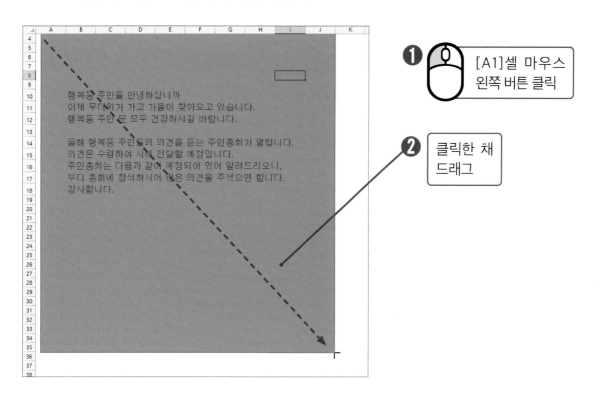

❶ [A1]셀 마우스
왼쪽 버튼 클릭

❷ 클릭한 채
드래그

06 손을 떼면 직사각형이 글씨 위에 생깁니다. [도형 채우기]를 클릭합니다.

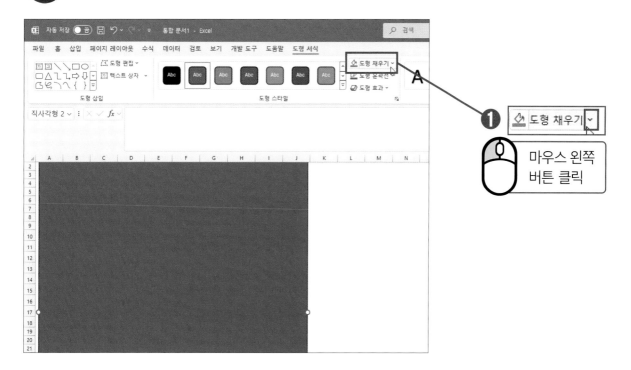

❶ 도형 채우기

마우스 왼쪽
버튼 클릭

[채우기 없음]을 클릭합니다. 색이 없어집니다.

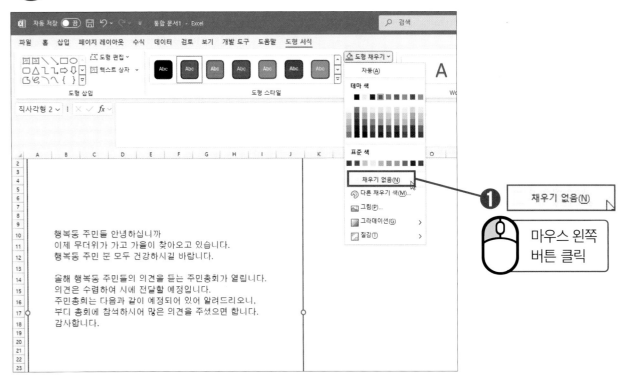

08 [도형 윤곽선]을 클릭하고 색에서 '녹색'을 클릭합니다.

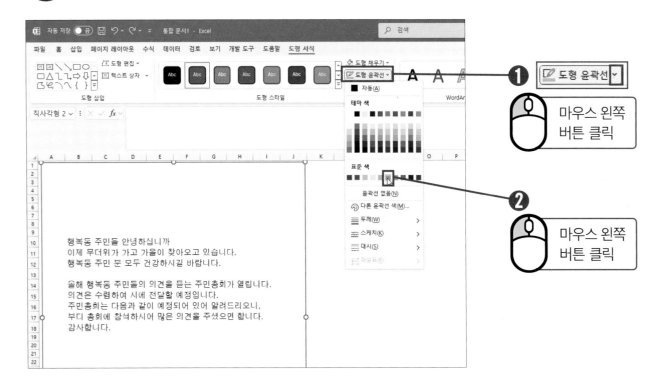

09 다시 [도형 윤곽선]을 클릭하고 [두께]에서 '3pt'를 클릭합니다.

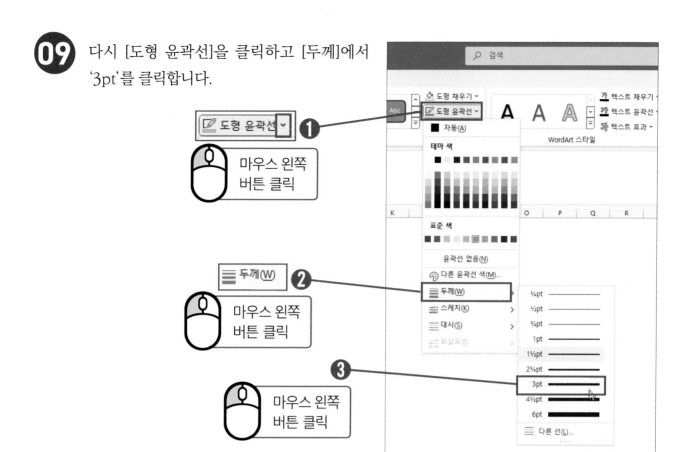

Section 03

워드아트로 제목 작성하기

워드아트라는 기능으로 제목에 디자인을 쉽게 입혀
작성해보겠습니다.

01 [삽입] 탭을 클릭한 후 [wordArt]를 클릭합니다. 원하는 스타일을 선택합니다.

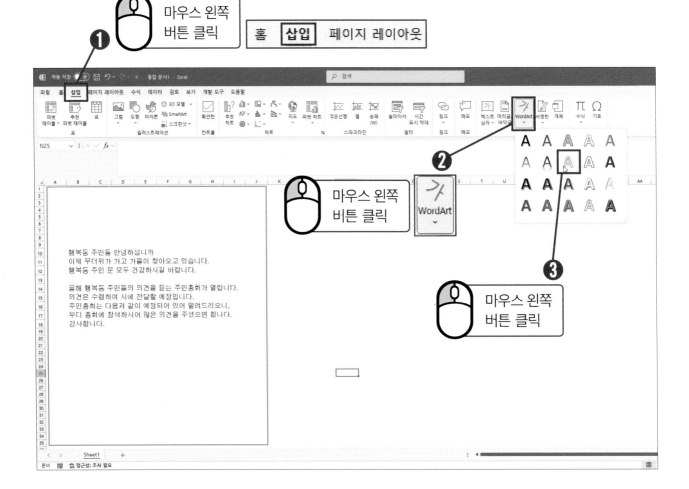

디자인된 텍스트 입력 상자가 나타납니다.

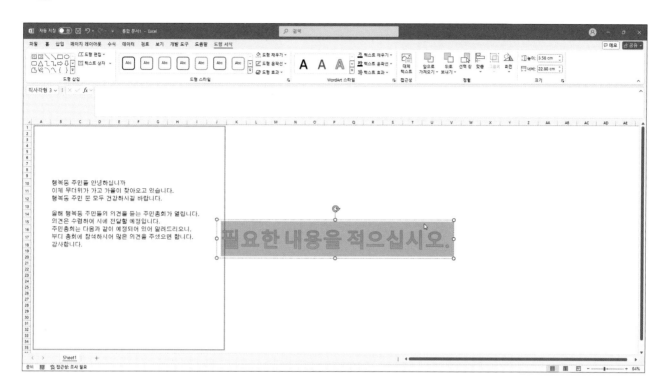

03 '2025년 주민총회'라고 입력한 후 2 앞에서 마우스로 클릭한 채 드래그하여 전체를 블록 설정합니다.

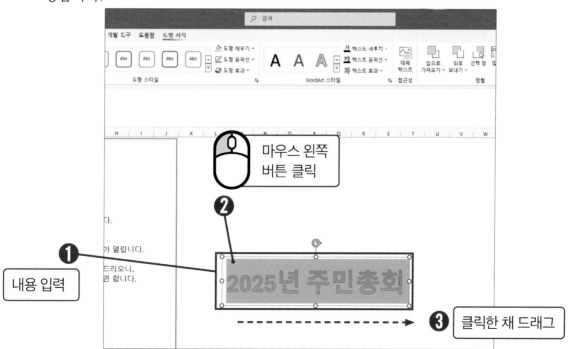

[홈] 탭을 클릭합니다. 글꼴을 [HY견명조]로 선택합니다.

마우스 왼쪽
버튼 클릭

파일 **홈** 삽입

마우스 왼쪽
버튼 클릭

마우스 왼쪽
버튼 클릭

HY견명조

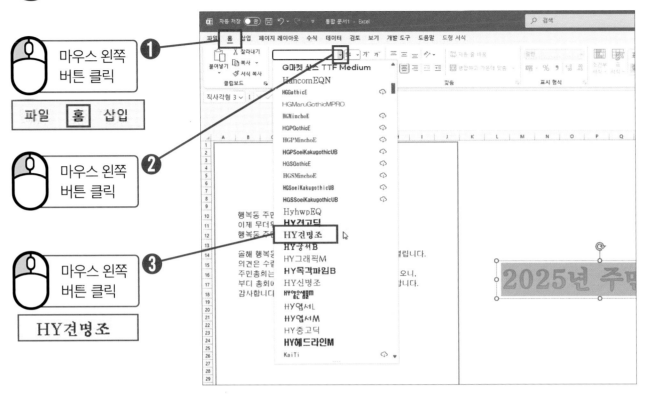

05 글꼴 크기를 '50'으로 입력하고 Enter 키를 눌러 크기를 조정합니다.

클릭하여 '50'
입력 후 Enter 키

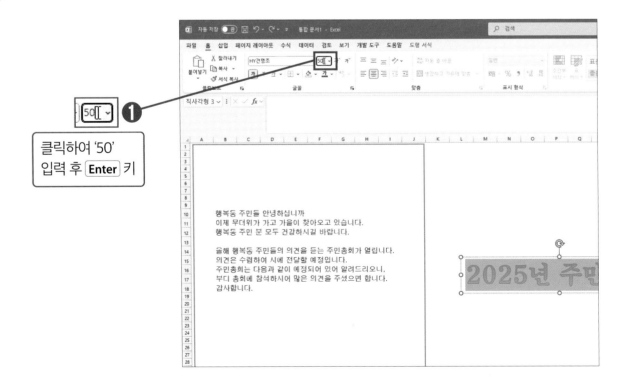

06 제목이 입력된 텍스트 상자 위에 마우스를 올리면 커서 모양이 로 바뀝니다. 마우스를 클릭한 채 본문의 위쪽으로 옮깁니다.

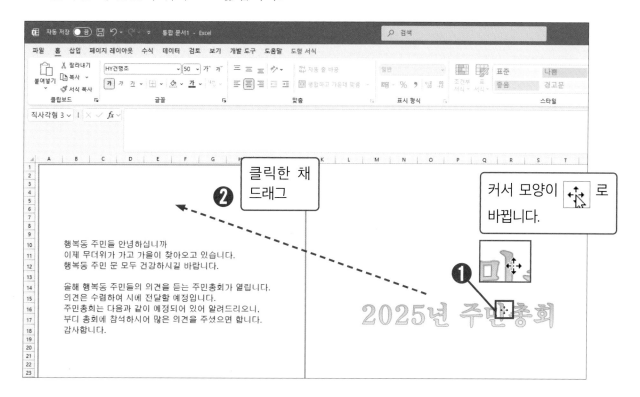

07 원하는 위치로 이동했으면 마우스 버튼에서 손을 뗍니다.

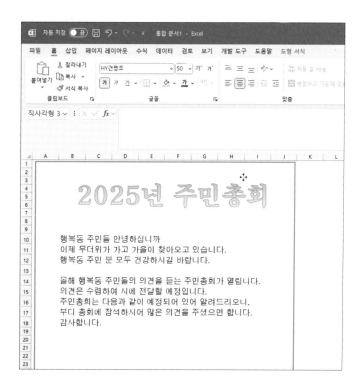

08 [도형 서식] 탭을 클릭합니다. [텍스트 효과]를 클릭합니다.

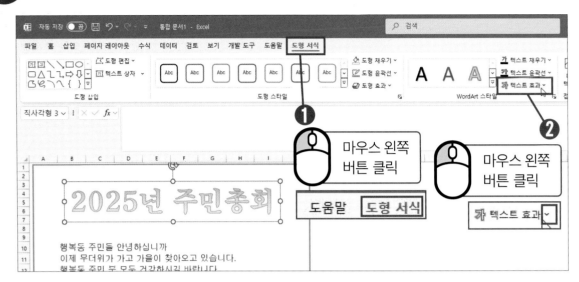

도형이나 그림을 삽입하게 되면 [도형 서식], [그림 서식]과 같은 특정한 탭이 나타나게 됩니다.

09 [네온] 위에 마우스를 올려놓으면 다양한 네온 스타일을 선택할 수 있는 창이 나타납니다. 원하는 스타일을 클릭합니다.

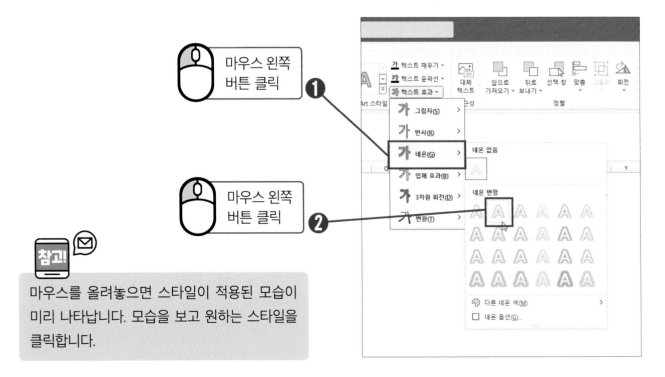

마우스를 올려놓으면 스타일이 적용된 모습이 미리 나타납니다. 모습을 보고 원하는 스타일을 클릭합니다.

10 [텍스트 효과]-[그림자]를 클릭합니다. 원하는 그림자 스타일을 클릭합니다.

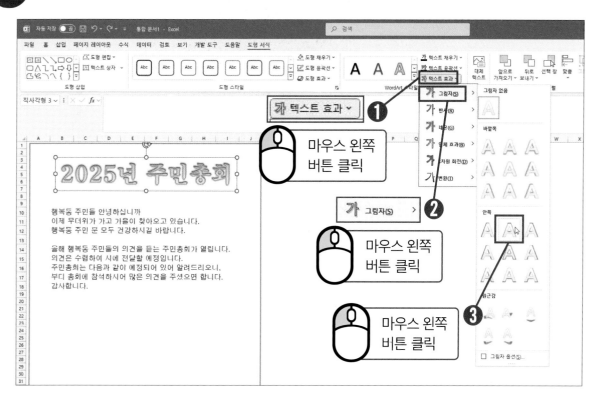

11 빈 곳을 마우스로 클릭해서 텍스트 상자 선택을 해제합니다.

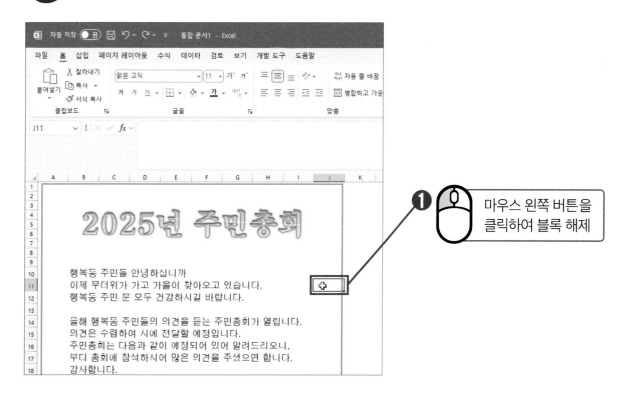

Section 04

텍스트 상자로
글자 입력하기

텍스트 상자를 이용해서 셀과 관계없이 원하는 위치에
다양한 크기와 모양의 글자를 입력할 수 있습니다.

01 [삽입] 탭을 클릭한 후 [텍스트 상자]를 클릭합니다. [가로 텍스트 상자 그리기]를 클릭합니다.

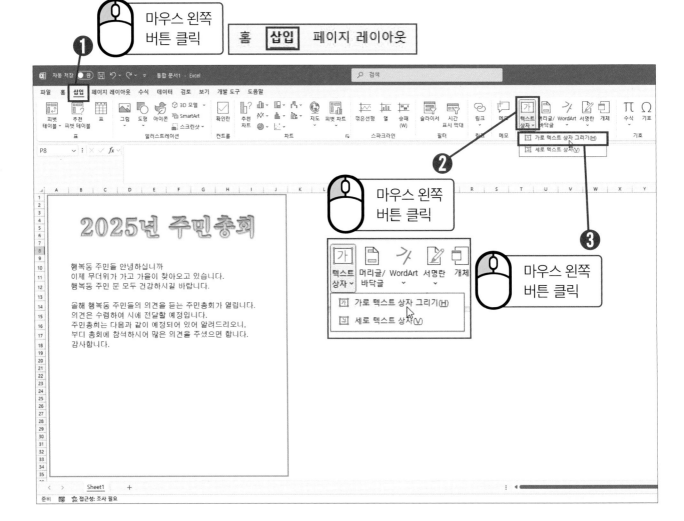

마우스 왼쪽
버튼 클릭

홈 **삽입** 페이지 레이아웃

마우스 왼쪽
버튼 클릭

마우스 왼쪽
버튼 클릭

02 텍스트 상자를 만들 부분에서 마우스로 클릭한 채 드래그해서 원하는 크기가 되면 마우스 버튼에서 손을 뗍니다.

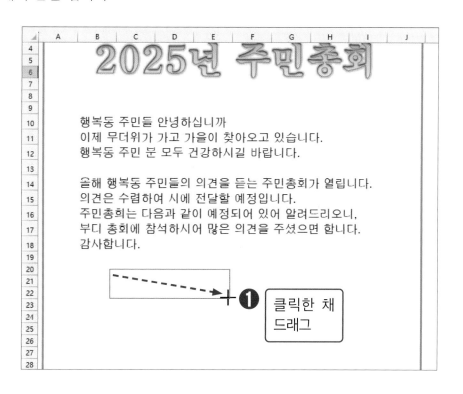

03 '행복동 주민센터'라고 입력합니다.

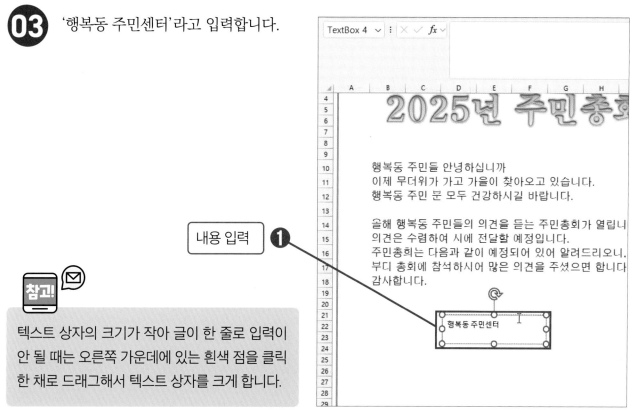

참고!

텍스트 상자의 크기가 작아 글이 한 줄로 입력이 안 될 때는 오른쪽 가운데에 있는 흰색 점을 클릭한 채로 드래그해서 텍스트 상자를 크게 합니다.

04 텍스트 상자 테두리를 한 번 클릭합니다.
이 상태에서 글꼴을 [HY궁서B]로 선택합
니다.

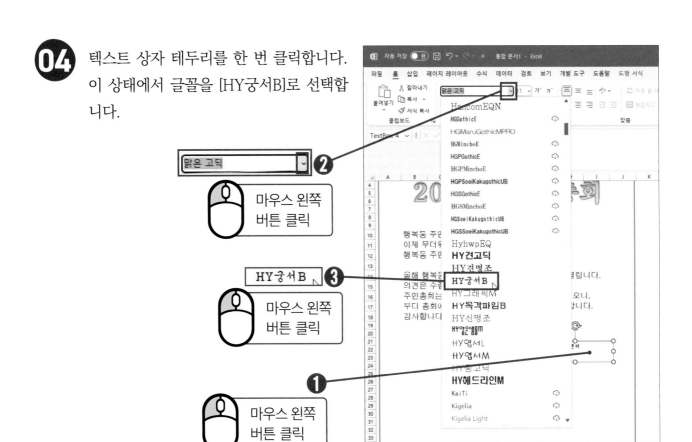

맑은 고딕 ❷

마우스 왼쪽
버튼 클릭

HY궁서B ❸

마우스 왼쪽
버튼 클릭

❶

마우스 왼쪽
버튼 클릭

05 글꼴 크기를 '14'로 클릭합니다.

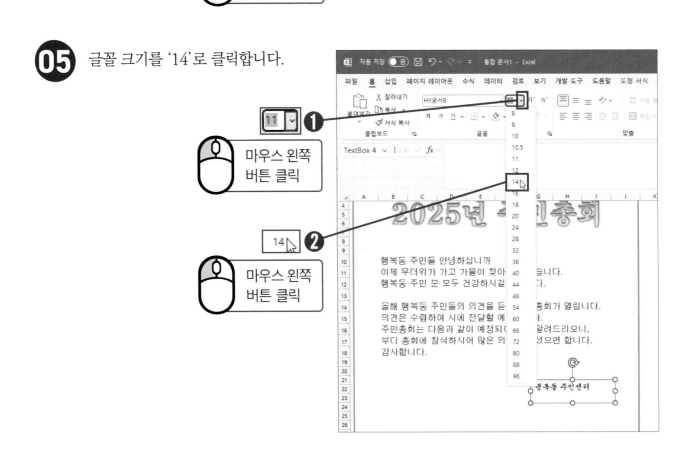

11 ❶

마우스 왼쪽
버튼 클릭

14 ❷

마우스 왼쪽
버튼 클릭

06 텍스트 상자의 외곽선에 마우스 커서를 가져다대면 로 바뀝니다. 클릭한 채로 드래그
하여 위치를 적당히 옮깁니다.

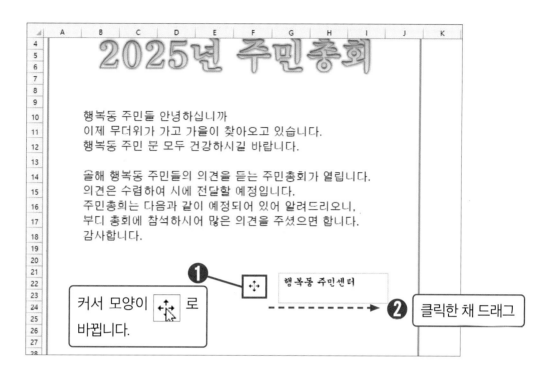

07 텍스트 상자 외곽에 표시된 흰색 점을 클릭한 채로 드래그하여 크기를 적당히 조절합니다.

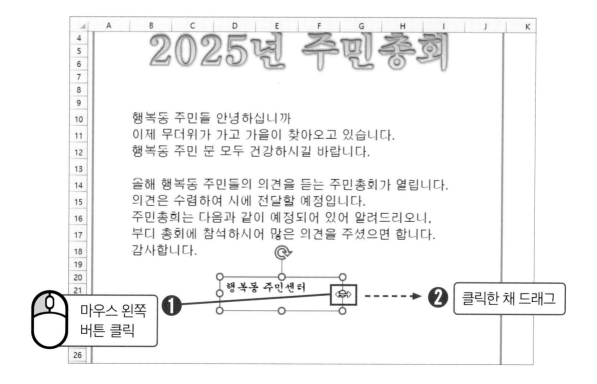

08 가로와 세로 [가운데 맞춤]을 둘 다 클릭합니다.

09 [도형 서식] 탭을 클릭합니다. [도형 윤곽선]을 클릭한 후 '검은색'을 클릭합니다.

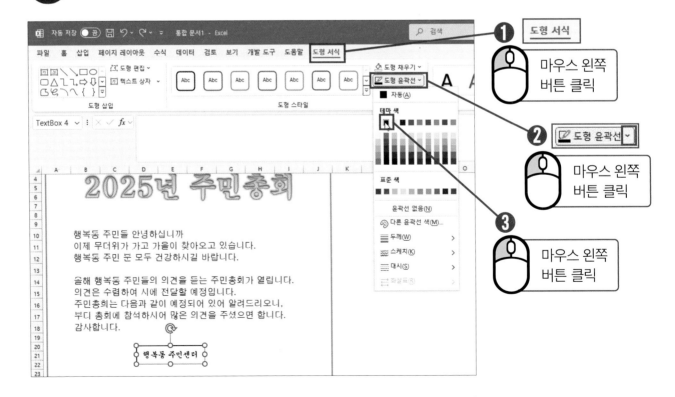

10 [10]행을 클릭한 채로 드래그하여 [18]행까지 블록 설정합니다.

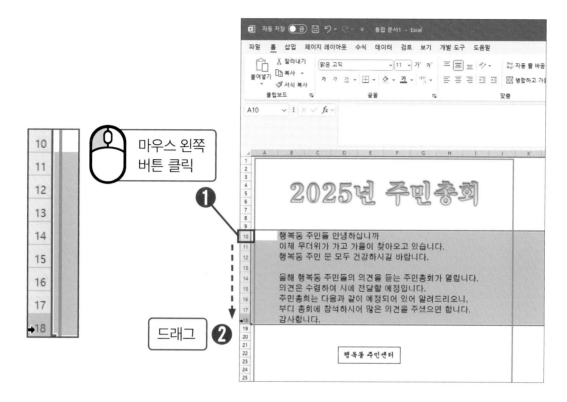

11 마우스 오른쪽 버튼을 클릭합니다. [행 높이]를 클릭합니다.

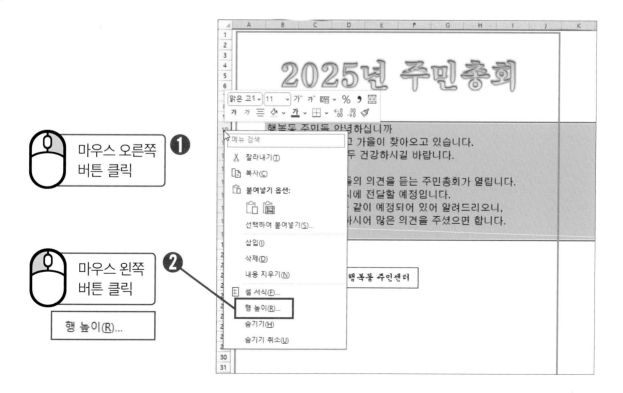

12 행 높이 창에서 '25'로 입력하고 [확인]을 클릭합니다.

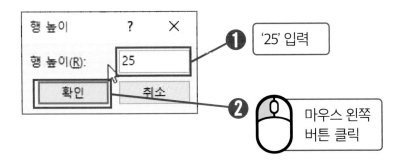

13 빈 곳을 클릭하여 블록 설정을 해제합니다.

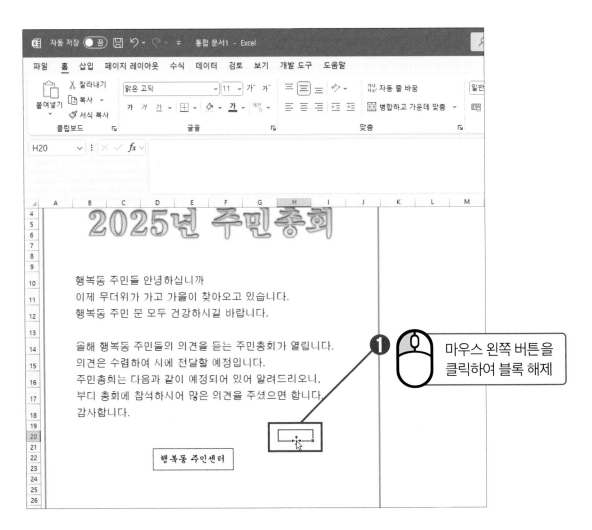

Section 05

다른 도형 삽입하고 글자 입력하기

다른 모양의 도형을 삽입하여 문서를 꾸민 다음, 도형 안에 글자를 입력하겠습니다.

01 [삽입] 탭을 클릭하고 [도형]을 클릭한 후 [별 : 꼭짓점 6개]를 클릭합니다.

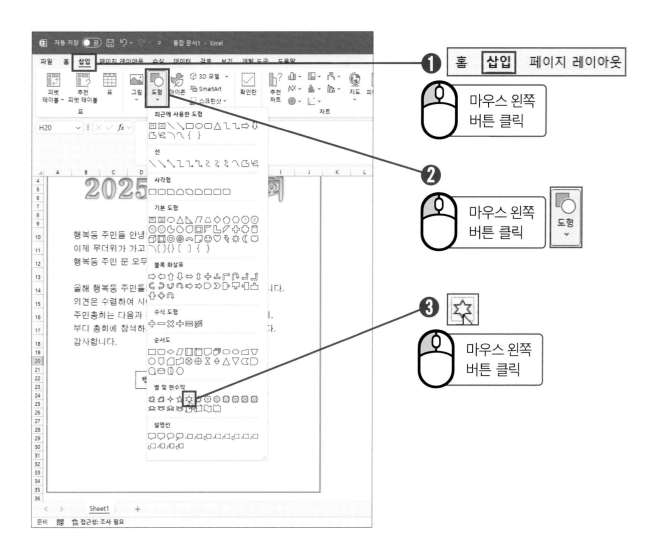

'행복동 주민센터' 텍스트 상자 왼쪽에 클릭한 채로 드래그합니다. 마우스에서 손을 떼어 도형을 삽입합니다.

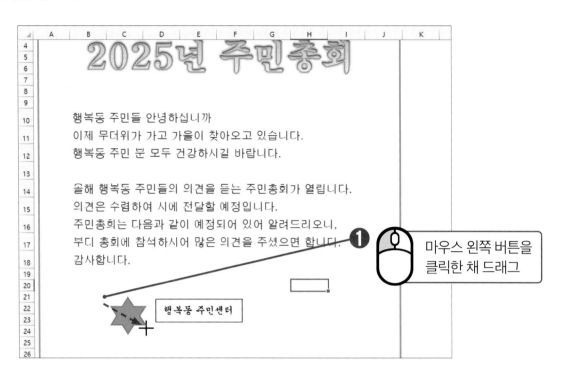

마우스 왼쪽 버튼을 클릭한 채 드래그

03 '장소'라고 입력합니다.

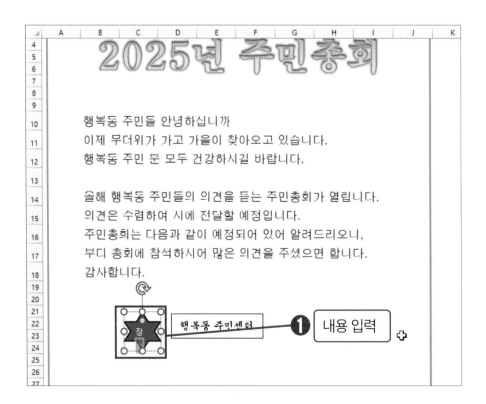

내용 입력

도형이 작아서 글자가 한 줄 안에 안 담긴다면 흰색 점을 클릭한 채로 드래그하여 크기를 늘립니다.

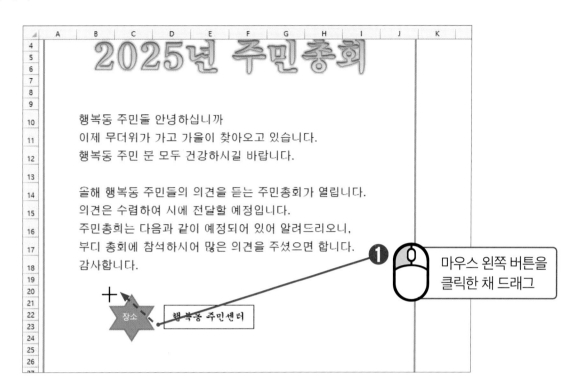

 도형을 클릭합니다 [Ctrl] 키를 누른 상태에서 옆의 텍스트 상자를 클릭합니다. 같이 선택됩니다.

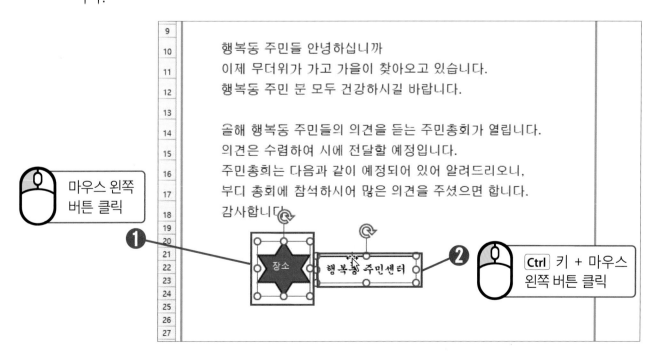

드래그하여 원하는 위치로 이동시킵니다.

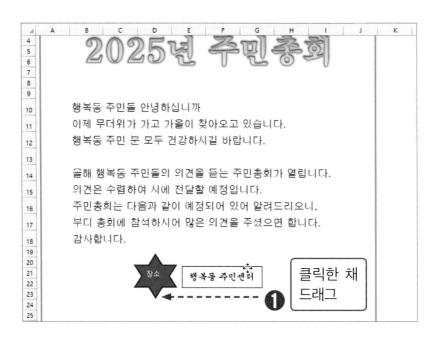

07 빈 곳을 클릭했다가 별 도형만 클릭합니다. [홈] 탭에서 글자 크기를 '14'로 클릭합니다.

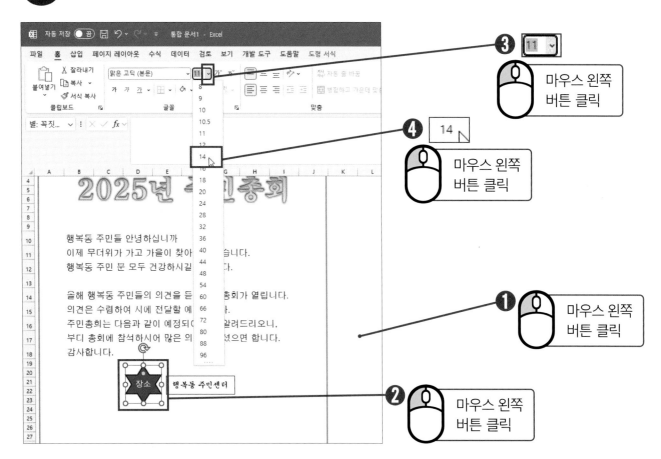

08 가 를 클릭하여 글자를 굵게 합니다.

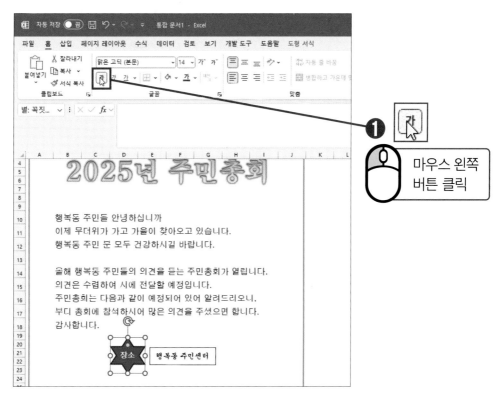

09 가로 세로로 [가운데 맞춤]을 클릭하여 글자를 가운데 정렬합니다.

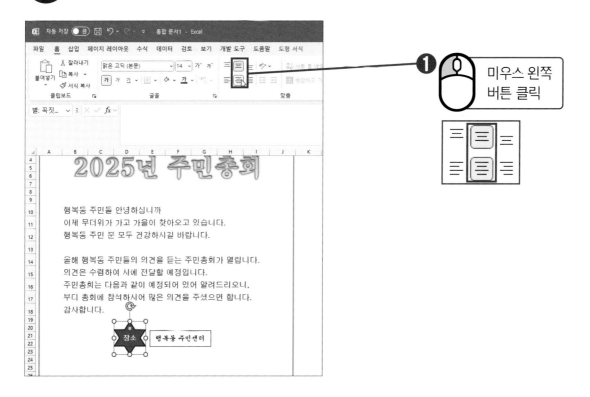

10 [도형 서식] 탭을 클릭합니다. [도형 스타일]의 ⊽ 를 클릭합니다. 원하는 스타일을 선택합니다.

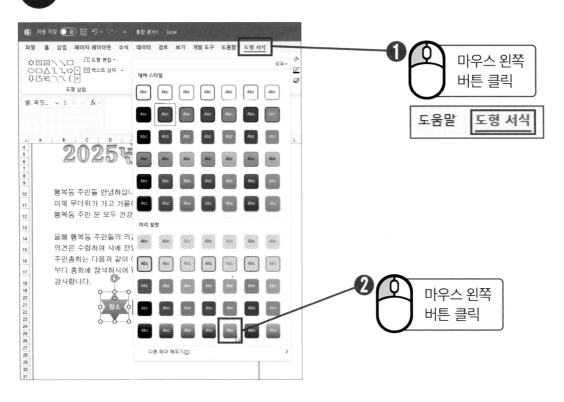

![팁!] **도형 편집**

도형에 스타일을 설정한 뒤에 도형의 모양을 바꾸고 싶다면 [도형 편집] 기능을 이용할 수 있습니다.

01 도형을 클릭한 다음 [도형 서식] 탭에서 [도형 편집]-
[도형 모양 변경]을 클릭합니다.

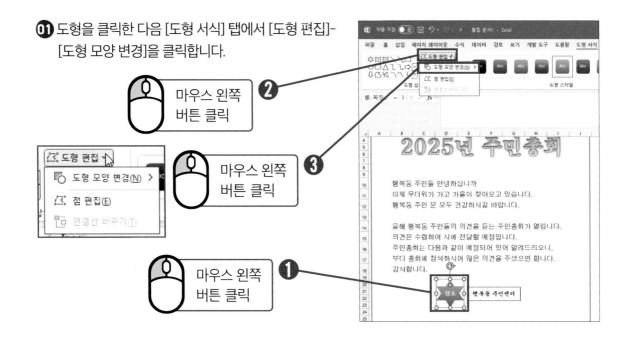

02 바꾸고 싶은 도형을 클릭합니다.

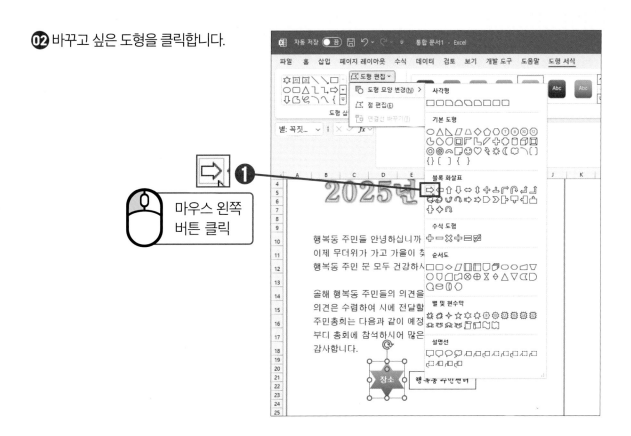

마우스 왼쪽
버튼 클릭

03 서식이 유지된 채 모양이 바뀌었습니다.

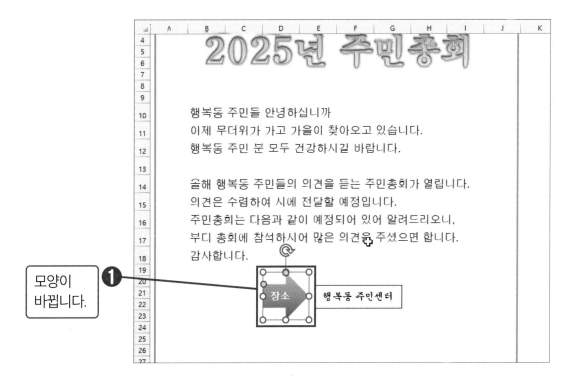

모양이
바뀝니다.

Section

06

도형 복사하기

도형과 텍스트 상자를 여러 번 사용하기 위해 복사와
붙여넣기 기능을 이용하겠습니다.

01 별 도형을 클릭한 후 Ctrl 키를 누른 채로 '행복동 주민센터'가 입력된 텍스트 상자를 클릭합니다. 두 도형이 동시에 선택됩니다.

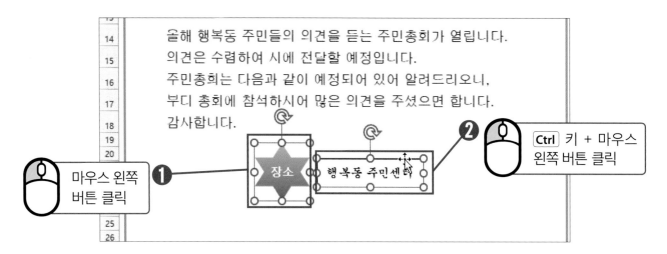

02 마우스 오른쪽 버튼을 클릭합니다.
[복사]를 클릭합니다.

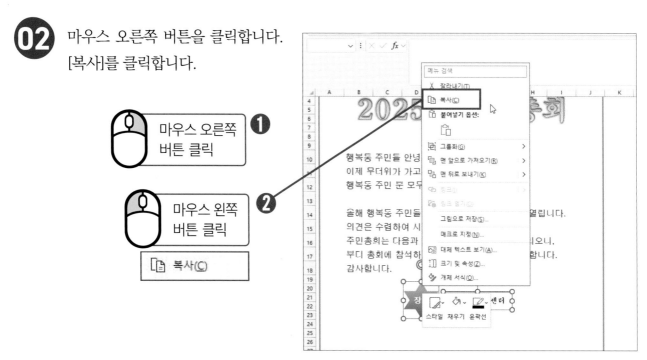

03 도형을 붙여넣을 곳에서 마우스 오른쪽 버튼을 클릭하고 [붙여넣기 옵션] 중 [원본 서식 유지] 를 클릭합니다.

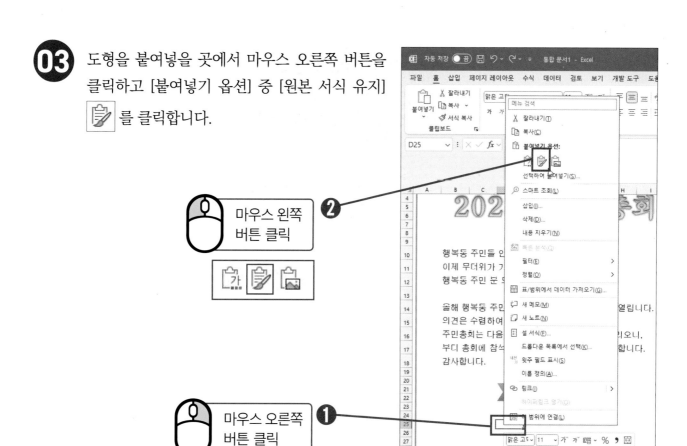

마우스 왼쪽
버튼 클릭 ❷

마우스 오른쪽
버튼 클릭 ❶

04 복사가 되었습니다. 별과 텍스트 상자가 선택된 상태에서 다시 마우스 오른쪽 버튼을 클릭하고 [복사]를 클릭합니다.

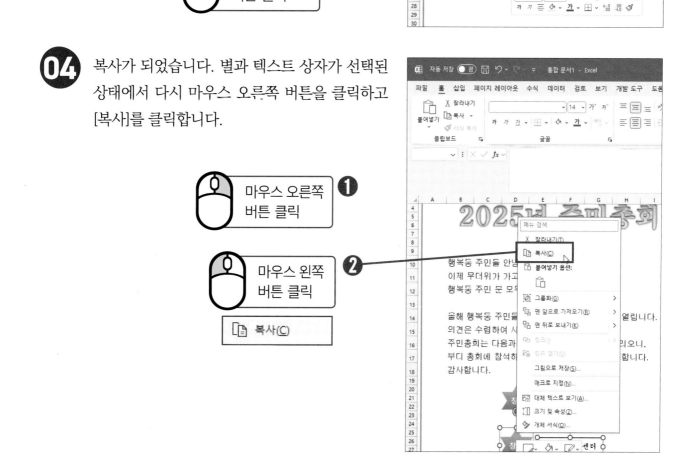

마우스 오른쪽
버튼 클릭 ❶

마우스 왼쪽
버튼 클릭 ❷

🖺 복사(C)

05 그 아래에서 마우스 오른쪽 버튼을 클릭하고 [붙여넣기 옵션] 중에 [원본 서식 유지] 📋 를 클릭합니다.

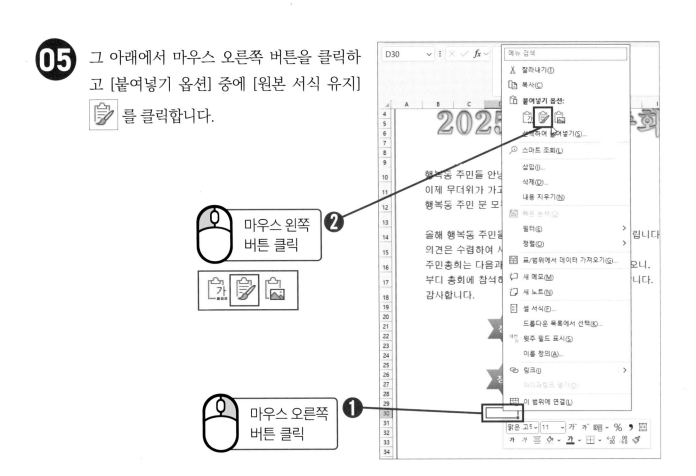

마우스 왼쪽 버튼 클릭 ❷

마우스 오른쪽 버튼 클릭 ❶

06 복사한 도형들을 하나씩 클릭하여 위치를 조정합니다.

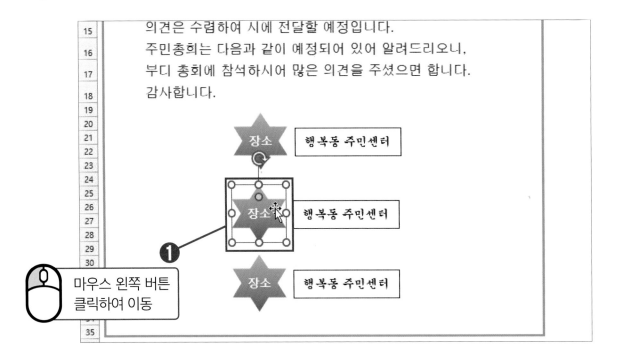

마우스 왼쪽 버튼 클릭하여 이동 ❶

07 복사한 도형들의 글자를 변경하겠습니다. 두 번째 별 도형의 '장' 앞에서 클릭한 후 '소'를 드래그하여 블록 설정합니다.

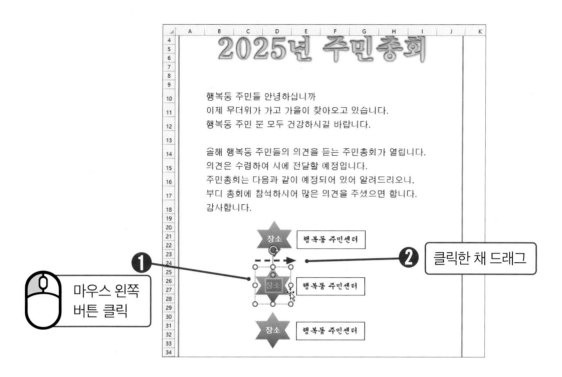

08 '날짜'라고 입력합니다. 입력한 후 빈 곳을 클릭합니다.

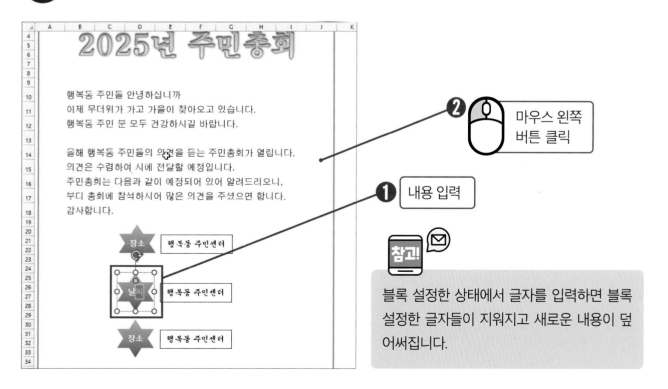

블록 설정한 상태에서 글자를 입력하면 블록 설정한 글자들이 지워지고 새로운 내용이 덮어써집니다.

09 세 번째 별 도형 역시 같은 방법으로 '시간'이라고 입력합니다.

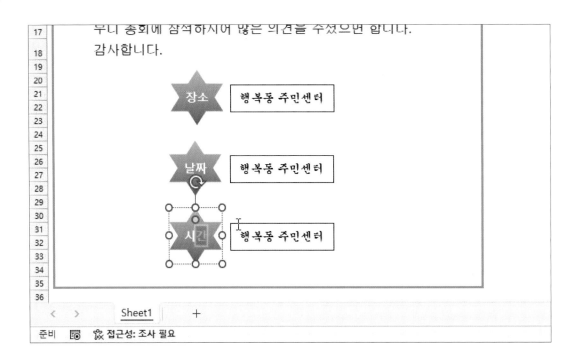

10 두 번째 텍스트 상자의 '행' 앞을 클릭한 채로 드래그하여 '행복동 주민센터'를 블록 설정합니다.

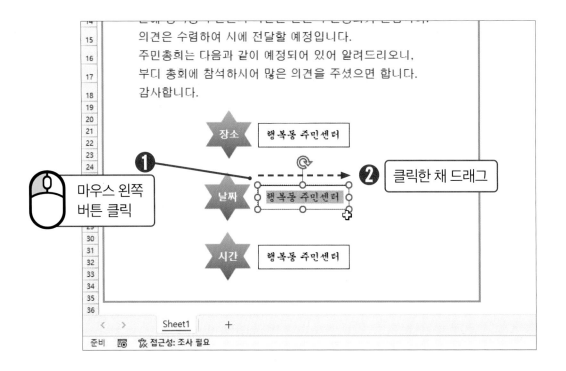

11 날짜를 입력합니다. 빈 곳을 클릭합니다.

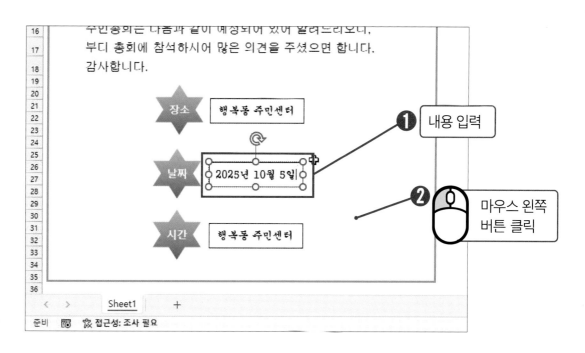

12 같은 방법으로 마지막 텍스트 상자에는 시간을 입력합니다.

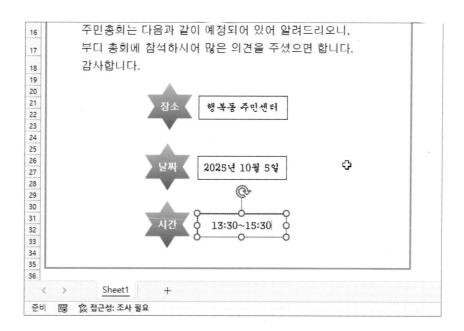

Section 07

그림 배경으로 삽입하기

엑셀 문서에 그림을 삽입하고 투명도를 조절해보겠습니다.

01 [삽입] 탭을 클릭하고 [그림]을 클릭합니다.

마우스 왼쪽 버튼 클릭 **❶**

홈 **삽입** 페이지 레이아웃

마우스 왼쪽 버튼 클릭 **❷**

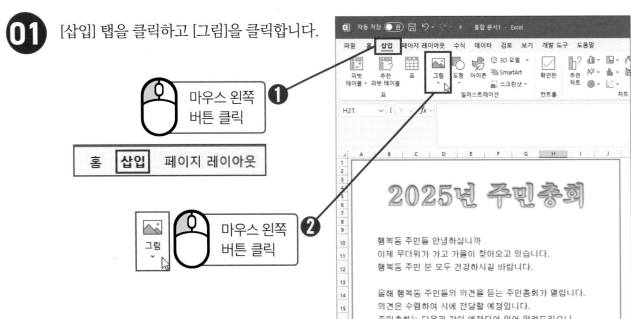

02 [셀 위에 배치]-[이 디바이스]를 클릭합니다.

마우스 왼쪽 버튼 클릭 **❶**

마우스 왼쪽 버튼 클릭 **❷**

참고!

[셀에 배치]는 셀 안에 그림을 넣는 기능입니다.
버전에 따라 이 기능이 없을 수도 있습니다.

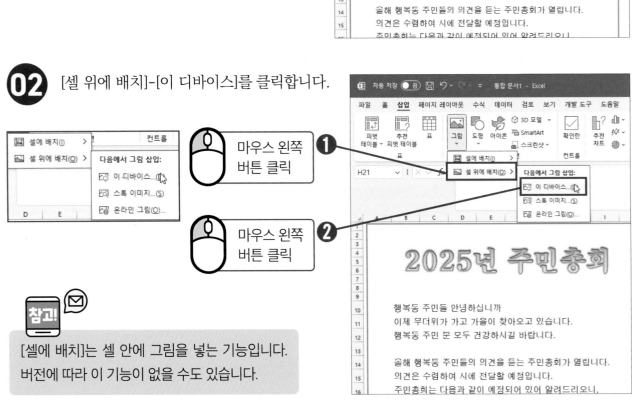

03 '가을.jpg' 파일을 찾아 클릭합니다. [삽입]을 클릭합니다.

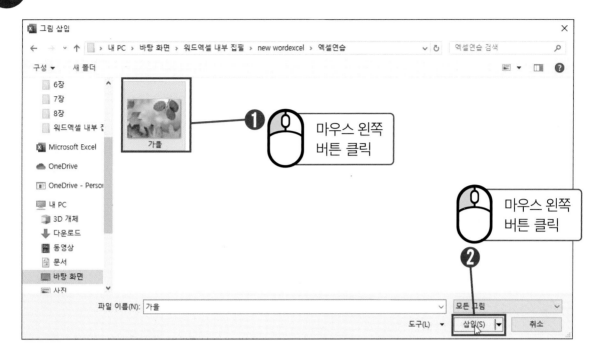

 참고!

예제 파일은 혜지원 홈페이지에서 다운로드받을 수 있습니다.

04 그림이 삽입되면 클릭한 채로 게시글 테두리 부분으로 이동합니다.

05 그림 모서리로 커서를 가져가서 커서의 모양이  로 변하면 클릭한 채로 움직여서 테두리 안에 꽉 차게 조절합니다.

① 마우스 왼쪽
버튼 클릭

② 클릭한 채
드래그

참고!

투명도를 조절하여 그림을 투명하게
할 것입니다.

06 [그림 서식] 탭을 클릭합니다. [투명도]를 클릭합니다.

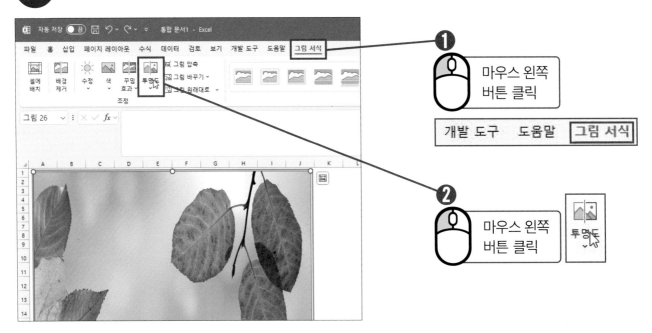

① 마우스 왼쪽
버튼 클릭

개발 도구   도움말   그림 서식

② 마우스 왼쪽
버튼 클릭

투명도

07 [투명도 : 80%]를 클릭합니다. 그림이 투명해지며 가려진 내용들이 보입니다.

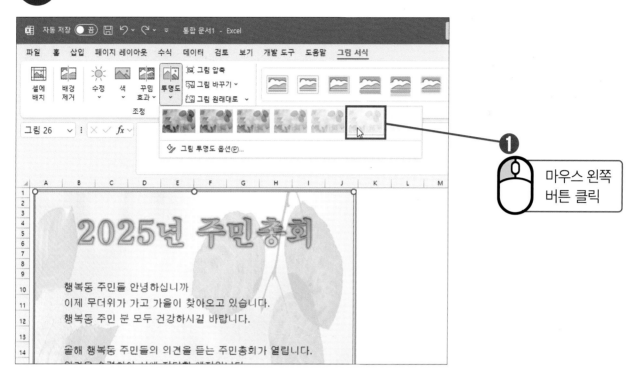

📢 **팁! 그림 조정**

투명도 외에도 수정, 색, 꾸밈 효과 등을 변경하여 그림의 색
등을 바꿀 수 있습니다.

수정 : 선명도 및 밝기를 조정할 수 있습니다.

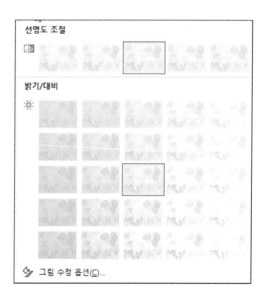

색 : 채도와 색조, 다시 칠하기 기능을 제공합니다.

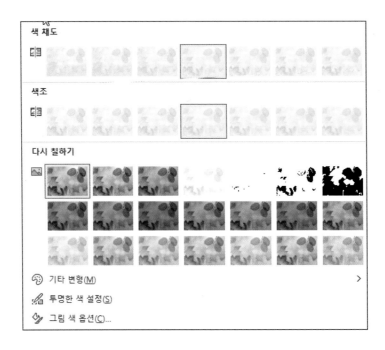

꾸밈 효과 : 다양한 꾸밈 효과를 제공합니다.

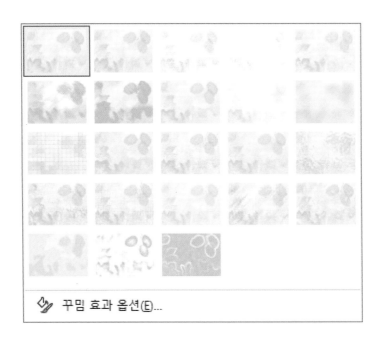

그림 원래대로 : 해당 그림에 대해 변경한 서식을 모두 취소합니다.

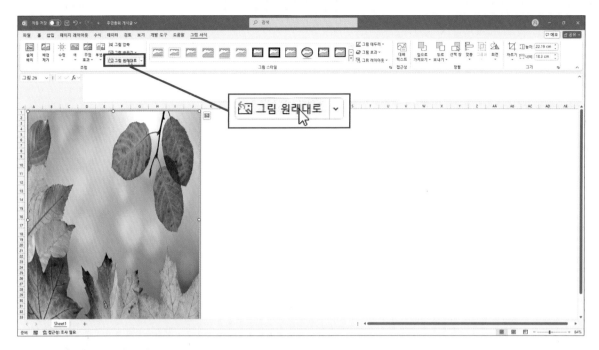

[그림 원래대로를 적용한 모습]

Section 08

파일 저장하기

지금까지 작업한 파일을 '주민총회 게시판'이라는 파일
이름으로 저장하겠습니다.

---

01 [저장] 🖫 을 클릭합니다.

🖫 **①**

> 마우스 왼쪽
> 버튼 클릭

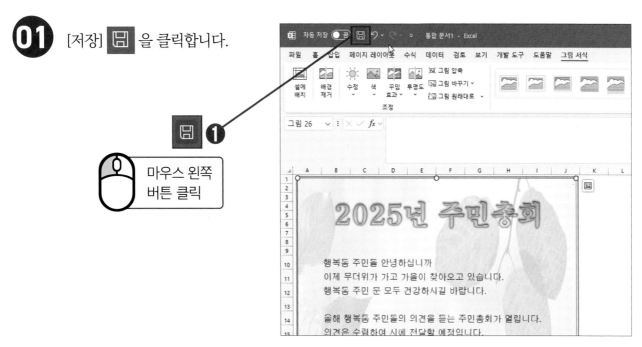

---

02 [옵션 더 보기]를 클릭합니다.

> 마우스 왼쪽
> 버튼 클릭

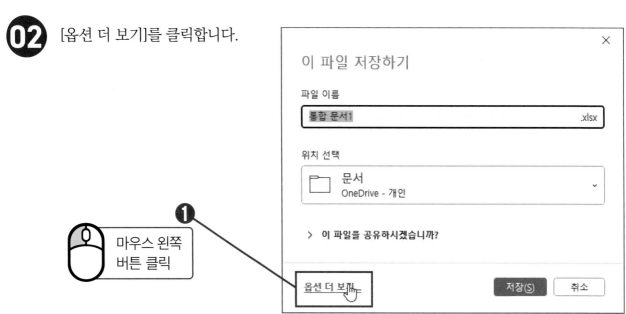

---

03 다른 이름으로 저장 창이 나타나면 [찾아보기]를 클릭합니다.

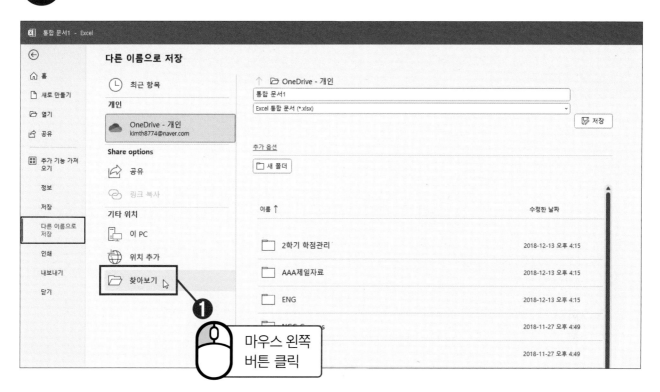

04 [문서]-[엑셀 문서]를 더블클릭합니다.

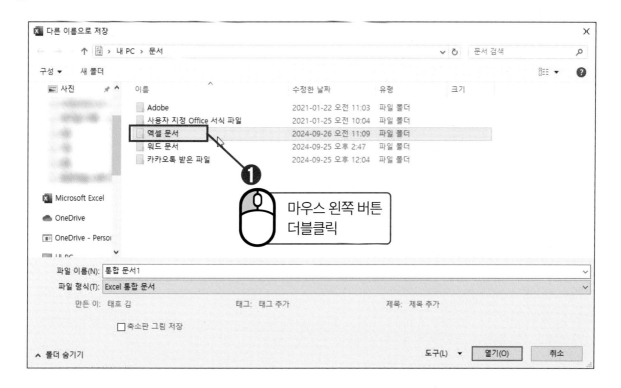

'주민총회 게시글'이라고 파일 이름을 입력하고 [저장]을 클릭합니다.

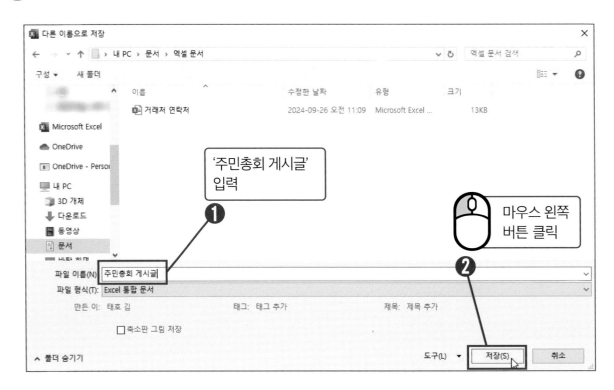

제 09장

월별 수입지출 보고서 만들기

엑셀에서 제공하는 수식을 이용하여 수입지출 보고서를 만들고
차트를 만들어보겠습니다. 엑셀에 입력한 데이터는 차트로
시각화하여 보여줄 수 있습니다.

Section 01

데이터 입력하고
행 높이 조절하기

월별 수입지출 보고서의 기본 항목을 입력하고 행 높이를 조절하여
시각적으로 보기 좋게 하겠습니다.

01 각 셀에 내용을 입력합니다.

각각 내용 입력 **①**

[C3]셀 : 월별 수입지출 요약
[C5]셀 : 월
[D5]셀 : 수입
[E5]셀 : 지출
[F5]셀 : 순이익

02 [C3]셀을 클릭한 채로 [F3]셀까지 블록으로 지정한 후 [병합하고 가운데 맞춤]을 클릭합니다.

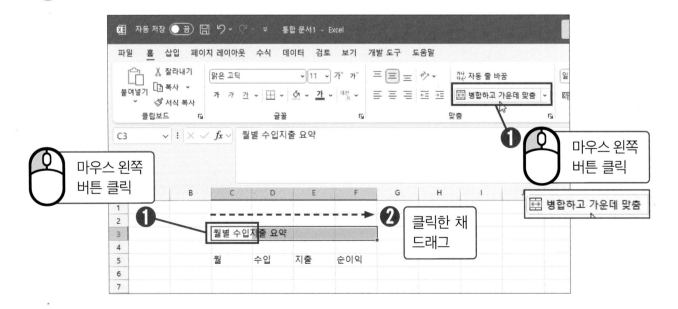

마우스 왼쪽
버튼 클릭

마우스 왼쪽
버튼 클릭

클릭한 채
드래그

03 [3]행과 [4]행 사이의 경계선으로 커서를 가져가서 커서 모양이 로 바뀌면 클릭한 채 내려서 행 높이를 높입니다.

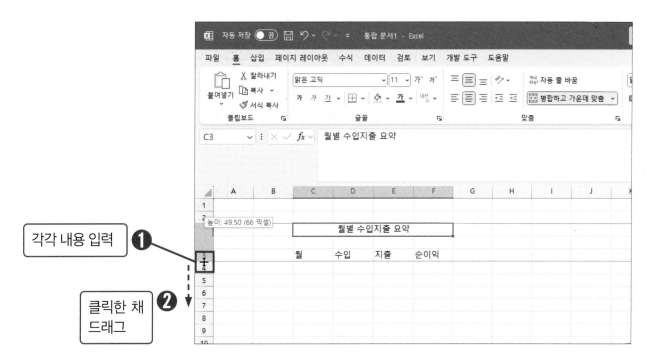

각각 내용 입력 **①**

클릭한 채 드래그 **②**

04 [C3]셀을 클릭하고 글자 크기를 '22'로, 글꼴을 [HY견고딕]으로 바꿉니다.

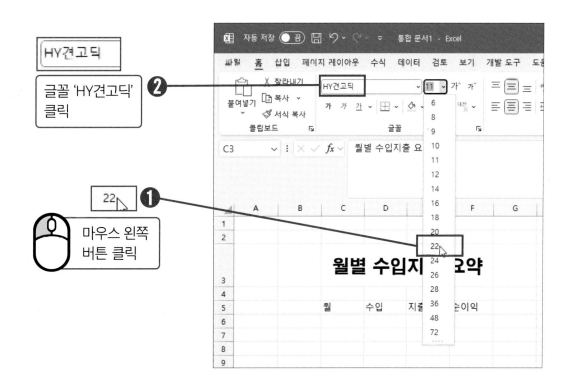

HY견고딕

글꼴 'HY견고딕' 클릭 **②**

22 **①**

마우스 왼쪽 버튼 클릭

[5]행을 마우스로 클릭한 채 밑으로 드래그하여 [18]행까지 블록으로 지정되면 마우스 버튼에서 손을 뗍니다.

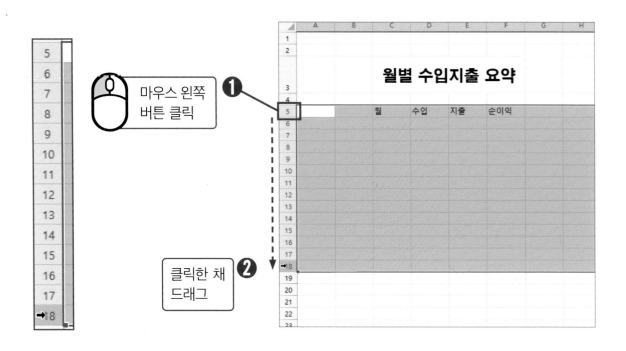

마우스 왼쪽
버튼 클릭 ❶

클릭한 채
드래그 ❷

월별 수입지출 요약

| 월 | 수입 | 지출 | 순이익 |

06 마우스 오른쪽 버튼을 클릭하고 [행 높이]를 클릭합니다.

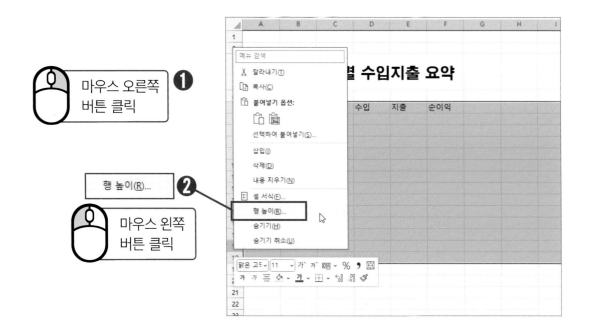

마우스 오른쪽
버튼 클릭 ❶

행 높이(R)...

❷

마우스 왼쪽
버튼 클릭

별 수입지출 요약

수입 지출 순이익

메뉴 검색

✕ 잘라내기(T)
📋 복사(C)
📋 붙여넣기 옵션:

선택하여 붙여넣기(S)...

삽입(I)
삭제(D)
내용 지우기(N)

셀 서식(F)...
행 높이(R)...
숨기기(H)
숨기기 취소(U)

07 [행 높이]를 '25'로 입력하고 [확인]을 클릭합니다.

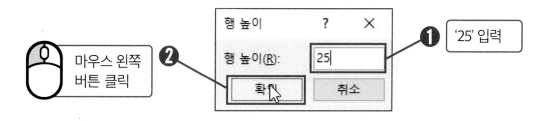

08 '월'이 입력된 셀을 클릭한 채로 '순이익'이 입력된 셀까지 블록으로 지정한 후 글자 크기를 '14'로 선택합니다.

09 [채우기 색] 을 클릭한 뒤 원하는 색을 클릭합니다.

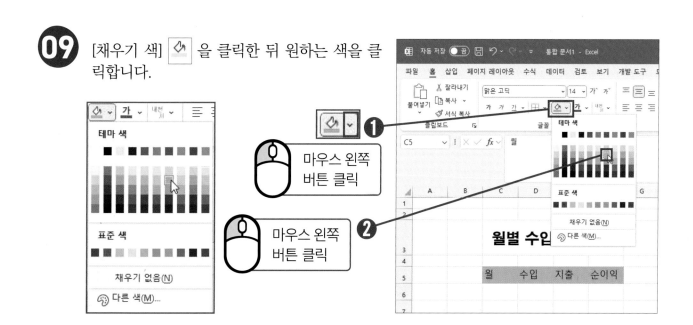

Section 02

셀 너비 조정하기

셀의 너비를 조절하고 셀에 테두리를 입히겠습니다.

01 [C]열과 [D]열 사이에 마우스를 가져다대면 커서 모양이 ┿ 로 바뀝니다. 그 상태에서 클릭한 채로 오른쪽으로 이동한 후 마우스 버튼에서 손을 뗍니다.

커서 모양이 ┿ 로 바뀝니다. ❶

클릭한 채 드래그 ❷

너비: 11.13 (94 픽셀)

월별 수입지출 요약

| 월 | 수입 | 지출 | 순이익 |

02 '수입'이 입력된 셀을 더 넓게 만들겠습니다. [D]열과 [E]열 사이를 마우스로 가져다대서 커서 모양이 ┿ 로 바뀌면 클릭한 채로 오른쪽으로 이동한 후 마우스 버튼에서 손을 뗍니다.

커서 모양이 ┿ 로 바뀝니다. ❶

클릭한 채 드래그 ❷

너비: 17.25 (143 픽셀)

월별 수입지출 요약

| 월 | 수입 | 지출 | 순이익 |

03 같은 방법으로 [E]열과 [F]열도 간격을 넓힙니다.

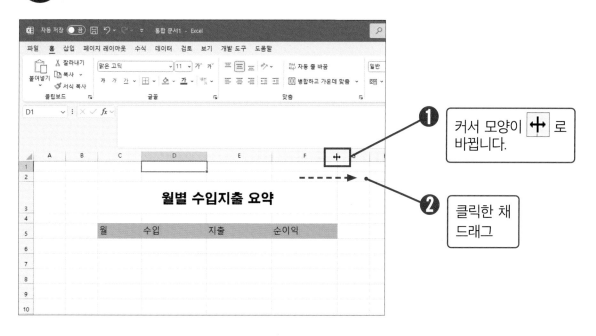

① 커서 모양이 ✛ 로 바뀝니다.

② 클릭한 채 드래그

04 [C5]셀을 클릭한 채로 드래그하여 [F5]셀까지 블록으로 지정한 후 [가운데 맞춤]을 클릭합니다.

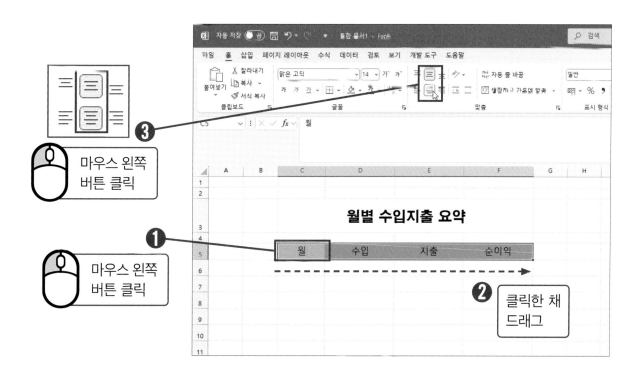

마우스 왼쪽 버튼 클릭

마우스 왼쪽 버튼 클릭

② 클릭한 채 드래그

05 [C18]셀을 클릭한 후 '합계'라고 입력하고 [C18]셀을 클릭한 후 [F18]셀까지 드래그하여 블록으로 지정합니다.

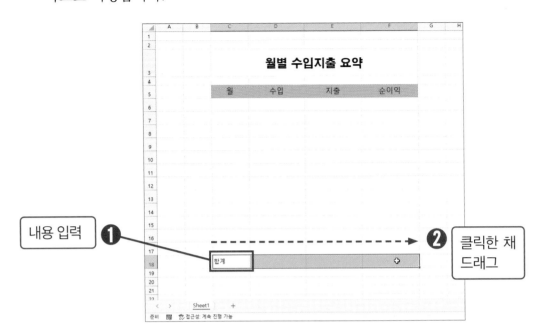

내용 입력 ❶

❷ 클릭한 채 드래그

06 가 를 클릭하여 진하게 하고 [글자 색] 가 에서 빨간색을 선택합니다.

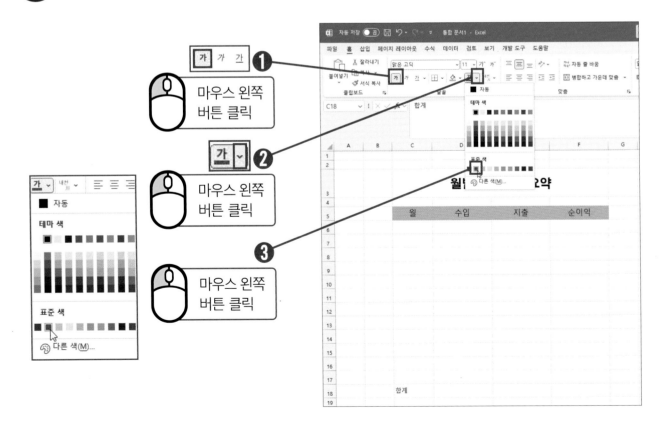

마우스 왼쪽 버튼 클릭

❶

마우스 왼쪽 버튼 클릭

❷

마우스 왼쪽 버튼 클릭

❸

07 [C5]셀을 마우스로 클릭한 채로 [F18]셀
까지 드래그하여 블록 설정합니다.

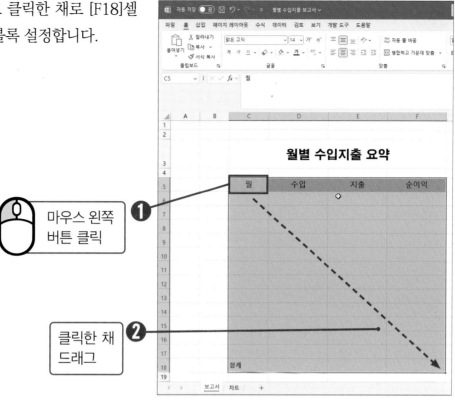

마우스 왼쪽
버튼 클릭 **❶**

클릭한 채
드래그 **❷**

08 [테두리]를 클릭하여 [모든 테두리]를 클릭
합니다.

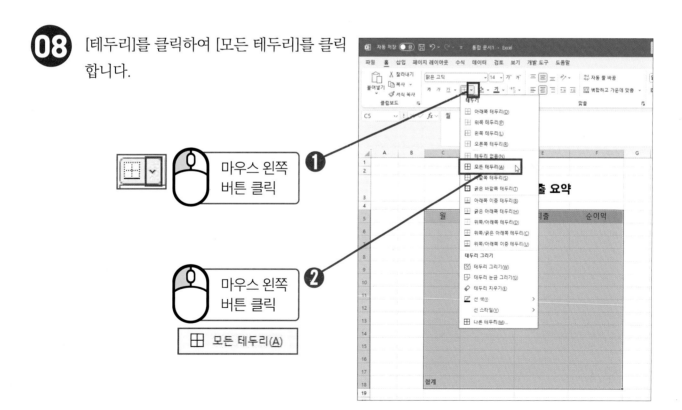

마우스 왼쪽
버튼 클릭 **❶**

마우스 왼쪽
버튼 클릭 **❷**

⊞ 모든 테두리(A)

09 [C3]셀을 클릭합니다. [테두리]를 클릭하여 [굵은 바깥쪽 테두리]를 클릭합니다.

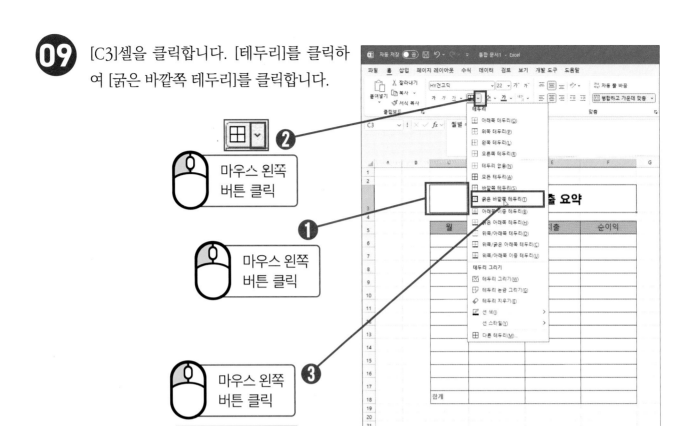

마우스 왼쪽
버튼 클릭

마우스 왼쪽
버튼 클릭

마우스 왼쪽
버튼 클릭

⊞ 굵은 바깥쪽 테두리(T)

Section 03

값 입력하기

값과 날짜를 입력하겠습니다. 반복적인 날짜는 자동 채우기 기능을 이용하여 입력합니다.

01 수입과 지출란에 임의의 숫자를 입력합니다.

값 입력 **①**

참고! 최소 10만 이상의 금액을 입력합니다.

	월별 수입지출 요약		
월	수입	지출	순이익
	5342000	2410200	
	5087000	2039400	
	4395000	2548000	
	4430000	1542000	
	5065000	1850400	
	5660000	2301900	
	5870000	2220400	
	5132000	2313000	
	4964000	1985000	
	4950000	1759000	
	5154000	1760850	
	5894000	2520000	
합계			

02 [D6]셀을 클릭한 채로 드래그하여 [E18]셀까지 블록 설정합니다. [쉼표 스타일] ❾ 을 클릭합니다.

, 마우스 왼쪽 버튼 클릭 **③**

마우스 왼쪽 버튼 클릭 **①**

클릭한 채 드래그 **②**

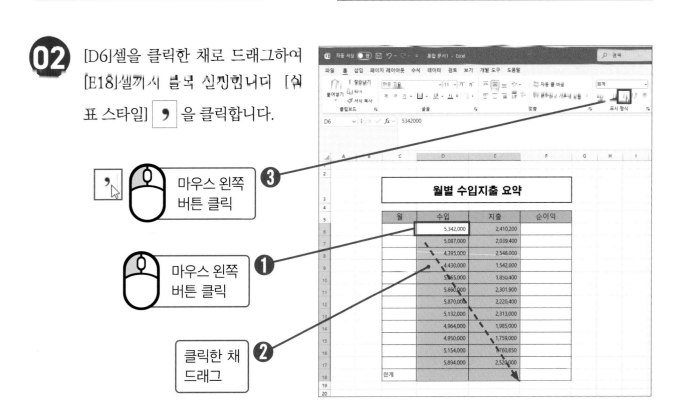

03 [C6]셀을 클릭하고 '1월'이라고 입력합니다.

'1월' 입력 **①**

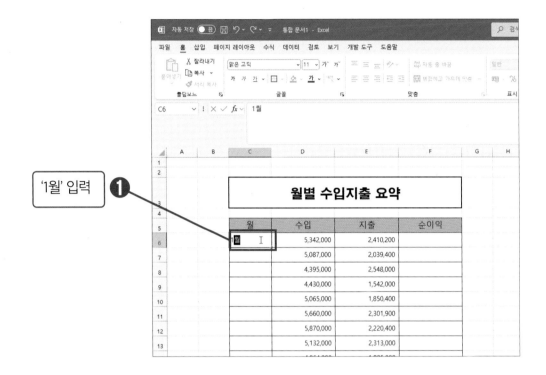

04 셀의 오른쪽 아래 모서리에 마우스를 올리면 마우스 커서 모양이 +로 바뀝니다.

커서 모양이 +로
바뀝니다.

①

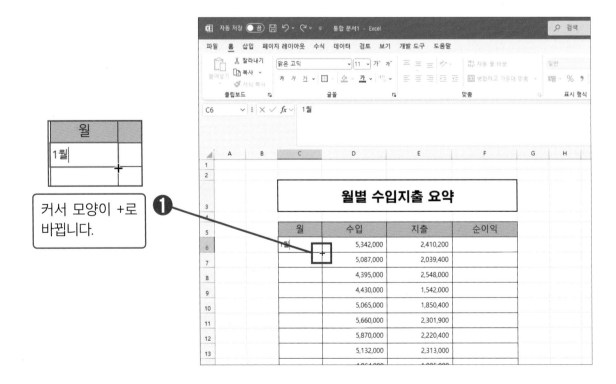

05 마우스를 클릭한 채로 [C17]셀까지 드래그
한 후 마우스 버튼에서 손을 뗍니다.

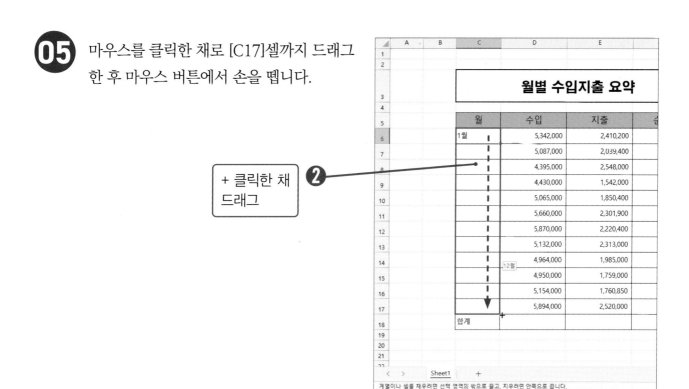

06 [자동 채우기 옵션]을 클릭하고 [연속 데이
터 채우기]를 클릭합니다.

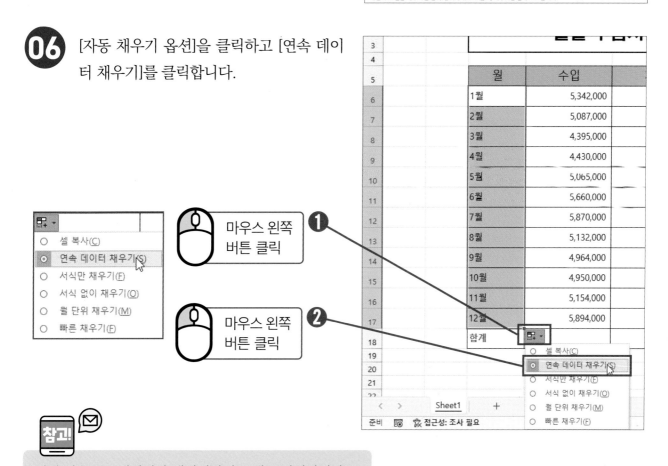

참고!

이미 연속으로 데이터가 채워졌다면 그대로 넘어갑니다.

입력한 셀에 입력한 값 대신 '########'이라고 표기될 때가 있습니다. 이는 셀의 너비가 입력한 값보다 좁기 때문에 발생하는 오류입니다. 열의 너비를 넓히면 데이터가 제대로 나타납니다.

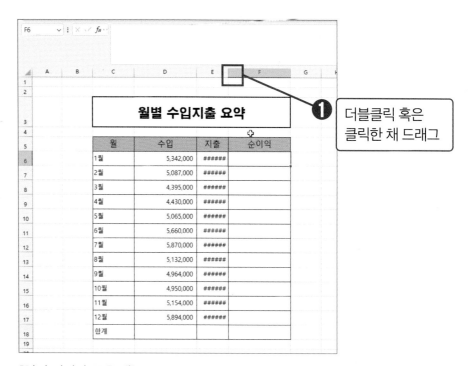

① 더블클릭 혹은 클릭한 채 드래그

[열의 너비가 좁을 때]

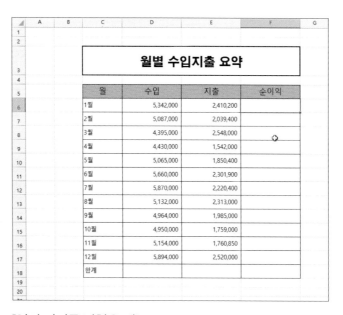

[열의 너비를 넓혔을 때]

Section

04

자동 합계로 수입과
지출 합계 구하기

엑셀에는 계산을 할 수 있는 다양한 함수 기능이 있습니다.
그중 자동 합계로 합계를 자동으로 구해보겠습니다.

01 총 수입 합계를 구하기 위해 [D18]셀을 마우스로 클릭한 후 [자동 합계]를 클릭합니다.

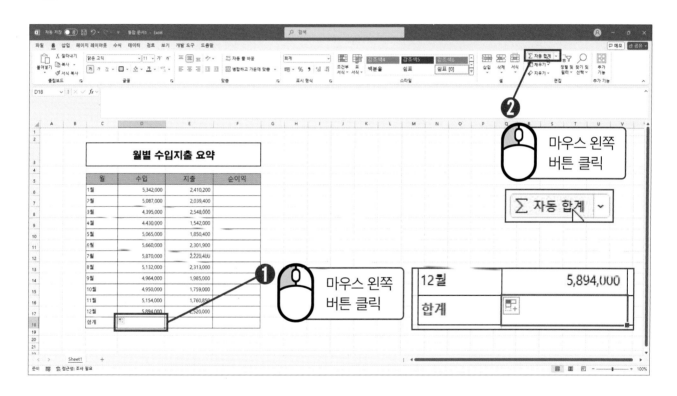

02 수식이 생기면서 점선으로 된 상자가 나타납니다. [D6]셀부터 [D17]셀까지 선택되었는지 확인하고 Enter 키를 누릅니다.

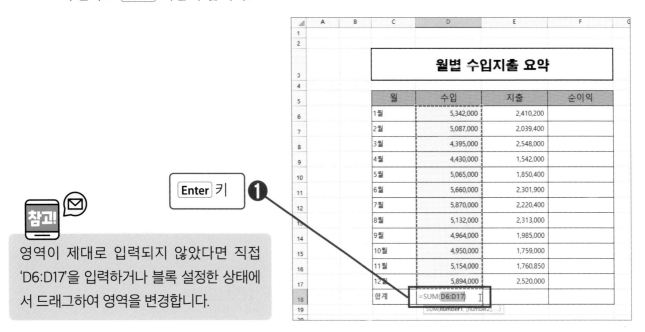

참고!

영역이 제대로 입력되지 않았다면 직접 'D6:D17'을 입력하거나 블록 설정한 상태에 서 드래그하여 영역을 변경합니다.

03 총 수입이 구해졌습니다. 총 지출의 합계를 구하기 위해 [E18]셀을 클릭한 후 [자동 합계]를 클릭합니다.

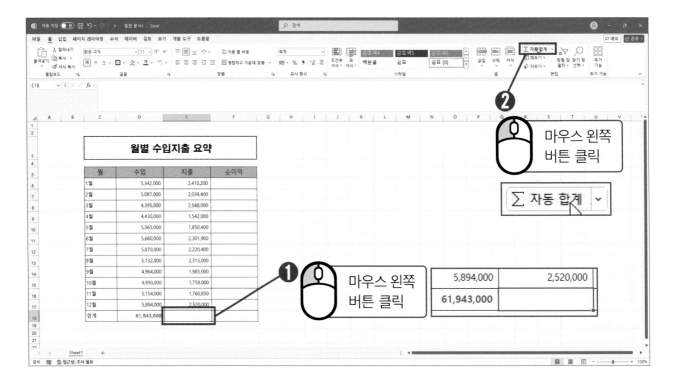

수식이 생기면서 점선으로 된 상자가 나타납니다. [E6]셀부터 [E17]셀까지 선택되었는지 확인하고 Enter 키를 누릅니다.

	월	수입	지출	순이익
		월별 수입지출 요약		
	1월	5,342,000	2,410,200	
	2월	5,087,000	2,039,400	
	3월	4,395,000	2,548,000	
	4월	4,430,000	1,542,000	
	5월	5,065,000	1,850,400	
	6월	5,660,000	2,301,900	
	7월	5,870,000	2,220,400	
	8월	5,132,000	2,313,000	
	9월	4,964,000	1,985,000	
	10월	4,950,000	1,759,000	
	11월	5,154,000	1,760,850	
	12월	5,894,000	2,520,000	
	합계	61,943,000	=SUM(E6:E17)	

❶ 마우스 왼쪽 버튼 클릭

영역이 제대로 입력되지 않았다면 직접 'F6:E17'을 입력하거나 블록 설정한 상태에서 드래그하여 영역을 변경합니다.

Section 05

수식을 입력하여 순이익 구하기

기본적인 사칙연산은 간단하게 수식을 입력하여 구할 수 있습니다.
순이익을 구하기 위한 식을 직접 입력하겠습니다.

01 [F6]셀을 클릭합니다. 수식 입력줄에 '='을 입력합니다.

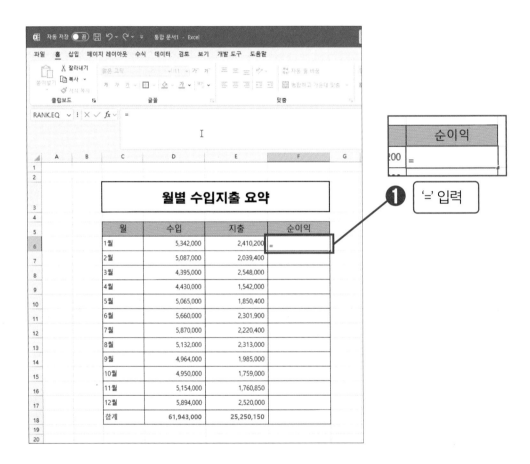

수식 입력줄은 수식을 입력 및 수정할 수 있는 곳입니다. 함수 마법사를 이용해 수식을 입력하면 수식 입력줄에 수식이 나타납니다.

02 =이 입력된 상태에서 [D6]셀을 클릭합니다.

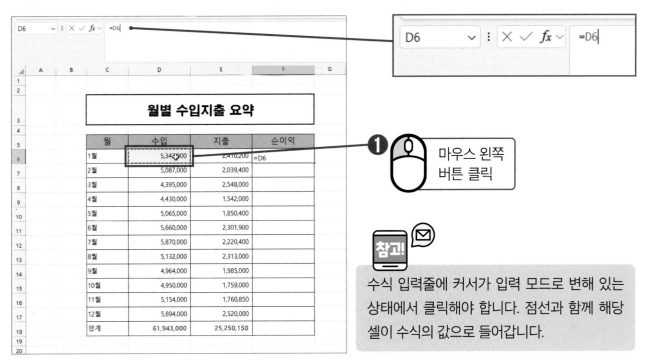

① 마우스 왼쪽
버튼 클릭

참고!

수식 입력줄에 커서가 입력 모드로 변해 있는
상태에서 클릭해야 합니다. 점선과 함께 해당
셀이 수식의 값으로 들어갑니다.

03 빼기 기호인 '-'를 입력합니다.

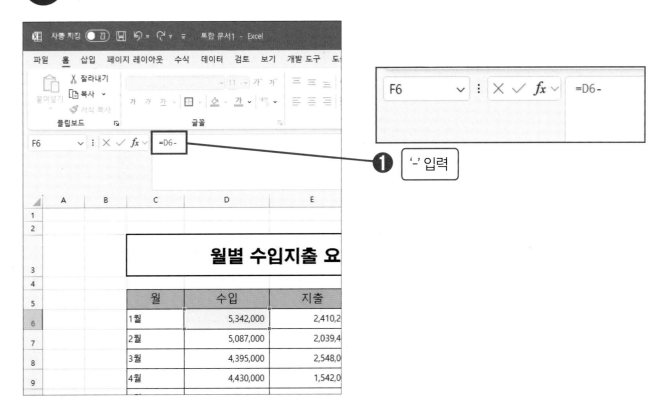

① '-' 입력

그 상태에서 [E6]셀을 클릭합니다. [E6]셀도 점선으로 바뀝니다. Enter 키를 누릅니다.

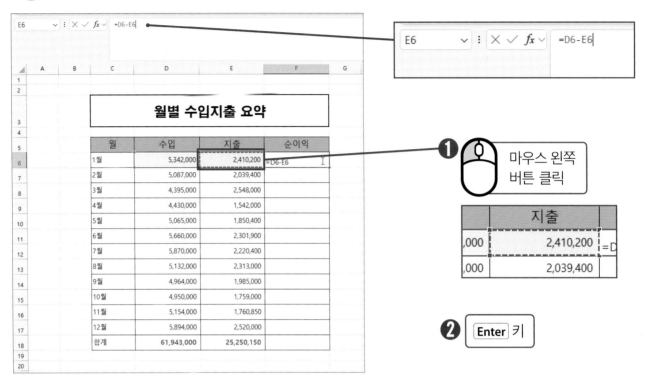

월별 수입지출 요약

월	수입	지출	순이익
1월	5,342,000	2,410,200	=D6-E6
2월	5,087,000	2,039,400	
3월	4,395,000	2,548,000	
4월	4,430,000	1,542,000	
5월	5,065,000	1,850,400	
6월	5,660,000	2,301,900	
7월	5,870,000	2,220,400	
8월	5,132,000	2,313,000	
9월	4,964,000	1,985,000	
10월	4,950,000	1,759,000	
11월	5,154,000	1,760,850	
12월	5,894,000	2,520,000	
합계	61,943,000	25,250,150	

1 마우스 왼쪽 버튼 클릭

지출	
2,410,200	=D
2,039,400	

2 Enter 키

05 수식이 입력되어 '수입 – 지출'의 식이 완성되었습니다.

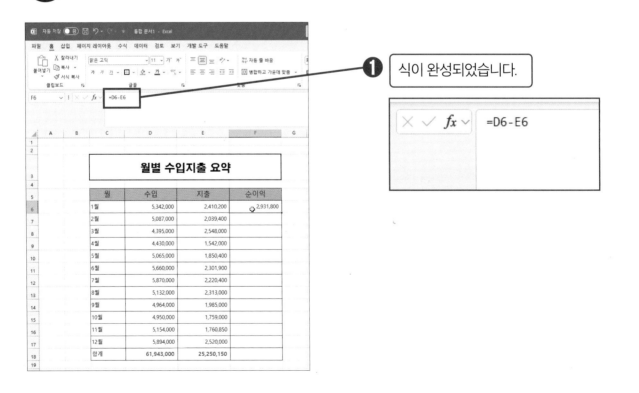

1 식이 완성되었습니다.

=D6-E6

06 셀의 오른쪽 아래 모서리에 마우스를 올리면 마우스 커서 모양이 +로 바뀝니다. 마우스를 클릭한 채로 [F18]셀까지 드래그한 후 손을 뗍니다.

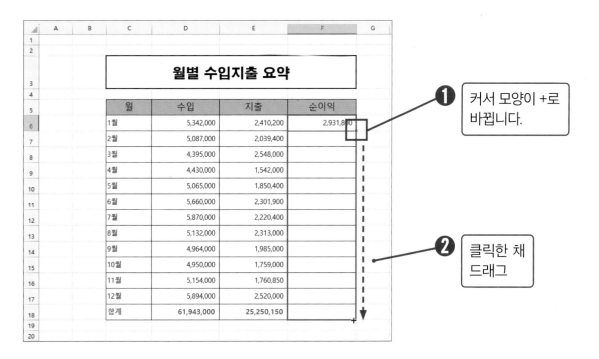

❶ 커서 모양이 +로 바뀝니다.

❷ 클릭한 채 드래그

07 나머지 셀에도 식이 알맞게 입력되었습니다. [F18]셀을 다시 진하게와 빨간색으로 설정합니다.

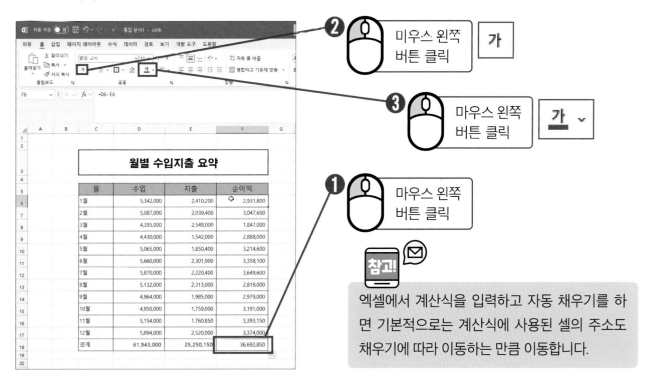

❷ 미우스 왼쪽 버튼 클릭

❸ 마우스 왼쪽 버튼 클릭

❶ 마우스 왼쪽 버튼 클릭

참고!
엑셀에서 계산식을 입력하고 자동 채우기를 하면 기본적으로는 계산식에 사용된 셀의 주소도 채우기에 따라 이동하는 만큼 이동합니다.

Section 06

차트 삽입하기

만든 보고서를 차트로 시각적으로 표현하겠습니다. 차트를 만들기 위해서는 행과 열에 적절하게 데이터가 입력되어 있어야 합니다.

01 월별 차트를 만들겠습니다. [C5]셀을 클릭한 채로 [F17]셀까지 드래그합니다.

마우스 왼쪽 버튼 클릭 ❶

클릭한 채 드래그 ❷

참고!

합계 행인 18행은 블록 설정하지 않습니다.

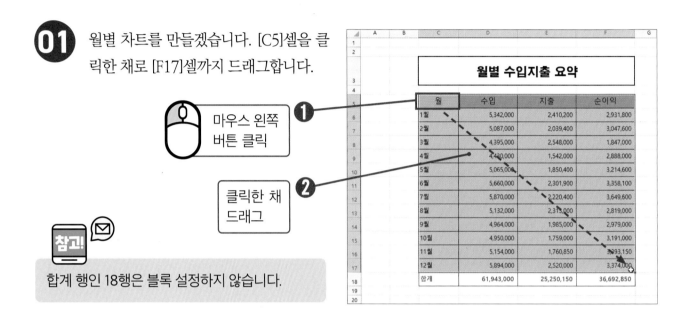

02 [삽입] 탭을 클릭합니다. [세로 또는 가로 막대형 차트 삽입] 📊 을 클릭합니다.

마우스 왼쪽 버튼 클릭 ❶

| 홈 | 삽입 | 페이지 레이아웃 |

마우스 왼쪽 버튼 클릭 ❷

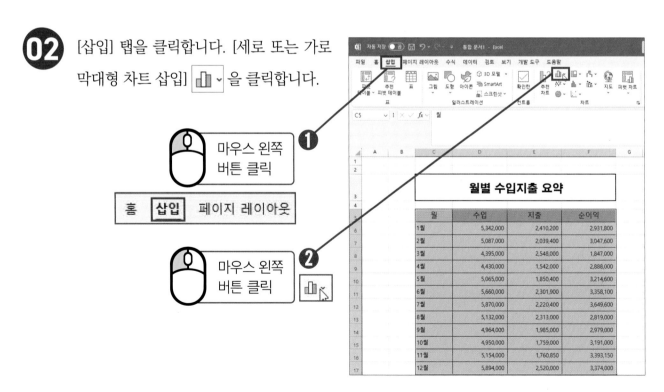

03 [2차원 세로 막대형]-[묶은 세로 막대형] 차트를 선택합니다.

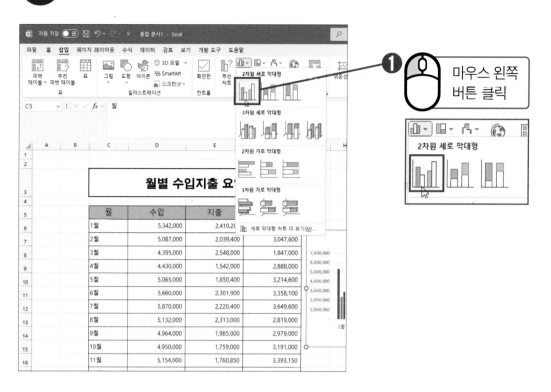

04 흰색 점을 클릭한 채 드래그하여 크기를 조정합니다.

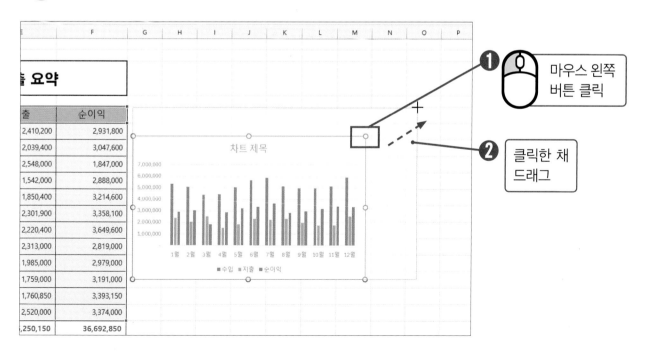

차트 위에 마우스를 올려서 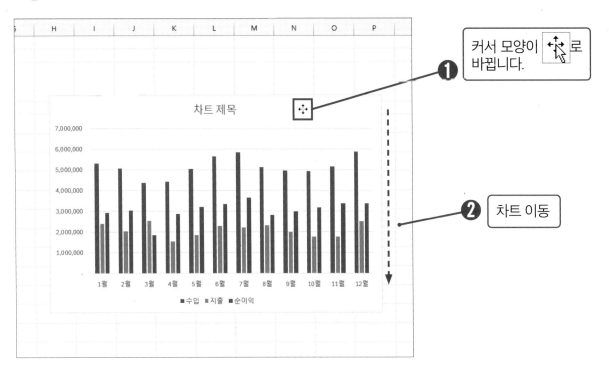 모양이 되면 클릭한 채 드래그하여 적당한 위치로 옮깁니다.

커서 모양이 ➊ 로 바뀝니다.

차트 제목

❷ 차트 이동

👀 팁! 차트의 종류

차트의 종류는 다양합니다. 세로 막대형, 가로 막대형, 꺾은선형, 원형 등 다양한 차트가 있으니 원하는 용도에 맞게 선택하여 사용할 수 있습니다.

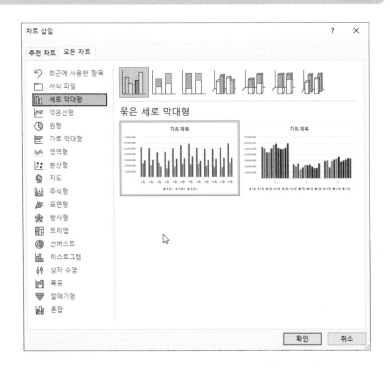

Section 07 차트 꾸미기

차트의 제목을 입력하고 스타일을 바꾸겠습니다.

01 차트 제목란에 마우스 커서를 가져다대고 마우스 오른쪽 버튼을 클릭합니다. [텍스트 편집]을 클릭합니다.

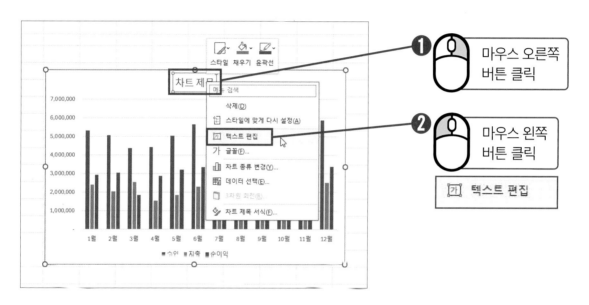

❶ 마우스 오른쪽 버튼 클릭

❷ 마우스 왼쪽 버튼 클릭

가 텍스트 편집

02 '차트 제목'을 드래그하여 블록으로 설정합니다.

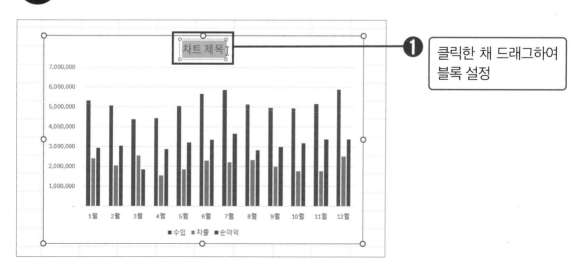

❶ 클릭한 채 드래그하여 블록 설정

03 '월별 수입지출 차트'라고 입력합니다.

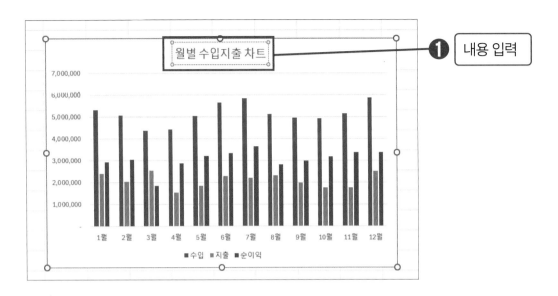

04 차트의 디자인을 바꾸겠습니다. [차트 디자인] 탭을 클릭합니다. [차트 스타일]의 ∨ 를 클릭하여 원하는 스타일을 클릭합니다.

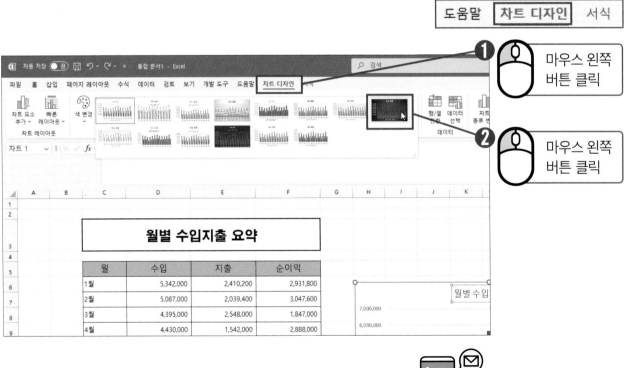

책에서는 스타일8을 선택했습니다.

Section

08

차트 종류 변경하기

차트를 다른 차트로 변경할 수 있습니다.

01 차트를 클릭하여 선택합니다.

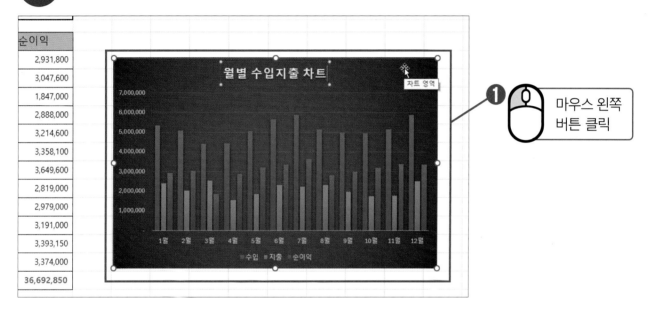

02 [차트 디자인] 탭에서 [차트 종류 변경]을 클릭합니다.

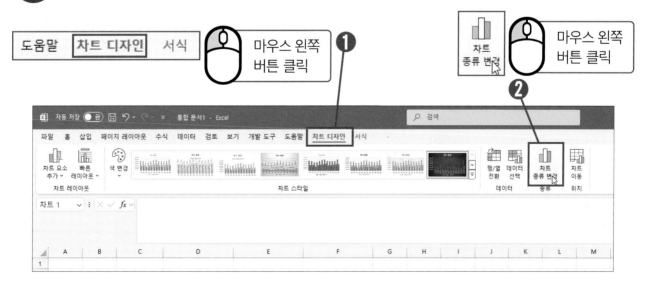

03 [꺾은선형]을 클릭합니다. [확인]을 클릭합니다.

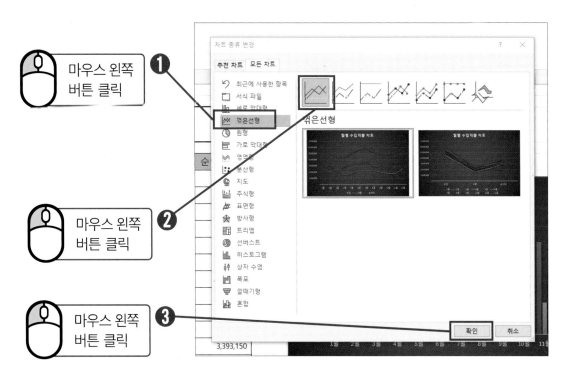

04 차트의 종류가 꺾은선형 차트로 변경되었습니다. 빈 곳을 클릭합니다.

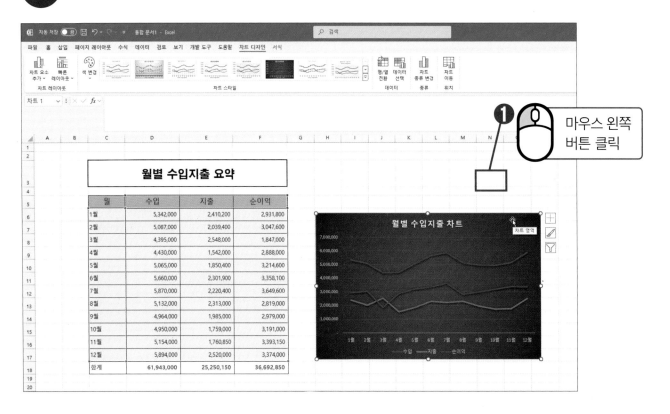

Section 09

새 시트 만들어 차트 옮기기

엑셀은 하나의 파일에 여러 장의 시트를 만들 수 있습니다. 시트별로
내용을 다르게 입력하여 문서를 효율적으로 작성할 수 있습니다.
새로운 시트를 만들어서 차트를 옮기겠습니다.

01 문서 왼쪽 하단의 +를 클릭합니다.

	Sheet1	+
22		
< >		새 시트
준비 🖼 ⚡접근성: 조사 필요		

마우스 왼쪽
버튼 클릭 **①**

월별 수입지출 요약

월	수입	지출	순이익
1월	5,342,000	2,410,200	2,931,800
2월	5,087,000	2,039,400	3,047,600
3월	4,395,000	2,548,000	1,847,000
4월	4,430,000	1,542,000	2,888,000
5월	5,065,000	1,850,400	3,214,600
6월	5,660,000	2,301,900	3,358,100
7월	5,870,000	2,220,400	3,649,600
8월	5,132,000	2,313,000	2,819,000
9월	4,964,000	1,985,000	2,979,000
10월	4,950,000	1,759,000	3,191,000
11월	5,154,000	1,760,850	3,393,150
12월	5,894,000	2,520,000	3,374,000
합계	61,943,000	25,250,150	36,692,850

02 새로운 시트인 [Sheet2]가 생성되었습니다. [Sheet1]을 클릭합니다.

31		
< >	Sheet1	Sheet2
준비 🖼 ⚡접근성: 조사 필요		

마우스 왼쪽
버튼 클릭 **②**

참고! 📧

시트는 생성되는 순서에 따라 번호가
매겨집니다.

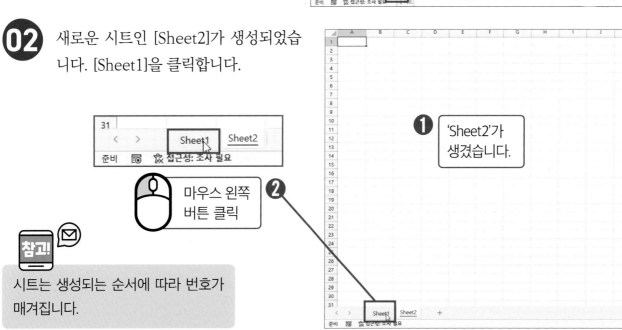

① 'Sheet2'가
생겼습니다.

03 차트 위에서 마우스 오른쪽 버튼을 클릭합니다. [잘라내기]를 클릭합니다. 그리고 [Sheet2]를 클릭합니다.

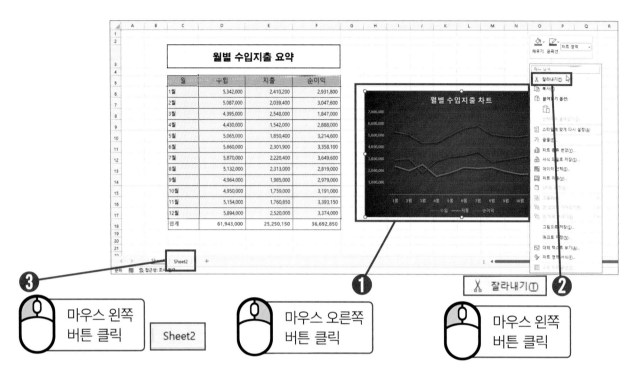

04 [C3]셀을 클릭합니다. 그 위에서 마우스 오른쪽 버튼을 클릭합니다. 붙여넣기 옵션 중 [원본 서식 유지] 📋 를 클릭합니다.

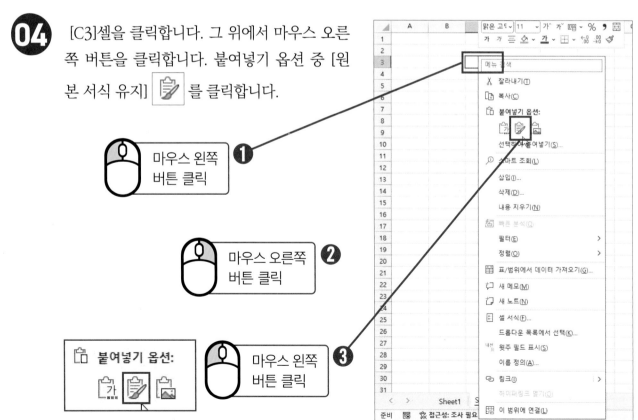

05 차트가 이동했습니다.

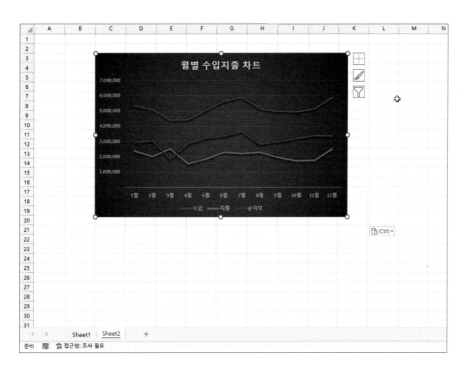

06 시트의 이름을 바꾸겠습니다. [Sheet1] 이름에 마우스 커서를 가져다대고 마우스 오른쪽 버튼을 클릭합니다.

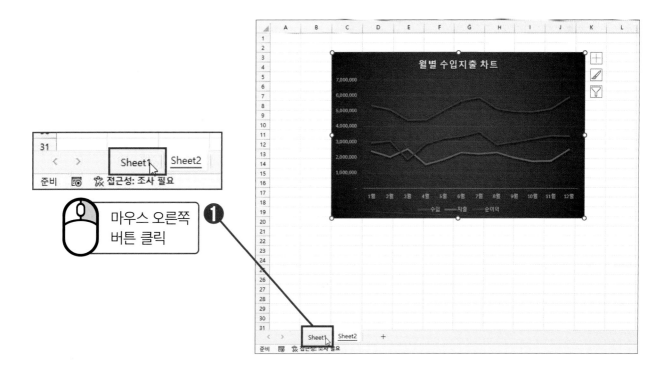

마우스 오른쪽
버튼 클릭 **1**

07 [이름 바꾸기]를 클릭합니다.

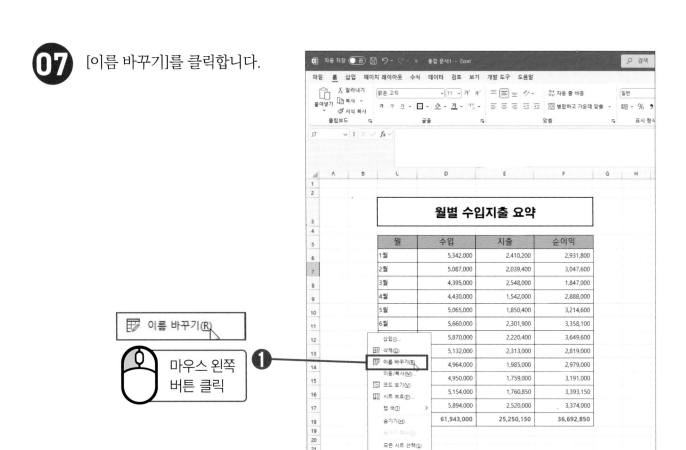

이름 바꾸기(R)

마우스 왼쪽
버튼 클릭 **①**

08 'Sheet1'이 블록 설정됩니다. '보고서'라
고 입력하고 Enter 키를 누릅니다.

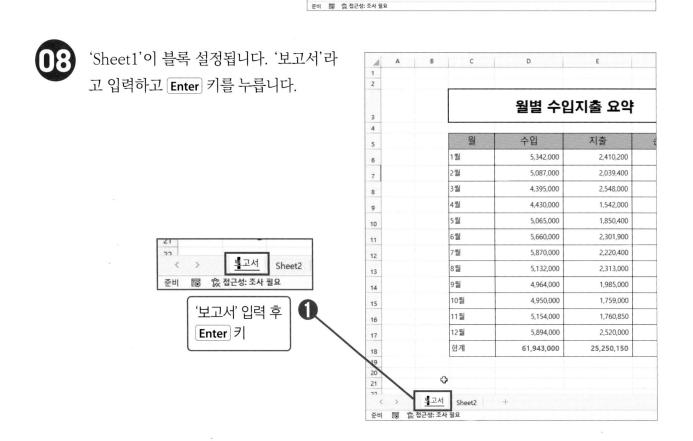

'보고서' 입력 후
Enter 키 **①**

09 [Sheet2] 이름에 마우스 커서를 가져다대고 마우스 오른쪽 버튼을 클릭합니다. [이름 바꾸기]를 클릭합니다.

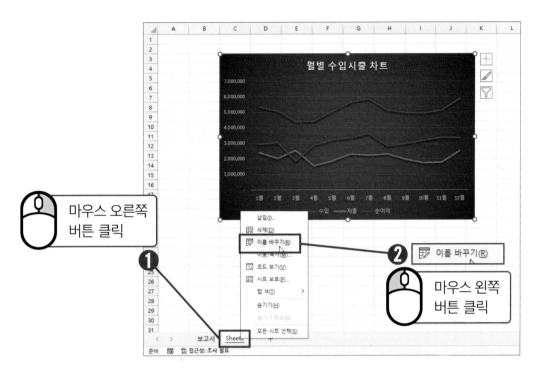

10 시트 이름을 '차트'라고 입력한 후 Enter 키를 누릅니다.

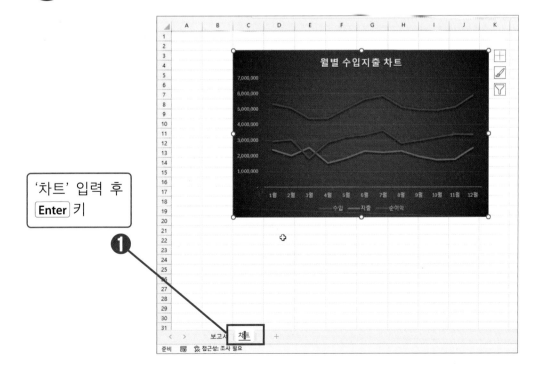

Section 10

필터 지정하기

필터란 셀의 항목 중 선택한 조건에 맞는 항목만을 보이게
하는 필터링 기능입니다. 필터를 적용해보겠습니다.

01 [보고서] 시트의 [C5]셀('월'이 입력된 셀)을 클릭합니다.

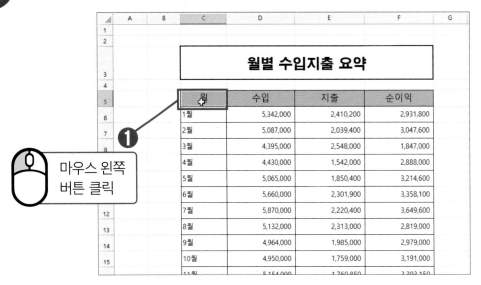

마우스 왼쪽
버튼 클릭

02 [데이터] 탭을 클릭합니다. [필터]를 클릭합니다.

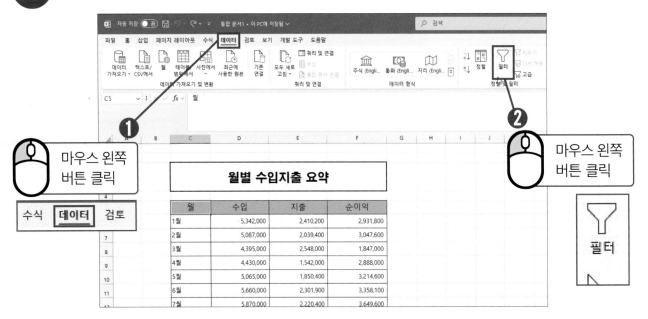

마우스 왼쪽
버튼 클릭

마우스 왼쪽
버튼 클릭

필터

[5]행에 걸쳐서 필터가 추가되었습니다. [C5]셀의 ▾ 를 클릭합니다.

월	수입	지출	순이익
		월별 수입지출 요약		
1월	5,342,000	2,410,200	2,931,800
2월	5,087,000	2,039,400	3,047,600
3월	4,395,000	2,548,000	1,847,000
4월	4,430,000	1,542,000	2,888,000
5월	5,065,000	1,850,400	3,214,600
6월	5,660,000	2,301,900	3,358,100
7월	5,870,000	2,220,400	3,649,600
8월	5,132,000	2,313,000	2,819,000
9월	4,964,000	1,985,000	2,979,000
10월	4,950,000	1,759,000	3,191,000
11월	5,154,000	1,760,850	3,393,150
12월	5,894,000	2,520,000	3,374,000
합계	61,943,000	25,250,150	36,692,850

월 ❶

마우스 왼쪽
버튼 클릭

04 다양한 필터 기능을 이용하여 원하는 값만 보이게 할 수 있습니다. [모두 선택]을 클릭하여
모든 항목을 해제합니다.

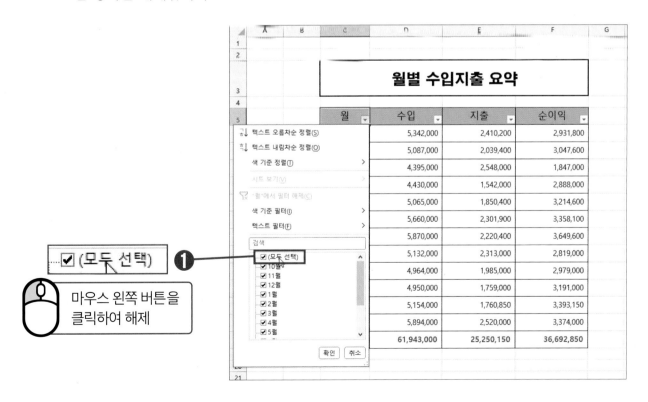

텍스트 오름차순 정렬(S)
텍스트 내림차순 정렬(O)
색 기준 정렬(T)
시트 보기(V)
"월"에서 필터 해제(C)
색 기준 필터(I)
텍스트 필터(F)
검색
☑ (모두 선택)
☑ 10월
☑ 11월
☑ 12월
☑ 1월
☑ 2월
☑ 3월
☑ 4월
☑ 5월
확인 취소

☑ (모두 선택) ❶

마우스 왼쪽 버튼을
클릭하여 해제

모든 항목이 해제되었습니다. [10월]을 클릭합니다.

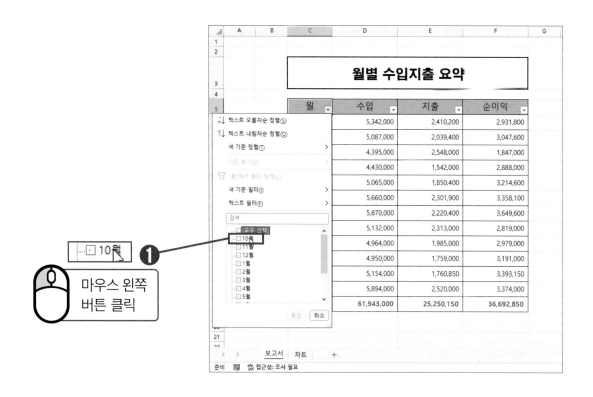

마우스 왼쪽
버튼 클릭

06 10월에 해당하는 자료만이 나타납니다. ⟨필터⟩를 클릭합니다.

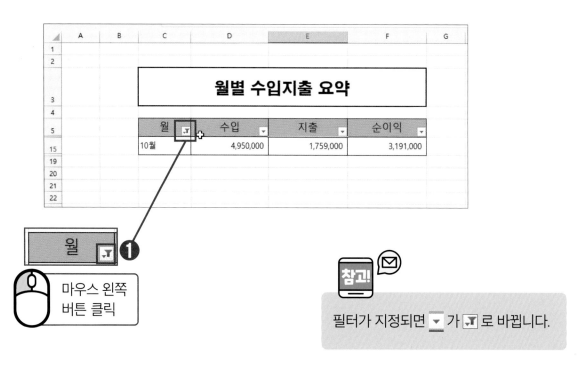

마우스 왼쪽
버튼 클릭

참고!

필터가 지정되면 ▾ 가 🔽 로 바뀝니다.

["월"에서 필터 해제]를 클릭합니다.

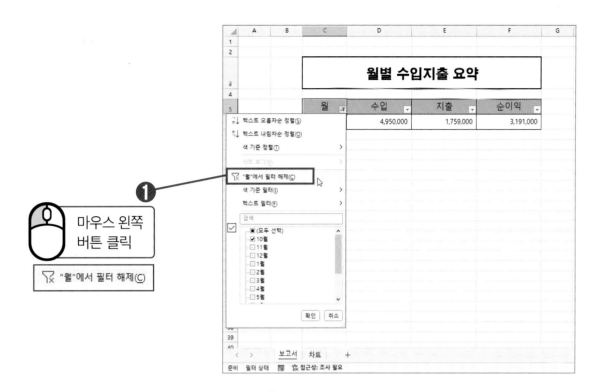

08 필터가 해제되어 기본 상태로 돌아왔습니다. [D5]셀의 ▾ 를 클릭합니다.

❶
필터가 해제되어 모든
항목이 나타납니다.

❷
마우스 왼쪽
버튼 클릭

수입 ▾

월	수입	지출	순이익
1월	5,342,000	2,410,200	2,931,800
2월	5,087,000	2,039,400	3,047,600
3월	4,395,000	2,548,000	1,847,000
4월	4,430,000	1,542,000	2,888,000
5월	5,065,000	1,850,400	3,214,600
6월	5,660,000	2,301,900	3,358,100
7월	5,870,000	2,220,400	3,649,600
8월	5,132,000	2,313,000	2,819,000
9월	4,964,000	1,985,000	2,979,000
10월	4,950,000	1,759,000	3,191,000
11월	5,154,000	1,760,850	3,393,150
12월	5,894,000	2,520,000	3,374,000
합계	61,943,000	25,250,150	36,692,850

09 [숫자 필터]-[보다 큼]을 클릭합니다.

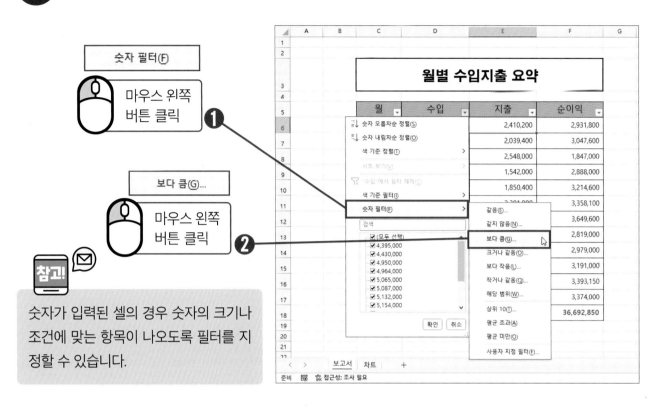

숫자 필터(F)

마우스 위쪽
버튼 클릭 ❶

보다 큼(G)...

마우스 왼쪽
버튼 클릭 ❷

참고!

숫자가 입력된 셀의 경우 숫자의 크기나
조건에 맞는 항목이 나오도록 필터를 지
정할 수 있습니다.

10 [사용자 지정 자동 필터] 창이 나옵니다. '〉' 옆에 '5000000'(오백 만)을 입력합니다. [확인]
을 클릭합니다.

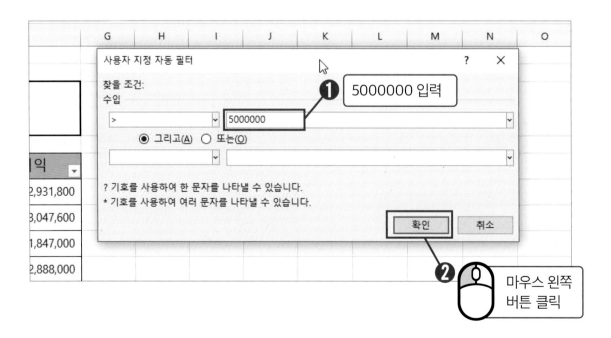

5000000 입력 ❶

마우스 왼쪽
버튼 클릭 ❷

11 수입이 5000000원 이상인 셀만 필터링되어 나타납니다. [D5]셀의 🔽를 클릭합니다.

	월	수입	지출	순이익
	1월	5,342,000	2,410,200	2,931,800
	2월	5,087,000	2,039,400	3,047,600
	5월	5,065,000	1,850,400	3,214,600
	6월	5,660,000	2,301,900	3,358,100
	7월	5,870,000	2,220,400	3,649,600
	8월	5,132,000	2,313,000	2,819,000
	11월	5,154,000	1,760,850	3,393,150
	12월	5,894,000	2,520,000	3,374,000
	합계	61,943,000	25,250,150	36,692,850

월별 수입지출 요약

마우스 왼쪽 버튼 클릭

수입 🔽

12 ["수입"에서 필터 해제]를 클릭합니다, 필터가 해제됩니다.

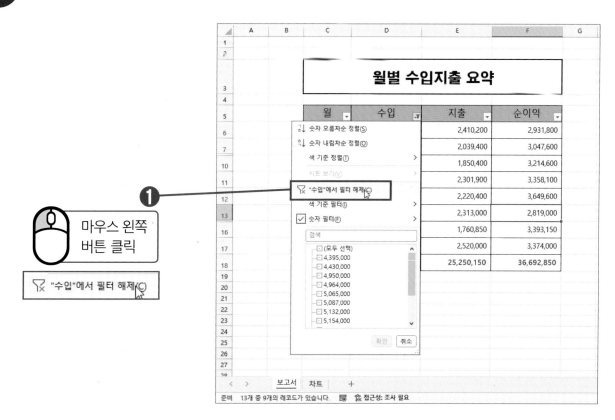

마우스 왼쪽 버튼 클릭

"수입"에서 필터 해제(C)

Section

11

파일 저장하기

현재까지 작성한 파일을 월별 수입지출 보고서라는 이름으로
저장하겠습니다.

01 [저장] 🖫 을 클릭합니다.

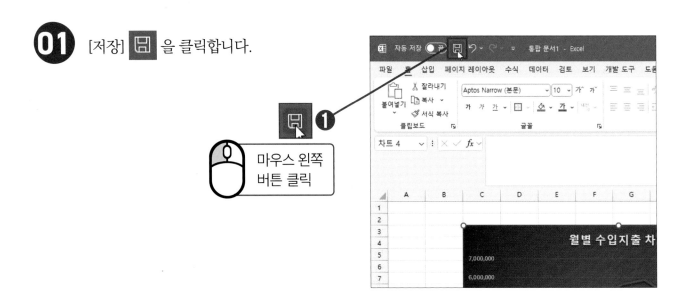

마우스 왼쪽
버튼 클릭

02 [옵션 더 보기]를 클릭합니다.

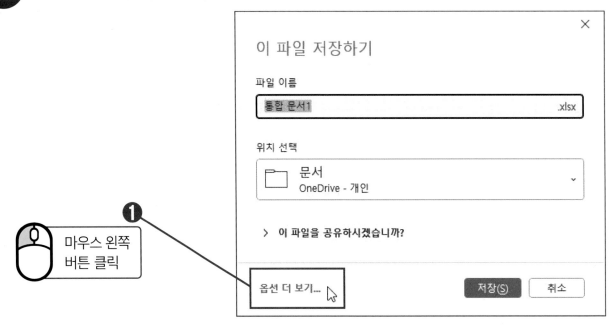

이 파일 저장하기

파일 이름

통합 문서1 .xlsx

위치 선택

📁 문서
OneDrive - 개인

> 이 파일을 공유하시겠습니까?

옵션 더 보기...

저장(S)   취소

마우스 왼쪽
버튼 클릭

03 다른 이름으로 저장 창이 나타나면 [찾아보기]를 클릭합니다.

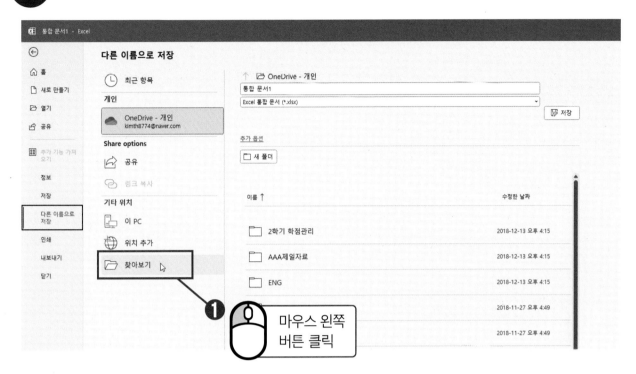

04 [문서]-[엑셀 문서]를 더블클릭합니다.

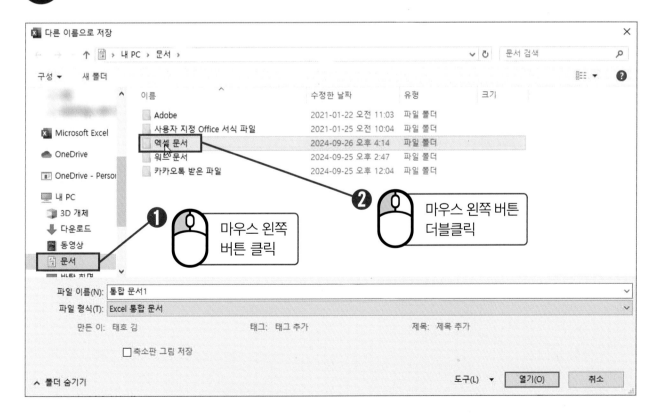

파일 이름에 '월별 수입지출 보고서'라고 입력하고 [저장]을 클릭합니다.

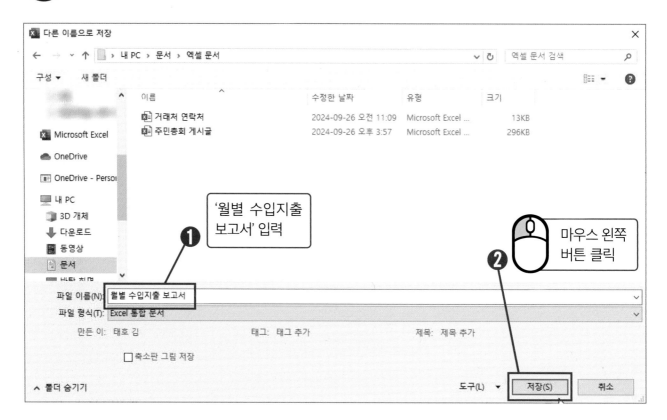

어른들을 위한 가장 쉬운
워드 & 엑셀

어른들을 위한 가장 쉬운
워드&엑셀